"十四五"职业教育国家规划教材

电子商务专业校企双元育人教材系列

电子商务数据分析与应用

ELECTRONIC COMMERCE

主　编　王翠敏　河北化工医药职业技术学院
　　　　王静雨　北京好药师大药房连锁有限公司
　　　　钟　林　成都职业技术学院

副主编　王子建　河北化工医药职业技术学院
　　　　袁修月　河北化工医药职业技术学院
　　　　肖　静　河北化工医药职业技术学院

编　委　周智敏　河北化工医药职业技术学院
　　　　吴润明　河北化工医药职业技术学院
　　　　于玉环　河北化工医药职业技术学院
　　　　何　琳　河北女子职业技术学院
　　　　王海艳　卢龙县职业技术教育中心
　　　　张　楠　河北商贸学校
　　　　徐　伟　北京好药师大药房连锁有限公司
　　　　刘　伟　北京好药师大药房连锁有限公司
　　　　钟俊波　厦门一课信息技术服务有限公司
　　　　陈昌龙　厦门一课信息技术服务有限公司
　　　　李　鹏　山西运城农业职业技术学院
　　　　陈　磊　山东云媒互动网络科技有限公司
　　　　石永洋　广东建设职业技术学院

復旦大學出版社

内容提要

本书是电子商务专业校企双元育人系列教材之一，书中涵盖了数据收集、处理、分析与应用三大模块，并且三大模块相互关联，采取了“数据中有分析，分析后有应用”的表达思路。本书共12个项目，分为三大模块。模块一为数据收集，对电子商务数据分析背景进行大致介绍，主要内容为流量数据、商品数据、交易数据、客户服务和物流服务数据以及市场和竞争数据的收集，重点介绍了在收集不同类目数据时，应该采集的数据指标以及相应数据指标的含义。模块二为数据处理，基于Excel表格的应用，重点介绍了数据报表制作及数据描述性分析。模块三为数据分析与应用，对电子商务数据进行了深入分析，主要针对模块一所收集的数据进行分析，并根据分析结果提出合理优化方案。通过各任务的学习，学生能够掌握电商数据分析的方法及应用，为今后进入电商企业从事数据分析与应用工作岗位打下扎实基础。

本书可作为电子商务、移动商务、网络营销、商务数据分析与应用等相关专业教材，也可以作为电子商务从业人员和广大爱好者自学资料。

本套系列教材配有相关的课件、视频等，欢迎教师完整填写学校信息来函免费获取：xdxtzfudan@163.com。

序 PREFACE

党的二十大要求统筹职业教育、高等教育、继续教育协同创新，推进职普融通、产教融合、科教融汇，优化职业教育类型定位。新修订的《中华人民共和国职业教育法》(简称“新职教法”)于2022年5月1日起施行，首次以法律形式确定了职业教育是与普通教育具有同等重要地位的教育类型。从“层次”到“类型”的重大突破，为职业教育的发展指明了道路和方向，标志着职业教育进入新的发展阶段。

近年来，我国职业教育一直致力于完善职业教育和培训体系，深化产教融合、校企合作，党中央、国务院先后出台了《国家职业教育改革实施方案》(简称“职教20条”)、《中国教育现代化2035》《关于加快推进教育现代化实施方案(2018—2022年)》等引领职业教育发展的纲领性文件，持续推进基于产教深度融合、校企合作人才培养模式下的教师、教材、教法“三教”改革，这是贯彻落实党和政府职业教育方针的重要举措，是进一步推动职业教育发展、全面提升人才培养质量的基础。

随着智能制造技术的快速发展，大数据、云计算、物联网的应用越来越广泛，原来的知识体系需要变革。如何实现职业教育教材内容和形式的创新，以适应职业教育转型升级的需要，是一个值得研究的重要问题。“职教20条”提出校企双元开发国家规划教材，倡导使用新型活页式、工作手册式教材并配套开发信息化资源。“新职教法”第三十一条规定:“国家鼓励行业组织、企业等参与职业教育专业教材开发，将新技术、新工艺、新理念纳入职业学校教材，并可以通过活页式教材等多种方式进行动态更新。”

校企合作编写教材，坚持立德树人为根本任务，以校企双元育人，基于工作的学习为基本思路，培养德技双馨、知行合一，具有工匠精神的技术技能人才为目标。将课程思政的教育理念与岗位职业道德规范要求相结合，专业工作岗位(群)的岗位标准与国家职业标准相结合，发挥校企“双元”合作优势，将真实工作任务的关键技能点及工匠精神，以“工程经验”“易错点”等形式在教材中再现。

校企合作开发的教材与传统教材相比，具有以下三个特征。

1. 对接标准。基于课程标准合作编写和开发符合生产实际和行业最新趋势的教材，而这些课程标准有机对接了岗位标准。岗位标准是基于专业岗位群的职业能力分析，从专业能力和职业素养两个维度，分析岗位能力应具备的知识、素质、技能、态度及方法，形成的职业能力点，从而构成专业的岗位标准。再将工作领域的岗位标准与教育标准融合，转化为教材编写使用的课程标准，教材内容结构突破了传统教材的篇章结构，突出了学生能力培养。

2. 任务驱动。教材以专业(群)主要岗位的工作过程为主线，以典型工作任务驱动知识和技能的学习，让学生在“做中学”，在“会做”的同时，用心领悟“为什么做”，应具备“哪些职业素养”，教材结构和内容符合技术技能人才培养的基本要求，也体现了基于工作的学习。

3. 多元受众。不断改革创新，促进岗位成才。教材由企业有丰富实践经验的技术专家和职业院校具备双师素质、教学经验丰富的一线专业教师共同编写。教材内容体现理论知识与实际应用相结合，衔接各专业“1+X”证书内容，引入职业资格技能等级考核标准、岗位评价标准及综合职业能力评价标准，形成立体多元的教学评价标准。既能满足学历教育需求，也能满足职业培训需求。教材可供职业院校教师教学、行业企业员工培训、岗位技能认证培训等多元使用。

校企双元育人系列教材的开发对于当前职业教育“三教”改革具有重要意义。它不仅是校企双元育人人才培养模式改革成果的重要形式之一，更是对职业教育现实需求的重要回应。作为校企双元育人探索所形成的这些教材，其开发路径与方法能为相关专业提供借鉴，起到抛砖引玉的作用。

博士，教授

2022 年 11 月

前言 PREFACE

随着数字经济的快速发展和行业数字化转型程度的不断加深，数据将成为核心生产要素，企业已经意识到数据对于行业发展的重要性，纷纷成立数据处理部门。作为数字经济最活跃、最重要的支撑领域，电子商务持续增长，在创造数千万就业机会的同时，也存在着巨大的人才缺口。

本书作为电子商务专业校企双元育人系列教材之一，依据“电子商务数据分析与应用”课程标准（见附录）编写，旨在通过本课程的学习，形成对电子商务数据分析的系统而清晰的认识，掌握数据处理的工具、方法和技巧。

1. 校企双元合作。本书与好药师合作，主要遵循校企双元育人的原则与特点，根据电子商务专业人才培养要求与计划，内容突出方法的讲解并辅以实战指导。

2. 工作能力导向。本书在编写过程中，力求利用好企业资源，根据实际工作岗位需求去设计项目化教学内容。书中图片和案例均来自真实工作情景，部分案例放在书中二维码内，并配备可供下载的案例数据，方便学员实际操作演练。

具体编写情况如下：模块一的项目一由王子建编写，项目二由王海艳、刘伟、吴润明、何琳编写，项目三由肖静编写，项目四由王子建编写，项目五由周智敏编写；模块二的项目六由袁修月编写，项目七由王静雨、钟林、于玉环、张楠编写；模块三的所有项目由王翠敏编写。

本书在编写过程中，得到了参编院校和企业的大力支持，其中包括河北省中高职教师素质协同提升项目“名师工作室(电子商务)”2017级国培班成员及其学校、厦门一课信息技术服务有限公司等企业。在此，对各位专家、老师们的辛勤工作表示衷心的感谢！由于编者水平有限，加上时间仓促，书中存在的疏漏和不足之处，恳请各位专家、广大读者批评指正并提出宝贵意见，以便今后进一步修订完善。

编者

2020年8月

目　录

模块一　数据收集

模块二　数据处理

模块一 数据收集

党的二十大指出，要推进国家安全体系和能力现代化，坚决维护国家安全和社会稳定。健全国家安全体系，要强化经济、网络、数据等安全保障体系的建设。数据化运营时代，数据能够直观地反映店铺的运营情况，电商从业人员必须学会收集和分析店铺数据。店铺访客量怎么减少了？支付转化率怎么下降了？这些都可通过数据分析找到原因，从而提出具有针对性的解决方案，从而提升和优化店铺运营方式。数据分析的第一步是数据收集。无论是在诊断店铺时，还是在人群分析时，都需要进行数据的收集。那么要收集哪些数据？又有哪些渠道呢？

本模块分别以淘系平台、京东平台为例，介绍店铺流量数据、商品数据、交易数据、客户服务和物流服务数据以及市场和竞争数据的收集。

动画 认识电子商务和电子商务数据获取

项目一 流量数据收集

项目说明

做电商，流量是非常重要的。只要店铺流量足够大，就没有卖不出去的产品。一个店铺的流量来源有很多，有免费的、付费的、站内的、站外的。

本项目共 3 个任务，分别介绍淘系平台及京东平台站内免费流量数据收集、站内付费流量数据收集、自主流量数据收集。

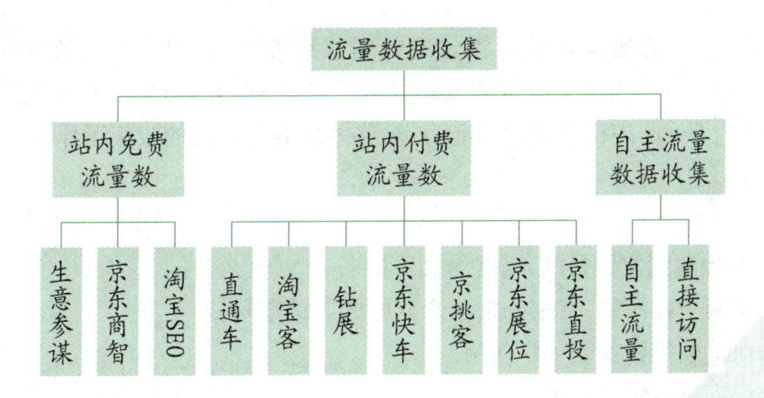

任务 1 站内免费流量数据收集

学习目标

1. 熟悉各平台站内免费流量来源。
2. 熟悉各平台站内免费流量数据查询的工具/入口。
3. 掌握各平台站内免费流量数据查询的操作步骤,能够独立操作。
4. 掌握各平台站内免费流量数据收集与记录的方法,能够独立操作。
5. 熟悉《中华人民共和国电子商务法》相关法律法规,合理合法开展数据收集。

任务描述

本任务将从站内免费流量来源渠道、流量数据查询工具/入口,以及如何进行数据的查看与记录这几个方面来完成流量数据收集。

任务分析

在站内免费流量数据收集的任务学习中,学员往往会出现流量数据收集不全面、数据记录不规范、收集效率较差等情况。其主要原因有:①对各平台站内免费流量结构了解得不够透彻;②对数据查询工具的使用不熟练;③对数据表格化操作不熟悉。

因此,想要熟练掌握站内免费流量的数据收集方法,必须认识到数据收集的重要性,透彻掌握各平台站内免费流量的来源及其引流原理,并通过练习,掌握各平台的操作,具备一定的 Excel 表格编辑制作能力,最终才能做好数据的收集工作。

任务准备

为了更好地达到实训目的,需要做如下准备:

(1) 准备两个在淘系、京东分别运营良好的店铺账号。

(2) 确保电脑等设备能正常使用。

(3) 确保网络正常且稳定。

任务实施

一、学习站内免费流量结构构成

各平台站内免费流量的来源有很多，要想收集站内免费流量的数据，首先一定要清楚站内免费流量的结构，哪些是店铺已经做了的引流，哪些是店铺还可以去做的引流。下面介绍淘系平台、京东平台的流量结构。

（一）淘系平台站内免费流量结构

淘系平台站内免费流量的入口有很多。因为现在主要流量都是以无线端为主，所以入口也是以介绍无线端为主。

1. 手淘搜索　手淘搜索是人找货，是指消费者通过无线端搜索关键词找到店铺的产品。手淘搜索流量巨大且精准，店铺内的手淘搜索流量大，代表店铺产品的权重高。要想做好手淘搜索就要做好店铺的整体布局，尽可能地提高店铺产品的权重，消费者能否通过关键词来搜索到宝贝，取决于店铺宝贝的标题是否匹配搜索的关键词，所以要取好店铺宝贝的标题。

1-1-1　淘系平台站内免费流量入口

2. 手淘首页　手淘首页流量不稳定，来得快去得也快。流量虽然很大，但转化率不高，受人群影响大。想要手淘首页流量稳定，就需要靠单品的UV(独立访客)价值、转化率以及店铺的访客数、精准的人群标签来维持。

3. 手淘微淘

(1) 首先，需要注意的是，并不是每一个类目都适合做微淘。如果店铺的消费人群能满足一个条件——爱逛，那就能做微淘。

(2) 其次，微淘是内容营销进程下的“代表作”，对内容文案的功底要求很高。微淘要会讲“故事”，如同新媒体，吸睛的故事才能引起关注。对于微淘来说，就是140字的“故事”。蹭热点是微淘常用的营销方法，但是想要达到超越预期的效果，对时间效应要求极高。

(3) 微淘分等级L0～L6，一般来说，只要做到L3以上就能获得公域流量(就是首页流量“猜你喜欢”位置)。

4. 淘系站内活动　淘系站内活动较多，如天天特价、淘金币、每日好货、聚划算等，平台会不定时地发布一些活动，建议每天都关注。但要注意的是，有很多站内活动转化率偏低，要根据自己店铺的实际情况选取合适的活动来参加。

5. 淘系类目频道　淘系一些类目设有专门的频道，如ifashion、酷动城、汇吃、极有家等。服装类目的新势力周、极有家的造家季等活动都是某一类目的活动，一个类目一个样，有相关类目的店铺可以多多关注。

6. 其他　像手淘消息中心、手淘旺信、手淘其他店铺商品详情、拍立淘、手淘社区、淘宝群等，这些是每一个店铺都可以去做的站内免费引流方式，操作简单，门槛低，贵在坚持。所有的免费引流方式都可以尝试，长期坚持并筛选出最适合自己店铺的方式，然后重点耕耘。

1-1-2 京东平台站内流量结构

（二）京东平台站内流量结构

请扫描二维码学习京东平台站内流量结构。

二、熟悉流量数据查询工具/入口

（一）淘系平台流量查询工具

在明确了淘系站内免费流量的来源后，接下来要了解从哪里可以查询到这些数据。

查询淘系站内的数据，最权威的工具就是用官方平台的数据工具。其中，生意参谋是淘宝/天猫店铺商家数据分析的必备神器。图1-1-1所示为生意参谋流量页面。

生意参谋是淘宝/天猫商家在运营店铺时经常使用的一个数据工具，丰富全面的店铺数据分析功能，让它成为商家的得力帮手。一站式的数据分析，能针对性地给出诊断结果，提供解决方案，提升店铺效果。

1. 商家中心入口

步骤一：登录淘宝，进入商家中心，点击“商家地图”→“营销 & 数据管理”→“生意参谋”。

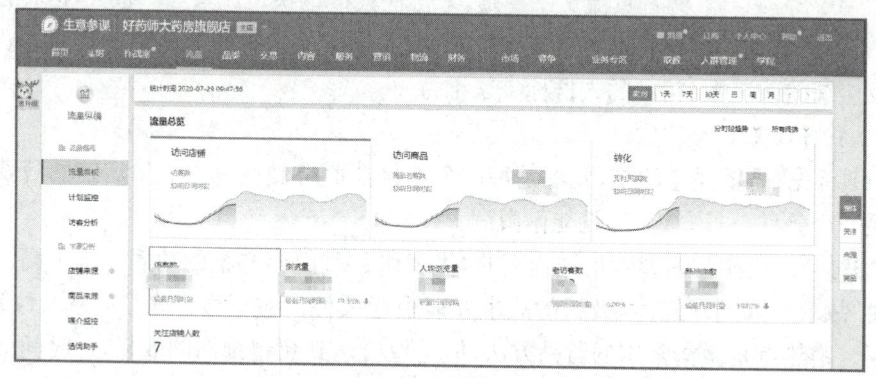

▲ 图1-1-1 生意参谋流量页面

1-1-3 商家中心入口操作

步骤二：进入生意参谋首页。

请扫描二维码学习商家中心入口操作。

2. 千牛入口

1-1-4 千牛入口操作

步骤一：登录淘宝千牛软件，点击“店铺管理”→“商家中心”。

步骤二：找到数据中心模块，点击“生意参谋”。

步骤三：进入生意参谋首页。

请扫描二维码学习千牛入口操作。

1-1-5 京东平台流量查询工具

（二）京东平台流量查询工具

请扫描二维码学习京东平台流量查询工具。

三、数据查询演示

（一）淘系平台流量数据查询演示

步骤一：点击生意参谋流量界面。

步骤二：在左侧选择“店铺来源”→“构成”，可以在页面右侧看到店铺的所有流量来源。点击“+”按钮，可以查看店铺内所有站内免费流量都来自哪些渠道，并可以在上方勾选想要查看的对应来源的数据指标，如访客数、加购人数、收藏人数、支付金额、客单价、下单转化率等。

步骤三：在页面的右上角，选择想要查看的数据的时间段，可以查看最近 1 天、7 天、30 天以及实时的数据情况。

1-1-6　淘系平台流量数据查询演示

步骤四：还可以分别查看 PC 端和无线端的各时间段的数据情况。

步骤五：除了可以查看本店站内免费流量的数据来源和数据情况之外，还可以查看同行店铺的站内免费流量数据情况以及对比数据，从而了解自己店铺哪些渠道做得好，哪些渠道做得不够好，以及哪些站内免费渠道是自己还没有去做的，是否可以做。

请扫描二维码学习淘系平台流量数据查询演示。

（二）京东平台流量数据查询演示

请扫描二维码学习京东平台流量数据查询演示。

1-1-7　京东平台流量数据查询演示

四、数据收集与记录

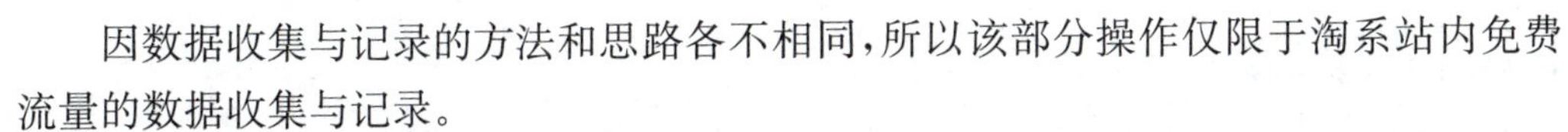

因数据收集与记录的方法和思路各不相同，所以该部分操作仅限于淘系站内免费流量的数据收集与记录。

生意参谋可以帮助商家查看店铺淘系站内免费流量的各项数据情况，但为了更好地进行数据分析，还需要收集和记录每天查询到的各项数据，如图 1-1-2 所示。

注意：可以将全部数据都收集记录起来，在进行数据处理和分析时再筛选，也可以仅根据数据分析的某几项指标进行重点数据的采集。

任务评价

通过学习本任务的操作，请学员检查自己是否掌握了所学内容，如表 1-1-1 所示。

表 1-1-1　站内免费流量数据收集操作评价表

序号	鉴定评分点	分值	评分
1	熟悉 3 种平台的数据查询工具界面操作	20	
2	能独立并快速地查询到各平台各阶段各端口站内免费流量的各项数据	35	
3	能根据各平台店铺的实际流量情况，独立制作 10 天的站内免费流量数据检测表	35	
4	能够遵守法律法规，合理合法开展数据收集	10	

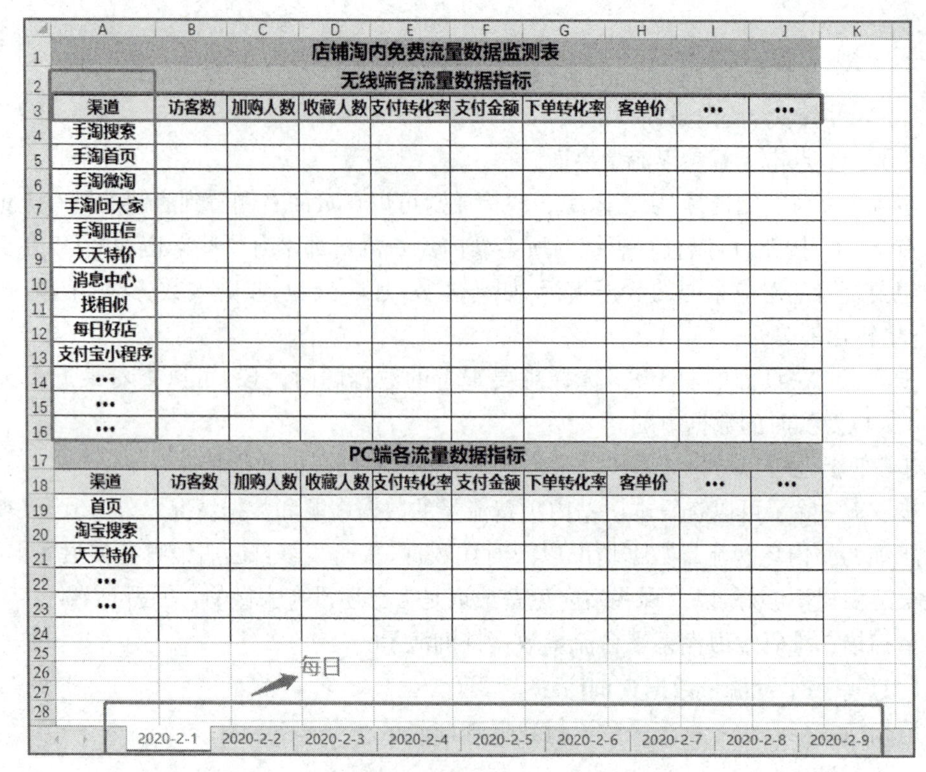

店铺淘内免费流量数据监测表

无线端各流量数据指标

渠道	访客数	加购人数	收藏人数	支付转化率	支付金额	下单转化率	客单价	…	…
手淘搜索									
手淘首页									
手淘微淘									
手淘问大家									
手淘旺信									
天天特价									
消息中心									
找相似									
每日好店									
支付宝小程序									
…									
…									
…									

PC端各流量数据指标

渠道	访客数	加购人数	收藏人数	支付转化率	支付金额	下单转化率	客单价	…	…
首页									
淘宝搜索									
天天特价									
…									
…									

▲ 图 1-1-2　淘系站内免费流量数据监测表样式参考

知识延伸

知识延伸

(1) 淘宝搜索优化：可扫描二维码观看知识微课。

(2) 生意参谋：可扫描二维码观看 MG 动画。

(3) 京东商智：可扫描二维码观看 MG 动画。

任务拓展训练

1. 淘系店铺站内免费流量数据收集训练　请用无线端采集店铺最近 3 天数据，手淘搜索进入店铺的访客数、加购人数、收藏人数以及支付金额，并将数据记录到表格中。

2. 京东店铺站内免费流量数据收集训练　请用手机端 APP 采集店铺最近 5 天的数据，确定有流量进店的栏目，收集和记录这些流量渠道对应的访客数、访客数占比、成交转化率以及该时期同行同级访客数均值。

任务2 站内付费流量数据收集

学习目标

1. 熟悉各平台站内付费流量来源方式。
2. 熟悉各平台站内付费流量查询工具。
3. 能够独立完成各平台站内付费流量查询。
4. 能够独立完成各平台站内付费流量数据的收集与记录。
5. 具备理论联系实际的素质和创新能力。

任务描述

京东平台最常用的付费推广有京东展位、京东快车、京东直投及京挑客，而直通车、淘宝客、钻展是淘宝站内三大付费流量来源工具。本任务将着重介绍淘系店铺三大付费流量来源方式、京东平台的四大付费活动方式，以及数据查询与收集的方法。

任务分析

付费推广运营对很多卖家来说是难以把控的操作，开通付费推广之后应该如何查看数据？数据运营应该从何入手？数据应该如何收集？本任务介绍各平台主要的付费推广途径及数据分析的前期准备工作——数据查询与收集。

在进行数据收集时，须了解需要收集的数据指标有哪些类型及含义，相应的数据指标反映了什么问题，用什么软件收集付费推广数据。学习完本任务，应能够掌握数据收集的维度以及数据收集的具体操作步骤。

任务准备

为了更好地达到实训目的，需要做如下准备：

(1) 准备两个在淘系、京东分别运营良好的店铺账号。

(2) 确保电脑等设备能正常使用。

(3) 确保网络正常且稳定。

一、站内付费流量来源介绍

(一) 淘宝平台站内付费流量来源

直通车、淘宝客、钻展是淘宝平台站内三大付费流量的来源方式。3 种方式各有优劣,卖家可根据自身需要和推广预算来选择,付费流量的占比不宜过高。

1. 直通车　当买家搜索的关键词和商家设置的关键词相匹配时,商品便能展现在有需求的买家面前,获得精准流量。直通车根据点击数收费,按照卖家出价高低,产品各方面权重高低进行排序,每个 IP 点击一次主图收一次费,单一时间段不重复收取同一 IP 的费用。

在观察直通车推广数据时,需要采集以下数据指标:宝贝展现量、点击量、点击率、点击转化率、投入产出比和关键词质量分。

(1) 宝贝展现量:是指推广的商品在淘宝/天猫直通车展位上出现的次数。账户中显示的展现量只是直通车展位的展现量,不包括自然搜索。展现位置如图 1-2-1 所示,如果商品的展现量少,则应该提高出价。

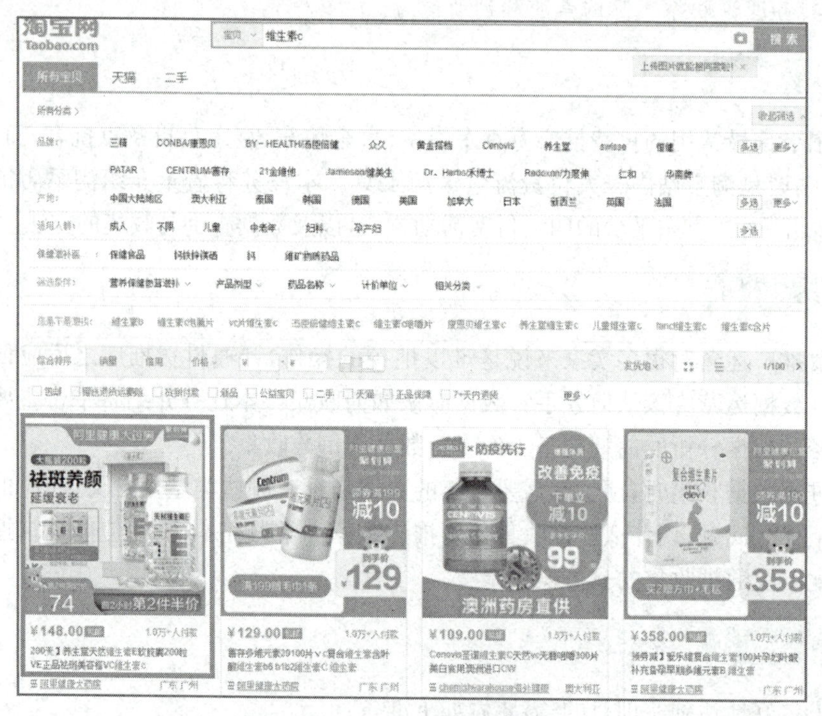

▲ 图 1-2-1　直通车展位

(2) 点击量:是指买家点击通过直通车展示的商品次数,即商家通过直通车推广,买家看到展位上的商品后,点击一次记一次点击量。如果宝贝的点击量不够,一方面要

考虑展现量是否足够，另一方面要分析是不是主图或者标题不够吸引客户，进行优化。

（3）点击率：是指直通车广告位的点击率，计算公式为：点击率＝点击量/展现量。影响因素包括：直通车位置、流量精准度、主图吸引力、标题优化程度等。

（4）点击转化率：是指成交的单数与点击量的比值，即在所有点击进入商品详情的访客中，成交人数占总点击人数的比例。计算公式为：点击转化率＝成交笔数/点击量。

除了点击率及点击转化率以外，还需要考虑直通车的 PPC，即 Pick（挑选）＋Promote（提升）＋Ctr（点击率），简单来说就是点击付费广告，计算公式为 PPC＝花费/点击量，这些数据直接关系到商家最关心的问题——投入产出比（ROI）。

（5）投入产出比：是指投入与产出的比值，计算公式为：ROI＝总成交金额/花费，这个数据不需要手动计算，在直通车的报表里，可以直接查看该项数据，如图 1－2－2 所示。

▲ 图 1－2－2　投入产出比数据

（6）关键词质量分：对于直通车商家来说，关键词质量分意味着推广的效果，关键词质量分是对一个关键词的评价，即给关键词打分，如图 1－2－3 所示。分数根据每个关键词的具体数据进行统计，得分会影响扣费和排名。

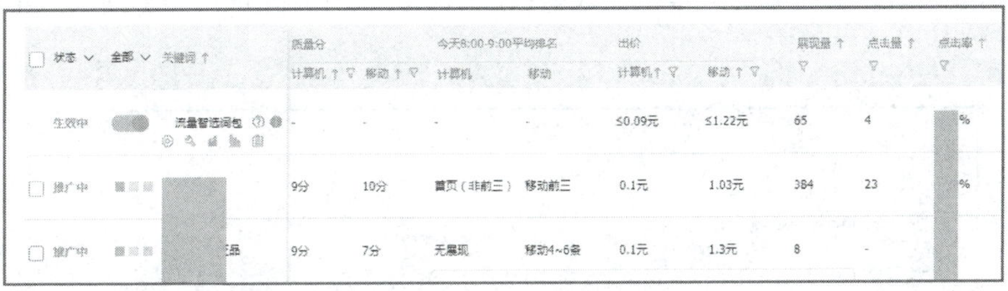

▲ 图 1－2－3　关键词得分

2. 钻石展位　钻石展位根据千次展现来计算收费。按照出价高低顺序展现，系统将各时间段的出价按照竞价高低排名，价高者优先展现，出价最高者的预算消耗完后，轮到下一位，以此类推，直到该小时流量全部消耗，排在后面的无法展现。

在分析钻展推广效果时，在首页可以查看单日投放的具体数据指标，如图 1－2－4 所示。

在账户报表中，可以查看钻展账户整体报表、展示网络报表、视频网络报表和明星店铺报表四大报表，这四大报表涵盖了钻展运营的主要数据指标。使用频率最高的是账户整体报表，其中涵盖了钻展日常运营需要重点关注的数据。

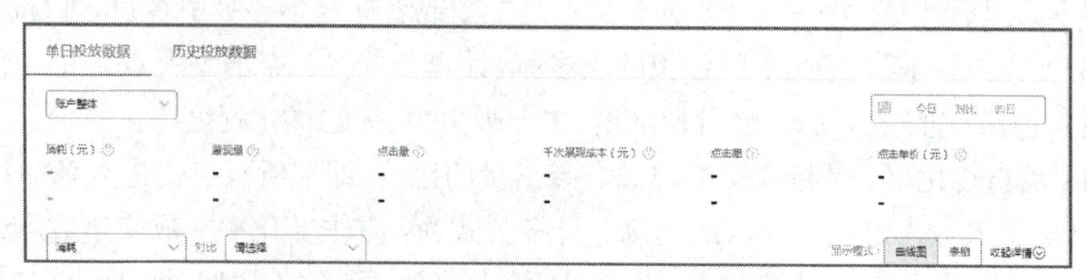

▲ 图 1-2-4　钻展首页数据

账户整体报表提供账户历史投放数据，包含消耗、展现量、点击量、千次展现成本、点击率、点击单价，可以选择不同日期范围查看数据。

右下角可以批量下载报表，掌柜可以自行选择数据类型、数据内容、数据时间，下载对应的报表。

需要重点关注的是钻展的千次展现成本，即商品在展位上展示一千次所需的成本。例如，千次展现成本为 8 元，店铺在钻展推广上的预算为 1 000 元，则店铺在进行钻展推广时预计可获得的展现量为：1 000 元/8 元×1 000 次＝125 000 次。

3. 淘宝客　淘宝客是一种按成交计费的推广模式，也指通过推广赚取收益的一类人。淘宝客只要从淘宝客推广专区获取商品代码，任何买家通过淘宝客的推广购买该商品后，就可以得到由卖家支付的佣金，淘宝客即帮助卖家推广商品并获取佣金的人。

淘宝店铺可通过阿里联盟后台查看淘宝客推广具体数据，在最近 30 天的淘宝客明细中，查看商品折扣、单价、佣金比率、佣金、30 天推广累计笔数、30 累计销量件数以及 30 天累计支出佣金，如图 1-2-5 所示，可全面了解淘宝客推广给店铺带来的销量提升。

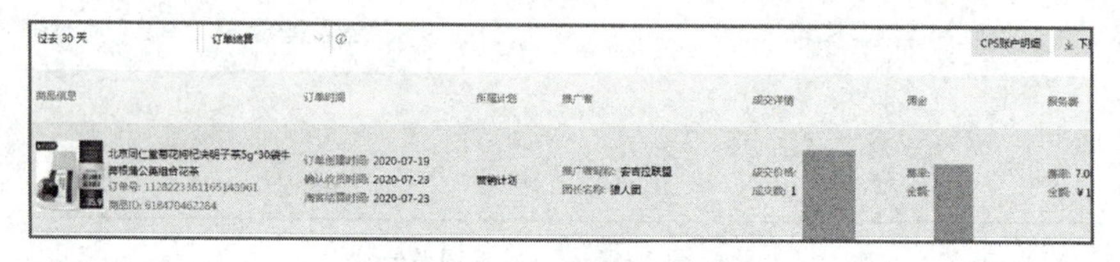

▲ 图 1-2-5　淘宝客后台数据

淘宝客按成交金额的百分比来收费，因此在进行淘宝客数据分析时，要重点关注引入付款金额及淘宝客佣金，在淘宝客推广首页可查看这两项数据指标。

首页中含有点击数、确认收货金额、支付款金额、支出佣金、佣金率，可根据商家需求进行数据趋势的选择，如图 1-2-6 所示。

首页下拉可看到推广计划列表，该模块针对各淘宝计划效果数据进行解读，如图 1-2-7 所示。

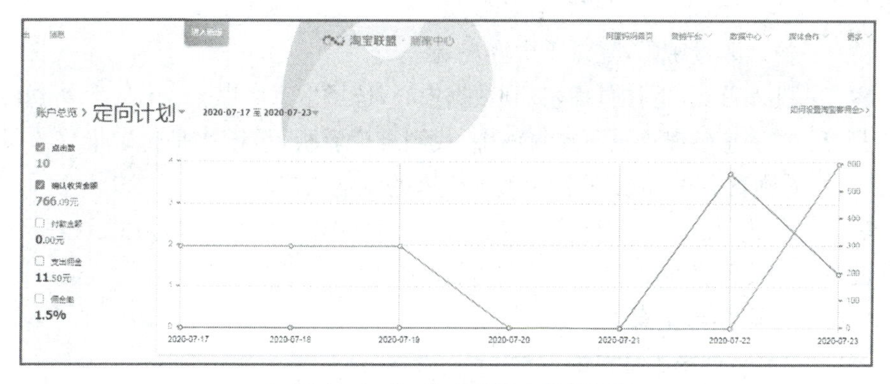

▲ 图 1-2-6　淘宝客推广数据页面

▲ 图 1-2-7　推广计划

(二) 京东平台站内付费流量来源

请扫描二维码学习京东平台站内付费流量来源。

1-2-1　京东平台站内付费流量来源

二、熟悉流量数据查询工具

了解了站内付费流量的来源结构之后，下面熟悉流量数据采集的工具。

(一) 淘宝平台付费流量查询工具

直通车、钻展及淘宝客开通之后，投放效果如何？应该如何采集推广效果数据？付费推广为店铺带来了多少流量？

可以通过阿里巴巴集团官方出品的千牛工作平台，查询付费推广的各项数据，包括卖家工作台、消息中心、阿里旺旺、量子恒道、订单管理、商品管理等主要功能，淘宝、天猫商家均可使用，目前有电脑版和手机版两个版本。下面主要介绍千牛工作台电脑版的操作流程。

1. 千牛查询

步骤一：输入账号密码，登录千牛客户端。

步骤二：进入首页，在下拉页面中，找到营销，即可看到直通车、钻石展位及淘宝客的入口。

步骤三：点击“直通车推广”，进入直通车。

请扫描二维码学习千牛查询。

1-2-2　千牛查询

2. 生意参谋查询

同时，商家可以通过生意参谋查询总体付费流量数据，在千牛卖家中心可以直接找到生意参谋入口。下面演示具体的操作步骤：

步骤一：输入账号密码，登录千牛客户端。

步骤二：进入首页，下拉页面，找到数据中心，选择生意参谋。

1-2-3 生意参谋查询

步骤三：在生意参谋首页下拉页面中，找到推广看板，该模块是付费推广流量的汇总页面，可以看到直通车、钻展及淘宝客所带来的流量数据。

步骤四：在推广占比的排行榜上点击推广，即可操作相应的推广方式。

步骤五：可设置直通车推广费用及商品。

请扫描二维码学习生意参谋查询。

（二）京东平台付费流量查询工具

1-2-4 京东平台付费流量查询工具

请扫描二维码学习京东平台付费流量查询工具。

三、数据查询演示

（一）淘系平台付费流量数据查询演示

1. 直通车数据查询演示

步骤一：如图1-2-8所示，查看直通车数据，点击“千牛首页”→“营销中心”→“直通车”工具。

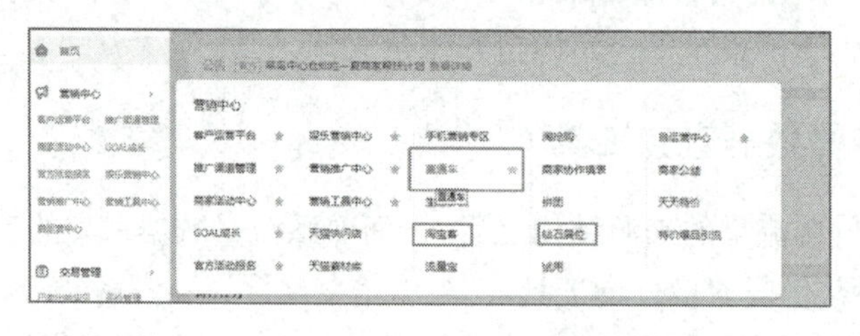

▲图1-2-8 千牛首页

步骤二：在直通车首页，可以看到各项基础数据，以及当日数据与昨日数据的对比情况，如果需要对当日数据进行采集，只需要在该页面上复制即可。

步骤三：点击“报表”，进入直通车报表。

步骤四：将报表页面下拉至底部，可以看到推广计划列表板块，点击右侧“更多数据”，可以选择需要查询的数据指标。

步骤五：列表中显示的数据指标即勾选的数据指标。

步骤六：点击“下载报表”按钮，设置报表名称、报表类型及时间范围，点击“确定”，即可生成相应的数据报表。

1-2-5 直通车数据查询演示

步骤七：继续点击“下载报表”→“管理导出报表”，即可进入刚才生成的报表列表。

步骤八：点击报表后的“下载”按钮，即可下载所需的数据报表。

步骤九：得到所需的直通车数据报表。

请扫描二维码学习直通车数据查询演示。

2. 钻展数据查询演示

步骤一：如图 1-2-8 所示，点击营销工具中的“钻石展位”。

步骤二：进入钻展首页，商家可在首页查看单日投放效果的具体数据指标。

步骤三：进入报表页面，账户整体报表提供自开通钻展以来的所有投放数据，商家可选择不同日期范围进行查看。

步骤四：报表页面支持批量下载，商家可根据店铺实际情况选择数据类型、数据内容及时间来下载对应的报表。在展示网络报表中，可以自定义展现的数据指标。

请扫描二维码学习钻展数据查询演示。

1-2-6　钻展数据查询演示

3. 淘宝客数据查询演示

步骤一：如图 1-2-8 所示，点击营销工具中的“淘宝客推广”。

步骤二：进入淘宝客后台首页，查看基本数据指标。

步骤三：在淘宝客推广计划中，可以查看已报名的活动计划，并可以根据商家需求设定自定义字段，选择需要的数据指标后，生成数据报表，并下载。

请扫描二维码学习淘宝客数据查询演示。

1-2-7　淘宝客数据查询演示

(二) 京东平台付费流量数据查询演示

请扫描二维码学习京东平台付费流量数据查询演示。

1-2-8　京东平台付费流量数据查询演示

四、数据收集与记录

为了更好地分析店铺数据，在查询店铺数据时，可以将查询到的店铺数据整合到 Excel 表格中，再进行操作分析。下面以直通车数据整合为例，演示具体步骤，其他推广工具可参考以下步骤进行。

步骤一：如图 1-2-9 所示，进入直通车数据页面，在推广计划列表中选择任意一个，选择好时间周期及数据指标后，生成报表，并下载。

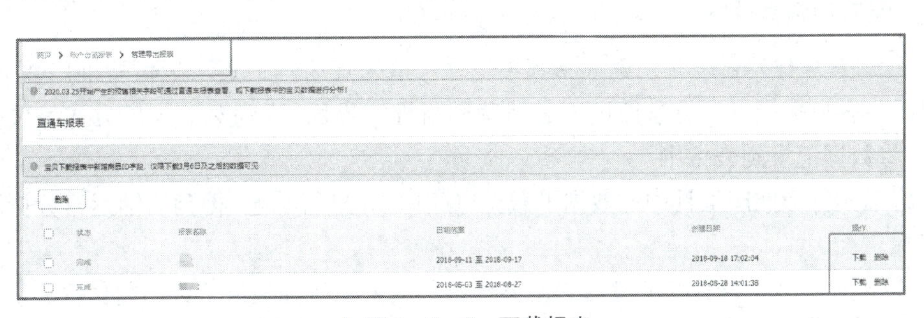

▲ 图 1-2-9　下载报表

步骤二：打开下载好的 Excel 表格，可以看到各项数据指标。

步骤三：在下载的数据报表中，数据指标相对繁杂，因此需要进行处理，以更清晰地分析表格数据。点击 Excel 表格上方“插入”→“数据透视表”，在数据透视表字段中，勾选需要分析的数据指标。

步骤四：将勾选的数据指标拖动到“值”区域。

步骤五：设置数据透视表的显示字段，最终效果呈现在表格上。

通过数据收集与记录，并通过数据透视表进行整理，可以得到清晰的店铺数据，便可以针对数据分析店铺运营情况。淘宝及京东的付费推广工具的数据采集可以参照直通车的步骤进行。数据收集与记录请扫描二维码学习。

1-2-9 数据收集与记录

任务评价

通过完成本任务的操作，请按表 1-2-1 检查自己是否掌握了相关技能。

表 1-2-1 站内免费流量数据收集操作评价表

序号	鉴定评分点	分值	评分
1	能独立操作淘宝及京东平台的数据查询工具界面	20	
2	能独立并快速地查询到各平台各阶段各端口站内付费流量的各项数据	35	
3	能根据各平台店铺的实际流量情况，独立制作 15 天的站内付费流量数据透视表	35	
4	在收集费流量数据时能够理论联系实际	10	

知识延伸

知识延伸

(1) 直通车运营：可扫描二维码观看知识微课。

(2) 钻展运营：可扫描二维码观看知识微课。

(3) 淘宝客运营：可扫描二维码观看知识微课。

任务拓展训练

1. 淘系店铺站内付费流量数据收集训练 请采集店铺最近 7 天付费推广数据，可通过千牛客户端或者生意参谋进入店铺营销与推广界面，找到对应推广方式的数据指标，并将数据记录到表格中。

将三大付费推广工具中的数据下载至电脑中，并进行筛选，得到店铺运营分析所需的指标。

2. 京东店铺站内付费流量数据收集训练 请采集店铺最近 7 天站内付费流量来源数据，找到 4 种推广方式的入口，进入数据查询界面，找到基本的数据指标项，选择对应时间周期，生成数据报表，并记录。

任务3 自主流量数据收集

学习目标

1. 熟悉各平台自主流量来源途径。
2. 熟悉各平台自主流量数据的查询工具。
3. 掌握各平台自主流量数据查询的操作步骤,能够独立完成操作。
4. 掌握各平台自主流量数据收集与记录的方法,能够独立完成操作。
5. 具备良好的数据安全意识,以及较强的数据判断能力。

任务描述

本任务将从自主流量来源方式、流量数据查询工具、数据查询与记录方法这几个方面来完成流量数据收集。

任务分析

在各项流量数据中,自主流量多来自老客户,通过"购物车""收藏夹""直接访问"等方式访问店铺,这部分流量的转化率相对较高,对于商家而言,消费者自主访问的流量越多,就越可以降低推广力度,省下更多的推广、运营成本。所以自主流量数据的收集是需要重点掌握的内容。

本任务将学习淘系、京东平台自主流量的来源及其收集方法,熟悉淘系平台、京东平台的基本操作,同时掌握 Excel 表格编辑制作方法,掌握自主流量数据收集技能。

任务准备

为了达到更好的实训效果,需要做如下准备:

(1) 准备两个在淘系、京东分别运营良好的店铺账号。

(2) 确保电脑等设备能正常使用。

(3) 确保网络正常且稳定。

任务实施

一、站内自主流量来源介绍

各平台自主流量主要来自老客户自主访问，在收集自主流量数据时，必须清楚站内自主流量结构。下面将介绍淘系、京东平台的站内自主流量结构。

（一）淘系平台站内自主流量结构

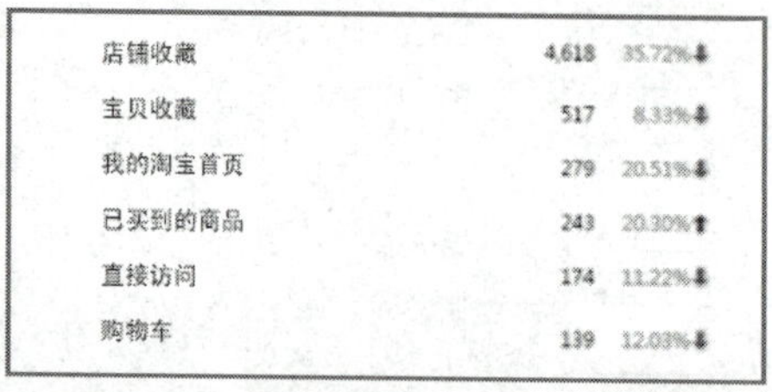

店铺收藏	4,618	35.72%↓
宝贝收藏	517	8.33%↓
我的淘宝首页	279	20.51%↓
已买到的商品	243	20.30%↑
直接访问	174	11.22%↓
购物车	139	12.03%↓

▲ 图 1-3-1　淘系平台站内自主流量来源

淘系平台自主流量入口主要有“收藏夹”“我的淘宝首页”“已买到的商品”“直接访问”“购物车”等，如图 1-3-1 所示。

下面将重点介绍一些以无线端为主的比较重要的入口。

1. 收藏夹　收藏夹分为“店铺收藏”以及“宝贝收藏”，消费者通过之前浏览收藏的商品链接进入店铺。能够放入收藏夹的店铺及商品都是消费者反复浏览后，较为感兴趣的，这部分流量约占运营良好店铺总流量的 10%，是非常重要的流量来源，且这部分消费者多为店铺的老客户。这对于老客户的维护是十分重要的，因此要经营好这部分流量，如图 1-3-2 所示。

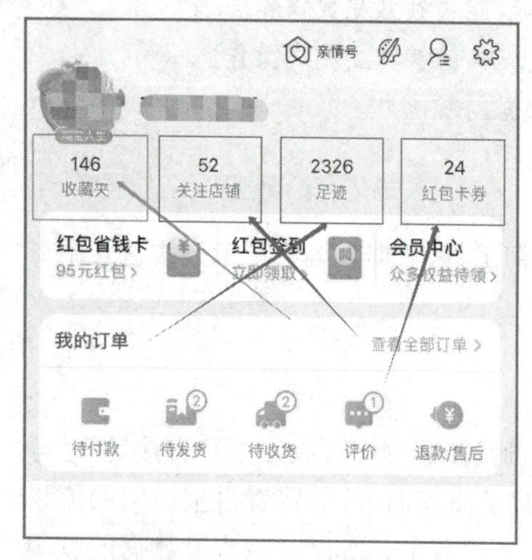

▲ 图 1-3-2　宝贝收藏

2. 我的淘宝首页　这部分流量主要来自我的淘宝中“足迹”与“红包卡券”两个模块，“足迹”是消费者浏览过的商品内容，以日期流的方式记录在“足迹”模块中，点击我的淘宝中的“足迹”即可查看；“红包卡券”模块是消费者收到的商家优惠红包、卡券等，入口就在足迹模块右侧，点击“红包卡券”即可查看，选择红包或卡券右侧的“进店”→“去使用”即可进入店铺或宝贝链接，当消费者通过这种方式入店后，商家可获得来自“我的淘宝”的自主流量，如图 1-3-2 所示。

3. 已买到的商品　这部分流量是消费者从“已买到的宝贝”页面点击商品链接后，进入店铺复购时产生的流量，这部分用户已经使用过该商品，属于回头客，如图 1-3-3 所示。

▲ 图 1-3-3　已买到的商品

这类流量对商品质量有较高的要求，只有用户体验满意度高，才会产生复购行为。同时，这类商品多为消耗品，如食品、日用百货、美妆产品等，当然也包括服饰、鞋袜等，服饰类产品复购主要由于店铺整体商品风格统一，用户认可并喜爱这一风格，才会通过已购买的链接再次进店浏览。

▲ 图 1-3-4　直接访问

4. 直接访问　直接访问是指通过淘宝平台直接搜索商家店铺或宝贝，点击进入后产生的流量，还有一种是通过他人分享的店铺或宝贝链接，点击进入产生的流量，如图 1-3-4 所示。

需要注意的是，当商家没有购买这类流量或未开通能产生这部分流量的推荐工具，店铺直接访问流量却暴涨时，极有可能是恶意竞争对手在给商家故意刷流量，这种刷出来的流量不会带来实质上的订单转化，却会因流量的增多，导致转化率降低，长此以往，对店铺的权重影响极大。

▲ 图 1-3-5　购物车

5. 购物车　这部分流量是指访客点击“购物车”下方的“你可能还喜欢”，进入商家店铺而产生的流量，如图 1-3-5 所示。

(二) 京东平台站内自主流量结构

请扫描二维码学习京东平台站内自主流量结构。

1-3-1　京东平台站内自主流量结构

二、熟悉流量数据查询工具

(一) 淘系平台自主流量查询工具

通过淘系平台自主流量结构的学习，明确了淘系自主流量的来源，接下来学习查询数据的渠道，以千牛平台为例。

步骤一：登录千牛账户，点击从左向右数的第三个模块，打开千牛工作台。

步骤二：在千牛工作台首页“数据中心”模块找到“生意参谋”，点击进入。

步骤三：进入生意参谋首页。

请扫描二维码学习千牛平台操作。

1-3-2　千牛平台操作

(二) 京东平台自主流量查询工具

请扫描二维码学习京东平台自主流量查询工具。

1-3-3　京东平台自主流量查询工具

三、数据查询演示

(一) 淘系平台自主流量数据查询演示

步骤一：进入生意参谋，如图 1-1-1 所示。

步骤二：在生意参谋首页下方找到流量看板，即可查看整体的自主流量数据走向。

1-3-4 淘系平台自主流量数据查询演示

1-3-5 京东平台自主流量数据查询演示

步骤三：选择左侧“店铺来源”→“构成”，可以看到显示界面中的所有店铺流量来源。点击自主流量前的“+”按钮，可以查看店铺内详细的自主流量来源渠道，勾选需要查看的数据指标，如“访客数”“支付金额”“客单价”“下单转化率”等。

步骤四：记录数据。

请扫描二维码学习淘系平台自主流量数据查询演示。

(二) 京东平台自主流量数据查询演示

请扫描二维码学习京东平台自主流量数据查询演示。

四、数据收集与记录

为了更好地对数据进行分析，可以将收集到的自主流量数据整理到 Excel 表格中，对表格的数据进行分析，也便于后期复盘整理，如图 1-3-6 所示。

	A	B	C	D	E
1	店铺淘内自主流量数据收集监测表				
2	无线端数据指标				
3	来源	访客数	支付转化率	支付金额	客单价
4	收藏夹				
5	淘宝首页				
6	已买到的商品				
7	直接访问				
8	购物车				
9	PC端数据指标				
10	来源	访客数	支付转化率	支付金额	客单价
11	收藏夹				
12	淘宝首页				
13	已买到的商品				
14	直接访问				
15	购物车				
16					
17					
18					
19					

▲ 图 1-3-6 淘内免费流量数据监测表样式参考

任务评价

通过完成本任务的操作，请学员按表 1-3-1 检查自己是否掌握了所学内容。

表 1-3-1 自主流量数据收集操作评价表

序号	鉴定评分点	分值	评分
1	熟悉淘系、京东的数据查询工具界面操作	20	
2	能够独立并快速地查询到各平台各阶段各端口自主流量的各项数据	35	
3	能够根据各平台店铺的实际流量情况，独立制作 10 天的自主流量数据检测表	35	
4	能够准确判断该收集何种数据，并注意自身数据安全防护	10	

知识延伸

(1) 淘宝自主访问是什么,如何提升? 请扫描二维码阅读。

(2) 淘宝店铺自主访问多,好吗? 请扫描二维码阅读。

任务拓展训练

1. 淘系店铺自主流量数据收集训练　请采集店铺最近 3 天无线端、PC 端的自主流量数据,通过千牛客户端进入"生意参谋",找到相应数据指标,并根据数据类别整理表格。

2. 京东店铺自主流量数据收集训练　请采集店铺最近 3 天无线端、PC 端的自主流量数据,通过"京东商智"收集和记录自主流量来源渠道对应的"访客数""访客数占比""成交转化率"以及该时期同行同级"访客数均值"。

模块一 数据收集

项目二 商品数据收集

项目说明

众所周知,电商平台需要定期分析商品销售情况,比如不同商品的成交转化情况、访客浏览情况及售后服务情况等。进行商品数据分析,可以从时间或商品的类别、价格等多个维度入手。

本项目介绍淘系、京东平台的商品收集指标及主推单品数据分析的维度,并阐述不同商品数据指标的收集方法。

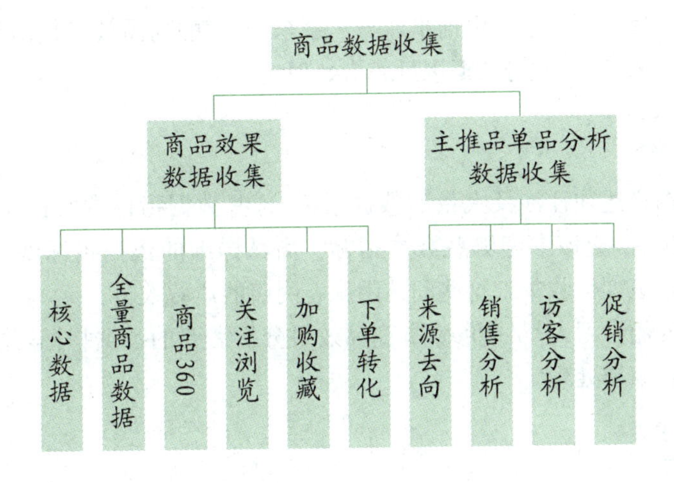

任务1 店铺商品效果数据收集

学习目标

1. 熟悉商品效果的数据指标。
2. 熟悉各平台商品效果数据查询工具。
3. 掌握各平台商品效果的数据查询,能够独立操作。
4. 掌握各平台商品效果数据收集与记录的方法,能够独立操作。
5. 具备较强的系统化思维。

任务描述

本任务介绍目前两大主流电商平台——京东、淘宝的商品效果数据收集指标,以及收集过程中用到的工具,并对数据进行表格处理。

任务分析

店铺商品的描述往往涉及大量的数据指标,这些数据指标常常让人无从下手。进行商品全面诊断时,应该参考哪些数据指标?商品详细的数据指标展示了哪些信息?商品效果数据应该如何收集?这些问题困扰着网店的运营人员。

通过本任务的学习,学员能够掌握商品效果分析需要的数据指标,并能独立完成这些数据指标的收集与处理。

任务准备

为更好地达到实训目的,需要做如下准备:

(1) 准备两个淘系、京东平台分别运营良好的店铺账号。

(2) 确保电脑等设备能正常使用。

(3) 确保网络正常且稳定。

任务实施

一、店铺商品效果数据指标

店铺运营除了需要观测店铺的整体运营数据，更重要的是针对店铺的商品效果数据进行分析，对于数据表现一般或是销量不太乐观的商品进行优化，甚至下架。例如，某件商品在最近一段时间内带来的访客数、转化率以及收藏加购人数均处于较低水平，那么应该对商品进行有针对性的优化。在分析商品效果时，应该参考哪些数据指标？下面从不同平台的数据采集维度展开分析。

（一）淘系平台商品效果数据

淘系平台的商品效果数据可通过以下 3 个数据模块进行采集：核心数据指标、全量商品排行、商品 360。

1. 核心数据　图 2-1-1 所示是核心数据指标的页面。

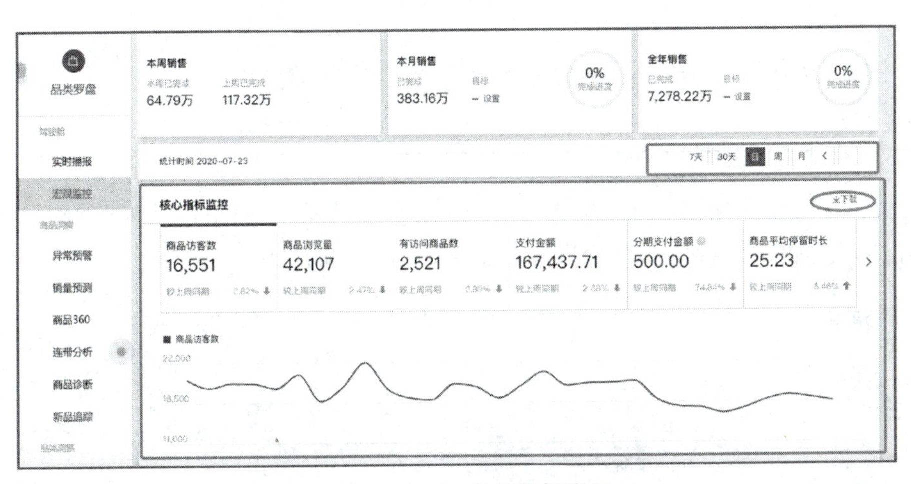

▲ 图 2-1-1　核心数据指标

在核心数据指标中，可采集的数据有：商品访问数据、商品加购收藏数据。

(1) 商品访问数据：商品访问数据包含以下 5 个指标。

商品访客数：在筛选的时间段内，商品详情页被访问的去重人数。对于同一个客户，在选定的时间范围内多次访问，也只记为一个访客数。

商品浏览量：与访客数的区别在于访客数记录的是访问的客户人数，浏览量是商品被访问的总次数，一个访客多次访问商品详情可记为多次浏览量。

有访问商品数：顾名思义，就是在全店商品中，有访客的商品数目。

详情页平均停留时长：是指所有访客到达宝贝详情页之后，在此宝贝详情页面的停留时长平均值。

详情页跳出率：是指浏览一个商品的详情页后，没有继续浏览店铺其他页面便离开的访客数占总访客数的比例。一般情况下，淘宝详情页跳出率在80%以下都为正常。当详情页跳出率过高时，需要对详情页进行优化。图 2-1-1 所示是商品访客数据截图。

（2）商品加购收藏数据：商品加购收藏数据包含以下3个方面：

访问收藏转化率：是指在统计时间内，访问商品人数中收藏商品人数的占比，计算公式为：访问收藏转化率=（收藏人数/访客数）×100%。

访问加购转化率：是指在选定的统计时间范围内，访问人数中总加购人数的占比。

下单数据：包含下单买家数、下单件数、下单金额及下单转化率，其中下单转化率是指所有到店的访客人数中下单人数的占比，计算公式为：下单转化率=（下单人数/到店访客数）×100%。表 2-1-1 统计了3天的下单数据。

表 2-1-1　下单数据

统计日期	下单买家数	下单件数	下单金额/元	下单转化率
2020-02-22	213	313	45 621	12.35%
2020-02-23	334	401	64 242	11.25%
2020-02-24	165	222	34 621	13.01%

2. 全量商品排行（实时、7天、30天）　在全量商品排行中，可以从时间维度查看商品的访客数、加购件数等各项数据指标，如图 2-1-2 所示。

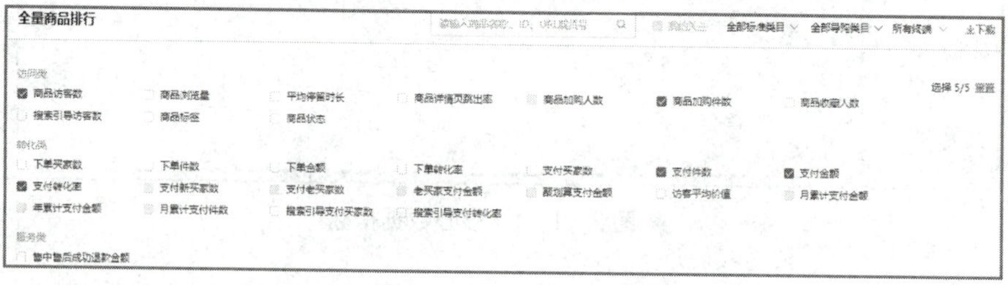

▲ 图 2-1-2　全量商品排行指标

各项数据指标具体可分为以下3种：

（1）访问类数据：记录的是商品的访客数、浏览量等数据指标，通过对商品的访问类数据指标展开分析，可得到商品的优化方向。例如，当商品的访客数较低时，应该对商品主图及商品标题进行优化。当商品详情页的平均停留时长较低时，应立即对商品详情页的图片或者描述细节进行优化。

（2）转化类数据：记录的是商品的成交效果。

（3）服务类数据：主要记录的是售中、售后成功退款金额。

在分析数据时，可根据我们的需求筛选数据指标。当店铺整体的转化率较低时，商

家可在全量商品排行中找到转化率较低的商品，根据全量商品数据指标针对该商品进行优化，全量商品排行最多可选择 5 项数据指标对比查看。

3. 商品 360　商品 360 可以对全店商品展开销售分析、流量来源分析、标题优化、内容分析、客群洞察、关联搭配及服务分析。

(1) 销售分析数据：可以以实时、周或月的形式，查看商品的访客数、浏览量、详情页的平均停留时长、商品详情页跳出率、商品加购件数及收藏人数。

(2) 内容分析数据：主要收集各内容渠道带来的数据。

(3) 服务分析数据：主要收集与商品的描述相符的数据、退款率等。

图 2-1-3 所示是商品 360 页面概况。

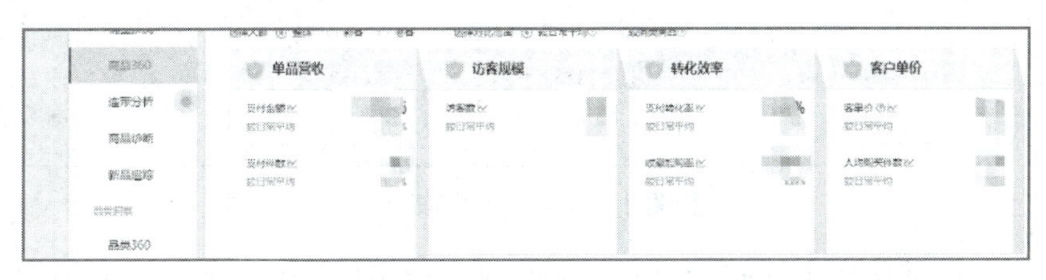

▲ 图 2-1-3　商品 360 页面

(二) 京东平台商品效果数据

请扫描二维码学习京东平台商品效果数据。

2-1-1　京东平台商品效果数据

二、商品效果数据查询工具

商品效果数据是店铺运营人员分析商品效果的重要参考，在收集商品效果数据时，可使用平台内部数据统计工具。

(一) 淘系平台商品效果数据查询工具

针对淘系平台，商家可通过生意参谋的品类罗盘进行商品数据查询。品类罗盘可以为商家提供全店商品实时监控，商品人群精准营销，新品上市效果追踪，异常商品问题诊断等丰富的产品运营场景服务，其主要功能有：人群管理精准应用、宝贝标题精细优化、竞争单品对比剖析。

生意参谋的品类罗盘分为基础版、标准版及专业版。

1. 基础版　基础版可以帮助初创期商家看清商品销售、SKU(stock keeping unit，库存量单位)销售和售后服务效果，也可指导有效备货，并通过上游工厂的推荐，帮助商家发现合适的工厂货源。基础版可提供的数据查询功能包括：商品核心概况、商品 SKU 销售分析、商品销售分析、商品服务分析、商品内容分析、货源发现及全量商品排行。

2. 标准版　标准版的品类罗盘在基础版上做了一定的升级，加入了数据查询的实时播报功能，帮助成长期商家高效地进行商品销售，如图 2-1-4 所示，商家可进行落地调货、流量优化、价格调整等操作。

3. 专业版　专业版是标准版品类罗盘的升级，可以帮助成熟期商家评估商品价值、

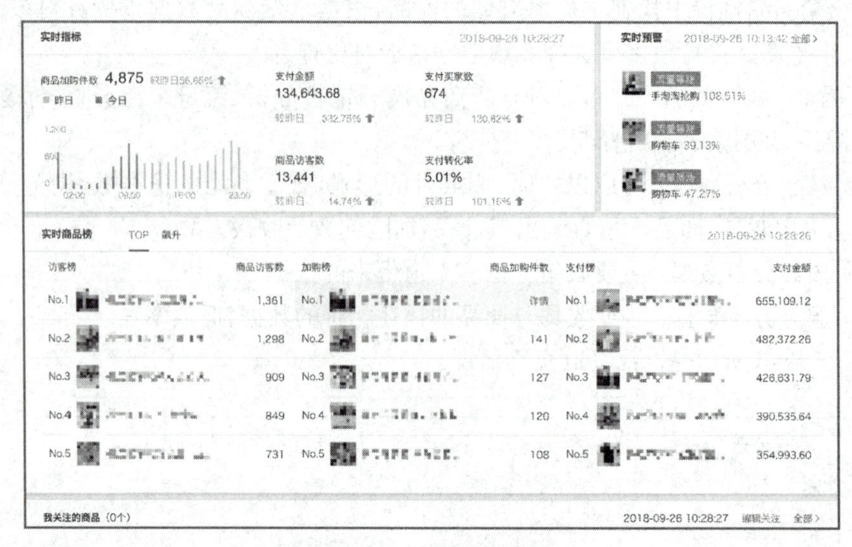

▲ 图 2-1-4　数据实时查询

品类价值等，辅助货品结构的布局决策，并通过智能预警和深度下钻分析，快速高效地评估商品的风险与机会，挖掘品类的增长机会。

2-1-2　京东平台商品效果数据查询工具

（二）京东平台商品效果数据查询工具

请扫描二维码学习京东平台商品效果数据查询工具。

三、数据查询演示

（一）淘系平台商品效果数据查询演示

步骤一：打开千牛软件，点击进入生意参谋。

步骤二：进入生意参谋找到品类板块。

步骤三：点击品类板块，页面最顶部是核心指标监控区域，在这里可以查询四大类核心数据指标。通过选择右上角的统计时间，可以从不同的时间维度对数据进行统计。点击“下载”按钮，可将统计的数据指标生成 Excel 工作表，导出到电脑中。

2-1-3　淘系平台商品效果数据查询演示

步骤四：下拉至全量商品排行，标题栏可根据商品名称或 ID 等查询具体数据，也可根据商品类目查询，最多可选择 5 项数据指标同时展示。选择好需要采集的指标之后，点击右上角“下载”按钮，将数据表格下载至电脑。

步骤五：通过全店商品数据找到存在问题的商品后，点击商品 360，输入该商品的 ID，即可查看该商品的每项数据。

2-1-4　京东平台商品效果数据查询演示

步骤六：输入商品 ID 后可看到单个商品的各项数据指标，商品 360 可针对单个商品的销售情况和流量来源进行分析，也可为商品标题优化提供方向。

请扫描二维码学习淘系平台商品效果数据查询演示。

（二）京东平台商品效果数据查询演示

请扫描二维码学习京东平台商品效果数据查询演示。

四、数据收集与记录

根据以上操作步骤，即可得到店铺在日常运营过程中所需要的各项商品数据指标，以淘系平台为例：

(1) 核心数据指标包含商品访客数、商品加购数据及支付数据的各项详细数据，如表2-1-2所示。

表2-1-2　核心数据指标

统计日期	支付金额	支付件数	商品加购人数	商品加购件数	商品浏览量	商品访客数	商品收藏人数	商品平均停留时长/小时
2020-02-22	0.00	0	0	0	0	0	0	0
2020-02-23	0.00	0	0	0	0	0	0	0
2020-02-24	0.00	0	0	0	0	0	0	0
2020-02-25	0.00	0	0	0	0	0	0	0

(2) 全量商品排行是针对单个商品进行多维度的数据展示，如表2-1-3所示。

表2-1-3　全量商品排行数据

统计日期	商品ID	商品名称	货号	商品状态	商品访客数	商品浏览量	平均停留时长/小时

针对京东平台的商品数据，可收集商品概况、商品明细及单品分析数据。

(1) 商品概况：商品概况数据下载表格如表2-1-4所示。

表2-1-4　商品概况数据下载表格

统计日期	商品ID	商品名称	SKU	访客数	浏览量	平均停留时长/小时	加购收藏数据
2020-02-22	00000000000	×××××××	×××××××	0.00	0	0	0
2020-02-23	00000000000	×××××××	×××××××	0.00	0	0	0
2020-02-24	00000000000	×××××××	×××××××	0.00	0	0	0
2020-02-25	00000000000	×××××××	×××××××	0.00	0	0	0

(2) 商品明细：商品明细数据下载表格如表2-1-5所示。

表 2-1-5　商品明细数据下载表格

商品 ID	商品名称	访客数	加购商品件数	成交商品件数	成交金额/元	转化率/%
00000000000	×××××××	0.00	0	0	0	1
00000000000	×××××××	0.00	0	0	0	2
00000000000	×××××××	0.00	0	0	0	3

(3) 单品分析：单品分析数据下载表格如表 2-1-6 所示。

表 2-1-6　单品分析数据下载表格

商品 ID	商品名称	访客数	关注浏览	加购效果	下单转化/%	成交转化/%	单品评价
00000000000	×××××××	0.00	0	0	1	1	0
00000000000	×××××××	0.00	0	0	2	2	0
00000000000	×××××××	0.00	0	0	3	3	0

任务评价

通过完成本任务的操作，请按表 2-1-7 查看是否掌握了所学内容。

表 2-1-7　店铺商品数据收集操作评价表

序号	鉴定评分点	分值	评分
1	熟悉生意参谋与京东商智平台的数据查询工具界面操作	20	
2	能够独立并快速地查询各平台各阶段各端口站内商品效果的各项数据	35	
3	能够根据各平台店铺的商品效果数据，制作出美观的数据表，以便后期进行数据分析	35	
4	在收集商品效果数据时能够系统化思考	10	

知识延伸

知识延伸

(1) 淘宝核心商品数据分析指标有哪些，请扫描二维码阅读。

(2) 淘宝店铺上升期需要关注的几个核心数据，请扫描二维码阅读。

任务拓展训练

1. 淘系店铺商品效果数据收集训练　请查找淘系店铺商品前一天的核心数据指标，在全量商品排行里找到访客数最低的商品，并在商品 360 中查找该商品的八项数据，将数据下载、整理、记录到表格中。

2. 京东店铺商品效果数据收集训练　请查找京东店铺前一天的商品概况数据、商品明细及某个单品分析数据(如店铺销售 TOP2)，并分别将数据下载、整理、记录到表格中。

任务2 主推品单品分析数据收集

学习目标

1. 熟悉各平台主推品单品分析的数据指标。
2. 熟悉各平台主推品单品分析数据查询工具/入口。
3. 掌握各平台主推品单品分析数据查询的操作步骤。
4. 掌握各平台主推品单品分析数据收集与记录的方法。
5. 树立全局观念,立足整体,统筹全局,实现最优目标。

任务描述

本任务将分别介绍淘系和京东平台的店铺主推品单品分析的数据,各自的数据查询工具/入口,详细的查询操作步骤,从而最终完成平台店铺主推品单品分析数据的收集。需要学员采集店铺两款商品最近7天的单品分析数据,并生成数据报表。

任务分析

在店铺主推品单品生命周期的每个节点,都要求商家学会收集、记录、分析单品流量的流量来源、单品的点击率、收藏率、跳失率、转化率等关键数据。然而许多商家只会看数据却不会做记录,数据的记录对商家分析单品销售效果起着重要作用,做更深层次的分析并依据数据做优化,才能为店铺带来更多的流量。本任务主要介绍各平台主推品单品分析的前期准备工作——数据查询与收集。

任务准备

为了更好地达到实训目的,需要做如下准备:

(1) 准备两个在淘系、京东平台分别运营良好的店铺账号。

(2) 确保电脑等设备能正常使用。

(3) 确保网络正常且稳定。

一、主推品单品分析数据指标

商家通常会选择几款合适的商品作为店铺的主推品，当确定了店铺主推品后，商家想要了解商品的运营效果，或者商品中哪个关键词获得的转化率最高，商品的访客特征有哪些，这些问题都可以在单品分析里找到对应的数据结果。只有分析收集的单品数据，才能更好地运营单品，从而为店铺带来流量。在分析店铺主推品单品时，应该参考哪些数据指标呢？下面将从平台对单品数据采集的维度展开分析。

(一) 淘系平台主推品单品分析数据

可从以下 4 个数据模块采集淘系平台主推品单品数据。

1. 流量来源　可以分析引流来源的访客质量、关键词的转化效果、来源商品贡献率，使商家清楚引流的来源效果，包括了商品流量来源、关键词效果分析以及商品流量来源 TOP5 这 3 个部分。

点击“无线端”按钮查看商品的流量来源和引导转化。流量来源入口有淘宝客、手淘搜索和我的淘宝等，当商家知道哪个流量入口效果好、转化率高，就可以重点关注并且查看其引导转化数据。

商家在优化店铺主推品单品标题时，通过分析进店关键词，查看哪些关键词可以为店铺带来流量，如每个关键词的搜索排名、曝光量和点击量等。淘宝商品排名一般是按照曝光量和点击量排序的，因此，商家可以很直观地了解每一个关键词对商品的贡献。图 2-2-1 所示为单品分析的流量来源界面。

单品诊断　销售分析　流量来源　标题优化　内容分析　客群洞察　关联搭配　服务分析

统计时间 2020-07-28　　实时　7天　30天　日　周　月

流量来源　　转化效果归属于：每一次访问来源　无线端　下载

数据解读：淘宝客渠道引流下降明显（较前一天下降50%）

流量来源	访客数	下单买家数	下单转化率	浏览量(占比)	操作
手淘搜索 较前一天	188 54.29%	14 40.00%	7.45%	377 37.09%　81.40%	详情　趋势
直通车 较前一天	51 -5.56%	4 100.00%	7.84%	93 12.05%　15.15%	详情　趋势
购物车 较前一天	15 50.00%	5 -28.57%	33.33%	38 65.22%　6.19%	趋势

▲ 图 2-2-1　单品分析—流量来源

2. 销售分析　可以使商家清楚地看到商品在一个时段的变化趋势，据此总结商品销量变化规律，依据商品销量的变化规律，可以适当地调整策略去迎合这种变化，从而提升自己的店铺转化率。销售分析包括销售趋势和 SKU 销售详情，如药品的件/盒数、规格(一盒多少片，ml 等)，通过数据可以布局下一阶段的库存，以免库存积压。商家通

过销售分析数据布局库存，可以在库存管理方面达到很好的效果。图 2 - 2 - 2 所示为单品分析的销售分析界面。

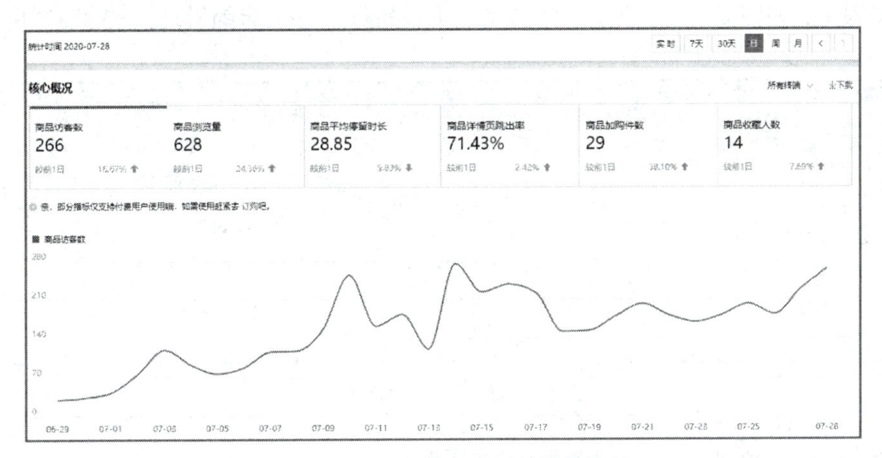

▲ 图 2 - 2 - 2　单品分析—销售分析

3. 客群洞察　能够获得商品吸引消费者的具体特征，商家通过这些数据来了解店铺访客的特点，从而去迎合消费者的需求。客群洞察包括来访 24 小时趋势图、地域 TOP5、店铺新老访客、性别、淘气值分布和访问网络分布，如图 2 - 2 - 3 所示。

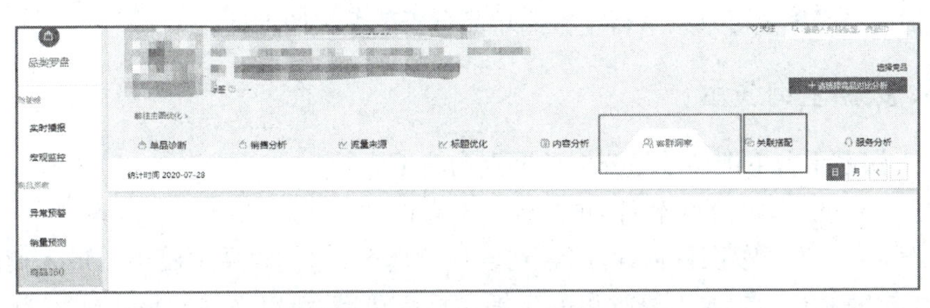

▲ 图 2 - 2 - 3　单品分析—客群洞察

4. 关联搭配　通过系统的关联搭配，商家可以选择合适的商品进行关联销售，促进销量。系统会根据当前的单品进行关联搭配，展示 5 个关联商品。在做页面套餐的时候，依据系统推荐的关联商品，引导消费者添加并告知其优惠条件。客服在做套餐讲解时，也可以推送这些商品给消费者，提升访客浏览量以及关联销售额，如图 2 - 2 - 3 所示。

(二) 京东平台主推品单品分析数据

请扫描二维码学习京东平台主推品单品分析数据。

2 - 2 - 1　京东平台主推品单品分析数据

二、主推品单品分析数据查询工具

(一) 淘系平台主推品单品分析数据查询工具

生意参谋是淘宝/天猫商家在运营店铺时经常使用的一个数据工具，可以提供全面的店铺数据分析，是淘系商家的得力帮手。生意参谋能一站式地进行数据分析，针对性地给出诊断结果，并提供解决方案，提升店铺效果。

步骤一：如图 2-2-4 所示，登录淘宝千牛软件，点击“店铺管理”→“商家中心”。

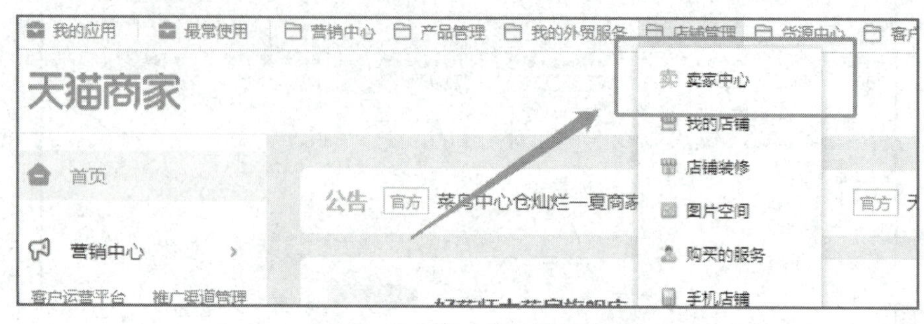

▲ 图 2-2-4　千牛商家首页

2-2-2　淘系平台主推品单品分析数据查询工具

步骤二：找到数据中心模块，点击“生意参谋”。

步骤三：进入生意参谋首页。

步骤四：点击商品模块，进入单品分析界面。

请扫描二维码学习淘系平台主推品单品分析数据查询工具。

(二) 京东平台主推品单品分析数据查询工具

2-2-3　京东平台主推品单品分析数据查询工具

请扫描二维码学习京东平台主推品单品分析数据查询工具。

三、数据查询演示

(一) 淘系平台主推品单品分析数据查询演示

步骤一：登录淘宝千牛软件，进入生意参谋首页。

步骤二：在生意参谋首页，可以看到各项功能区。点击“品类模块”，进入商品 360 中的单品分析功能。针对需要收集的店铺主推品单品，可以在搜索框中输入商品的关键词、商品 ID 或商品 URL(uniform resource locator，统一资源定位器)等，进入该单品数据详情页。

步骤三：进入商品 360 详情页，可以看到该单品的链接和发布时间。首先点击“流量来源”，其次选择 PC 端或者无线端，最后根据自身需要查看的日期范围，直接下载相应的数据。

步骤四：将流量来源页面往下拉，可以看到关键词效果分析板块。选择淘宝搜索或者天猫搜索，确定需要查询的日期，直接下载相应的数据。

步骤五：将流量来源页面拉至底部，可以看到商品流量来源 TOP5 板块。选择需要查询的日期来分析商品之间的导流和引流情况。

步骤六：点击“销售分析”，进入该页面。根据需求选择查询的日期以及需要收集的指标，从而分析该单品的销售趋势和 SKU 的销售详情数据，直接下载该数据。

步骤七：点击“客群洞察”，进入该页面，选择需要查询的日期，查看单品的访客

数据。

步骤八：点击“促销分析”，进入该页面，查看适合与该单品关联搭配的5个商品，直接下载该数据。

请扫描二维码学习淘系平台主推品单品分析数据查询演示。

2-2-4　淘系平台主推品单品分析数据查询演示

（二）京东平台主推品单品分析数据查询演示

请扫描二维码学习京东平台主推品单品分析数据查询演示。

2-2-5　京东平台主推品单品分析数据查询演示

四、数据收集与记录

商家对店铺主推品单品进行分析时，为了更直观地查看单品数据，可以将查询到的单品数据下载整合成Excel形式，方便商家对该单品的相关数据进行整理。下面以淘系平台单品分析的流量来源数据整合为例，演示具体数据整合步骤，其他单品数据收集与记录可以参考以下步骤。

步骤一：进入生意参谋商品模块的商品360详情界面，点击“流量来源”，选择需要查询的时间周期，点击“下载”，如图2-2-5所示。

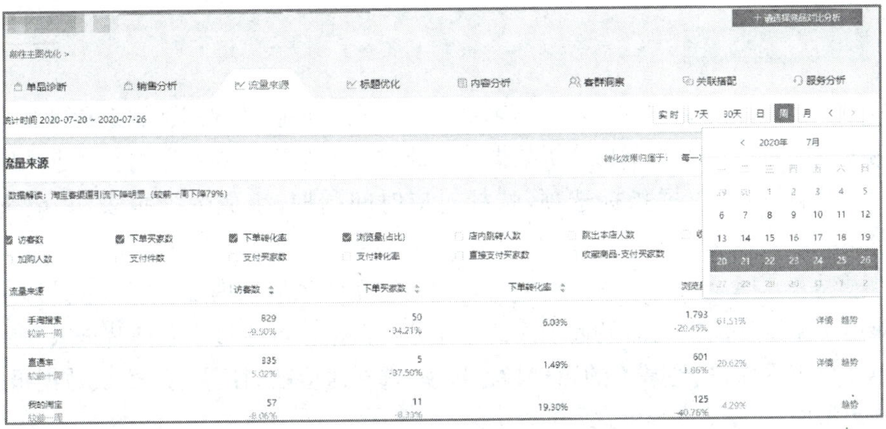

▲ 图2-2-5　下载流量来源数据

步骤二：打开下载好的Excel表格，可以看到各项数据指标。

生意参谋虽然可以帮助商家查看店铺主推品单品的各项数据指标，但为了更好地分析数据，还需要将每天查询到的各项数据进行收集和记录。需要收集和记录的数据包括：流量来源对应的各项指标数据、销售分析对应的各项指标数据、客群洞察以及促销分析对应的各项指标数据。

请扫描二维码学习数据收集与记录。

2-2-6　数据收集与记录

任务评价

通过完成本任务的操作，请按表2-2-1查看是否掌握了所学内容。

表 2-2-1　主推品单品分析数据收集操作评价表

序号	鉴定评分点	分值	评分
1	熟悉两种平台的数据查询工具界面操作	20	
2	能够独立并快速地查询到各平台主推品单品分析的各项数据	35	
3	能够根据各平台店铺的实际流量情况，独立制作 7 天的主推品单品分析流量数据检测表	35	
4	收集分析单品数据时能够立足全局，实现最优目标	10	

知识延伸

知识延伸

(1) 淘宝卖家如何获取竞争对手的单品数据？
(2) 数据化运营的单品数据分析及店铺数据把控。
(3) 京东运营人员如何监控单品数据？
以上知识延伸的内容，可扫描二维码学习。

任务拓展训练

1. 淘系店铺主推品单品分析数据收集训练　请采集店铺内润肺秋梨膏以及八珍益母片两款商品最近 7 天的单品分析数据。可通过千牛客户端或者生意参谋进入店铺商品界面，找到对应的数据指标选项，选择对应时间周期，生成数据报表，并记录到表格中。

2. 京东店铺主推品单品分析数据收集训练　请采集店铺内爱尔康傲滴护理液以及美体康电子血压计两款商品最近 7 天的单品分析数据。可通过京东商智进入商品模块中的单品分析界面，找到基本的数据指标选项，选择对应的时间周期，生成数据报表，并记录到表格中。

模块一 数据收集

项目三 交易数据收集

项目说明

收集店铺交易数据，对于运营者来说至关重要。查看店铺商品的交易数据可使电商运营者清晰掌握店铺运营情况，并对店铺及商品进行数据诊断与分析优化。

本项目分别介绍淘系、京东平台的店铺交易数据、主推品交易数据的收集方法。

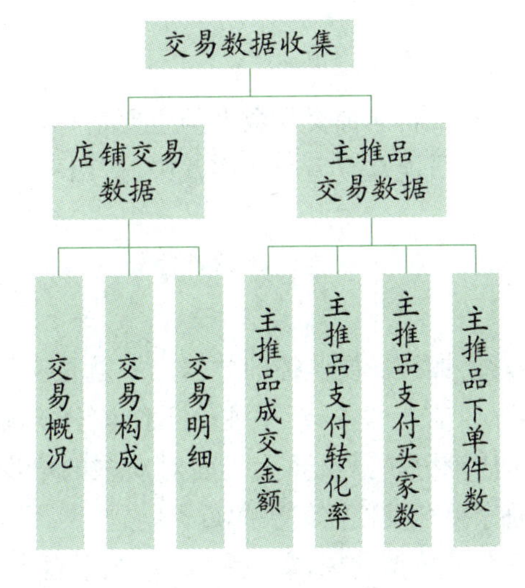

任务1 店铺交易数据收集

学习目标

1. 熟悉店铺交易的数据指标。
2. 熟悉各平台店铺交易数据查询工具。
3. 掌握各平台店铺交易数据查询的操作步骤，能够独立操作。
4. 掌握各平台店铺交易数据收集与记录的方法，能够独立操作。
5. 能够在商品数据收集过程中坚持科学的价值观和道德观。

任务描述

本任务将介绍淘系、京东平台店铺交易数据的主要指标，以及数据来源渠道和收集方法。通过本课程的学习，学员能在今后行业实践中，运用平台工具收集与统计店铺交易的关键指标。

任务分析

电商行业中，商家经营店铺最需要监控的数据之一就是交易数据，交易数据最能体现店铺经营情况，但在实际店铺运营中，新手往往不懂该分析哪些店铺交易数据，因此有效收集店铺交易数据对店铺分析意义重大。面对众多的电商平台，以哪些店铺交易数据作为分析指标成了商家整合发展需解决的重点问题。

本任务将学习市场行业的数据收集，掌握淘系、京东平台店铺交易数据的来源及收集方法，熟悉淘系、京东平台的基本操作，同时掌握 Excel 表格编辑制作能力，熟练掌握店铺交易数据收集技能。

任务准备

为更好地达到实训目的，需要做如下准备：

(1) 准备两个在淘系、京东平台分别运营良好的店铺账号。

(2) 确保电脑等设备能正常使用。

(3) 确保网络正常且稳定。

任务实施

一、店铺交易数据指标

在大数据时代，店铺交易数据分析结果一直是店铺运营以及后期决策调整的重要指标。一般来讲，店铺交易数据的分析离不开交易的数量、类目、渠道、金额以及转化率等。本任务以淘系及京东平台为例，介绍交易数据指标。

(一) 淘系平台店铺交易数据

企业一般都是从交易分析功能界面去收集、统计淘系平台店铺交易的数据的，可从下面 3 个模块采集。

1. 交易概况数据　店铺交易概况可在交易总览模块里查看。交易概况的数据指标有很多种，如访客数、下单买家数、下单金额、支付买家数、支付金额、客单价等，其中，下单转化率、下单-支付转化率和支付转化率是 3 个最重要的指标。

(1) 下单转化率：是指在统计时间内，来访客户转化为下单买家的比例，即下单买家数/访客数。需要注意的是，选择的时间不同，统计出来的下单转化率的数值也不同。

(2) 下单-支付转化率：是指在统计时间内，付款人数与下单人数的比例，即支付买家数/下单买家数。

(3) 支付转化率：是指在统计时间内支付人数与来访人数的比例，即支付买家数/访客数。

这 3 个数据指标主要用于分析店铺来访客户成功支付转化的具体情况，如果下单-支付转化率不理想，就需要反思客服问题。客服最重要的事项就是催付，卖家需加强客服技能培训，催促客户买单，提高支付转化率。

2. 交易构成数据　交易构成数据主要从 4 个维度采集，包括终端构成数据、类目构成数据、价格带构成数据以及资金回流构成数据。

(1) 终端构成数据：终端构成数据主要包括 PC 端以及无线端数据，可以直观地分析店铺 PC 端、无线端的交易情况。PC 端以及无线端的数据指标包括支付金额、支付金额占比、支付商品数、支付买家数以及支付转化率，如图 3-1-1 所示。支付转化率是分析 PC 端/无线端客户人群购买能力最重要的数据指标。

(2) 类目构成数据：通过类目构成数据可以很清楚地统计店铺各个类目产品的支付金额、支付金额占比、支付买家数以及支付转化率，如图 3-1-2 所示。类目构成数据从类目的角度出发，分析店铺各类目的交易情况，哪种类目的产品销量最好，哪种最差，方便后期调控该产品的出货、进货数量，减少成本。

(3) 价格带构成数据：主要分析店铺商品的价格段构成，哪个价格段更受买家欢迎，各价格段商品转化率如何，从商品价格出发，分析店铺交易数据。价格带构成数据包括支付买家占比、支付买家数、支付金额和支付转化率 4 个指标，如图 3-1-3 所示。

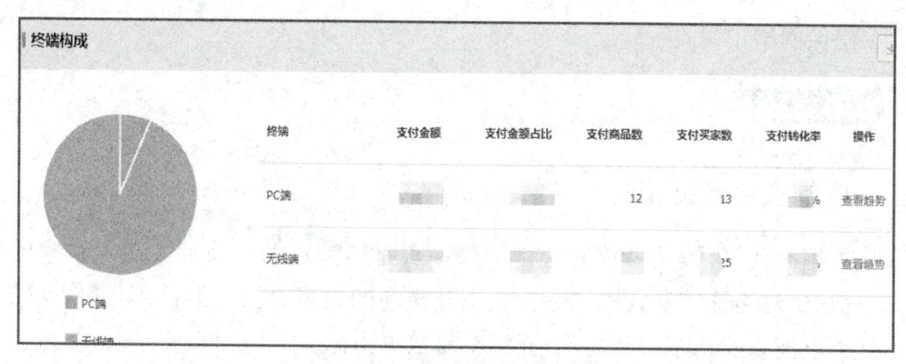

终端构成

终端	支付金额	支付金额占比	支付商品数	支付买家数	支付转化率	操作
PC端	[illegible]	[illegible]	12	13	[illegible]%	查看趋势
无线端	[illegible]	[illegible]	[illegible]	[illegible]25	[illegible]	查看趋势

▲ 图 3-1-1　终端构成数据

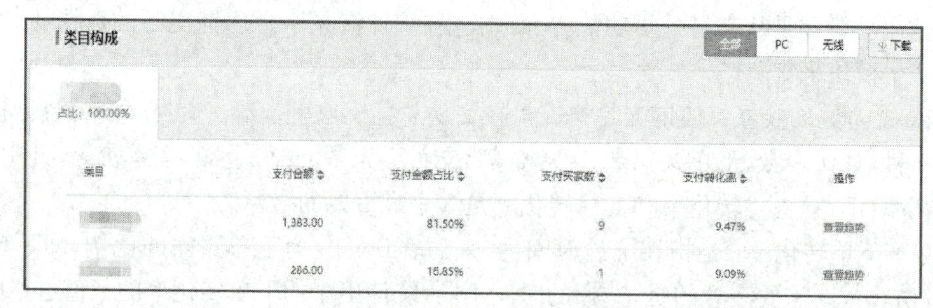

类目构成

全部　PC　无线　下载

占比：100.00%

类目	支付金额	支付金额占比	支付买家数	支付转化率	操作
[illegible]	1,383.00	81.50%	9	9.47%	查看趋势
[illegible]	286.00	16.85%	1	9.09%	查看趋势

▲ 图 3-1-2　类目构成数据

价格带构成

全部　PC　无线　下载

价格带	支付买家占比	支付买家数	支付金额	支付转化率	操作
0-80元	11.11%	1	28.00	11.11%	查看趋势
80-250元	100.00%	9	1,383.00	9.47%	查看趋势
250-900元	11.11%	1	286.00	9.09%	查看趋势

▲ 图 3-1-3　价格带构成数据

(4) 资金回流构成数据：主要目的是促进资金回流，统计出已签收未确认收货的订单，根据离自动确认收货的时长来划分。其中最重要的数据指标就是未确认收货时长和支付金额占比，如图 3-1-4 所示。通过它们可以统计店铺的资金回流周期，以联系买家付款，避免后期出现资金周转不灵的情况。

资金回流构成

未确认收货时长	支付金额占比	支付金额	支付商品数	支付买家数
1-2天	18.45%	31,622.80	4	104
3-5天	39.68%	68,006.10	5	173

▲ 图 3-1-4　资金回流构成数据

3. 交易明细数据　交易明细数据是指对每一笔成交记录做的详情统计，包括订单创建时间、支付时间、支付金额、确认收货金额、商品成本以及运费成本，图 3-1-5 所示为店铺交易明细数据。分析交易明细数据可以方便商家掌握店铺的利润情况。

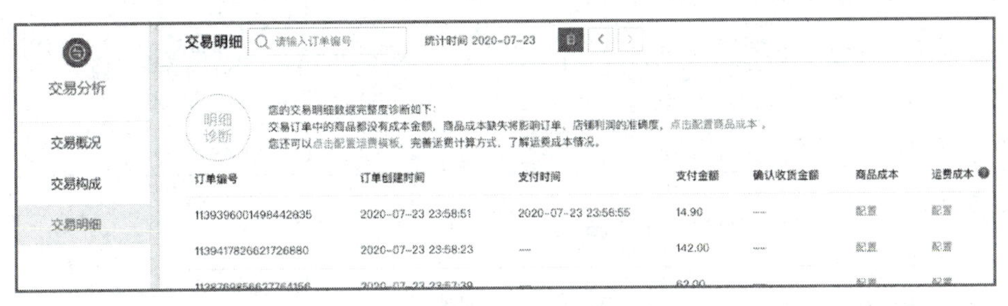

▲ 图 3-1-5　交易明细数据

(二) 京东平台店铺交易数据

请扫描二维码学习京东平台店铺交易数据。

3-1-1　京东平台店铺交易数据

二、数据查询演示

(一) 淘系平台店铺交易数据查询演示

登录千牛平台的生意参谋工具。

步骤一：登录千牛客户端，点击“生意参谋”，进入生意参谋工作界面。

步骤二：进入生意参谋首页，点击“交易”板块。

步骤三：在左侧列表中，点击“交易概况”，找到交易趋势，选择需要统计的周期，在交易趋势模块中点击右边的“下载”按钮。

3-1-2　淘系平台交易数据查询演示

步骤四：在左侧列表中，点击“交易构成”，分别在终端构成、类目构成、价格带构成和资金回流构成模块中，点击“下载”按钮。

步骤五：在左侧列表中，点击“交易明细”，对数据进行收录统计。

请扫描二维码学习淘系平台店铺交易数据查询演示。

(二) 京东平台店铺交易数据查询演示

请扫描二维码学习京东平台店铺交易数据查询演示。

3-1-3　京东平台店铺交易数据查询演示

三、数据收集与记录

(一) 淘系平台

(1) 交易概况数据表包含支付金额、支付买家数、客单价、下单金额、下单买家数、支付转化率以及下单-支付转化率等列，如表 3-1-1 所示。

(2) 终端构成数据表包含支付金额、支付金额占比、支付商品数、支付买家数、支付转化率等列。

(3) 交易明细数据表包含订单编号、订单创建时间、支付时间、支付金额、确认收货金额、商品成本、运费成本等列。

表 3-1-1　店铺交易数据收集操作评价表

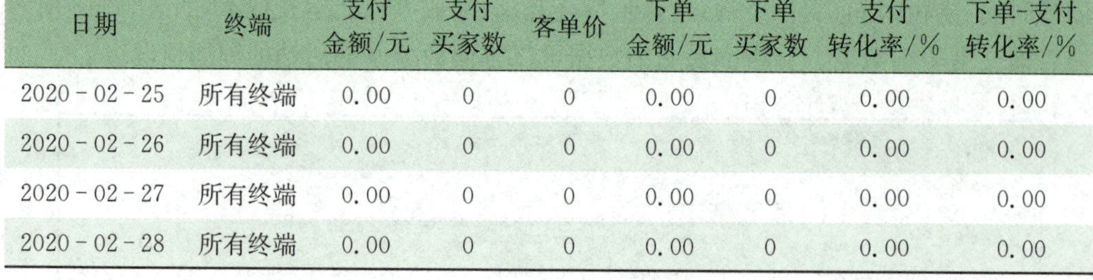

日期	终端	支付金额/元	支付买家数	客单价	下单金额/元	下单买家数	支付转化率/%	下单-支付转化率/%
2020-02-25	所有终端	0.00	0	0	0.00	0	0.00	0.00
2020-02-26	所有终端	0.00	0	0	0.00	0	0.00	0.00
2020-02-27	所有终端	0.00	0	0	0.00	0	0.00	0.00
2020-02-28	所有终端	0.00	0	0	0.00	0	0.00	0.00

3-1-4　淘系平台数据收集与记录

请扫描二维码学习淘系平台数据收集与记录。

(二) 京东平台

请扫描二维码学习京东平台数据收集与记录。

3-1-5　京东平台数据收集与记录

任务评价

完成本任务后，请检查自己是否掌握了所学内容，如表 3-1-2 所示。

表 3-1-2　店铺交易数据收集操作评价表

序号	鉴定评分点	分值	评分
1	熟悉两种平台的数据查询工具界面操作	20	
2	能够独立并快速地查询到各平台的店铺交易数据	35	
3	能够根据各平台店铺的实际交易情况，独立制作 7 天的店铺交易数据报表	35	
4	能够在商品数据收集过程中坚持科学的价值观和道德观	10	

知识延伸

知识延伸

(1) 使用淘宝生意参谋分析成交数据。

(2) 淘宝生意参谋数据详解。

(3) 京东商智数据分析。

以上知识延伸的内容，可扫描二维码学习。

任务拓展训练

1. 淘系店铺交易数据收集训练　根据案例演示，采集店铺最近 3 天类目构成、价格带构成、资金回流构成数据，通过千牛客户端进入生意参谋，找到相应数据指标，并根据数据类别整理表格。

2. 京东店铺交易数据收集训练　根据案例演示，采集店铺最近 3 天类目特征、价格带特征、客单件数特征数据，通过京东商智找到相应数据指标，并根据数据类别整理表格。

任务  主推品交易数据收集

学习目标

1. 熟悉平台主推品交易数据结构。
2. 熟悉平台主推品交易数据查询工具/入口。
3. 掌握平台主推品交易数据查询的步骤,能够独立操作。
4. 掌握平台主推品交易数据收集与记录的方法,能够独立操作。
5. 具备对市场、社会敏锐的洞察力和观察力。

任务描述

本任务将主要学习平台退票交易数据结构,其中包含下单买家数、下单件数、下单金额、下单转化率、支付买家数、支付件数、支付金额、支付转化率这些数据;掌握主推品交易数据的查询入口或工具使用。根据查询演示和数据收集与记录的实操内容,要求学员能够独立完成淘宝店铺和京东店铺的主推品交易数据收集。

任务分析

学会收集主推品的交易数据,为后续运营数据透视做铺垫。当我们确定店铺的主推品数据构成后,就可以开始采集主推品的交易数据,一般来讲,需采集交易中和交易成功的数据,如支付转化率、下单转化率、支付金额等。

任务准备

为更好地达到实训目的,需要做如下准备:

(1) 准备两个分别在淘系、京东平台运营良好的店铺账号。

(2) 准备已开通的京东商智账号。

(3) 确保电脑等设备能正常使用。

(4) 确保网络正常且稳定。

一、学习平台主推品交易数据结构

店铺交易数据是店铺运营中至关重要的信息之一，反映了店铺整体的运营状况，而主推品的交易数据则反馈了店铺主推的单品或者爆款产品的交易信息数据。下面将介绍淘系、京东平台单品交易数据的构成。因淘系和京东平台的主推品交易数据构成大同小异，所以结合在一起阐述。

淘系和京东平台的主推品交易数据由下单买家数、下单件数、下单金额、下单转化率、支付买家数、支付件数、支付金额、支付转化率构成，图 3-2-1 所示为淘宝单品交易数据，图 3-2-2 所示为京东平台单品交易数据。

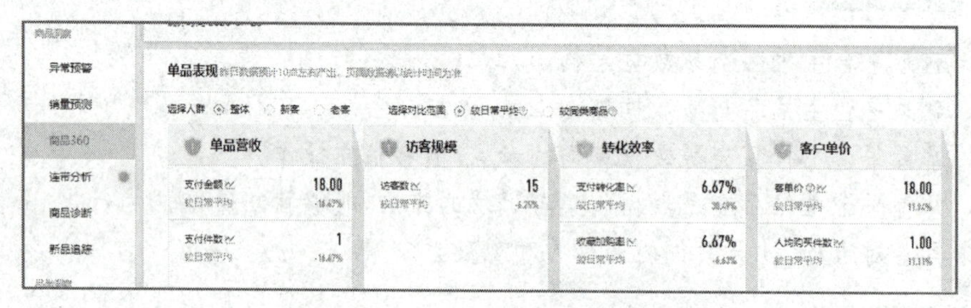

▲ 图 3-2-1　淘系平台单品交易数据

下单转化	下单客户数 12 较前一期 20.00%↑	下单商品件数 14 较前一期 16.67%↑	下单金额 ¥633.00 较前一期 37.31%↑	下单转化率 3.19% 较前一期 34.23%↓
成交转化	成交客户数 9 较前一期 0.00%	成交商品件数 9 较前一期 10%↓	成交金额 ¥394.00 较前一期 21.98%↑	成交转化率 2.39% 较前一期 45.31%↓

▲ 图 3-2-2　京东平台单品交易数据

1. 下单买家数与支付买家数　下单买家数是指在统计时间内拍下商品的去重买家人数，一个人拍下多件或者多笔订单只能算一个下单买家；支付买家数是指在统计时间内支付产品的去重买家人数，一个人支付多笔订单只能算一个支付买家。

2. 下单件数与支付件数　下单件数是指在统计时间内拍下的商品总件数；支付件数是指在统计时间内拍下并支付的商品累计件数。

3. 下单金额与支付金额　下单金额是指在统计时间内买家下单的商品总金额；而支付金额是指在统计时间内拍下并支付的商品总金额。

4. 下单支付转化率与支付转化率　下单支付转化率是指下单买家转化成支付买家的比例，公式为：下单支付转化率=(下单且支付的买家数/下单买家数)×100%；支付转化率是指访客转化成支付买家的比例，公式为：支付转化率=(支付买家数/访客

数)×100%。

二、主推品交易数据查询工具/入口

(一) 淘宝平台主推品交易数据工具入口

运用生意参谋中的品类板块,可以搜索单个产品,进入单品交易数据板块。分析商品成为热销品的可能性,如图 3-2-3 所示。

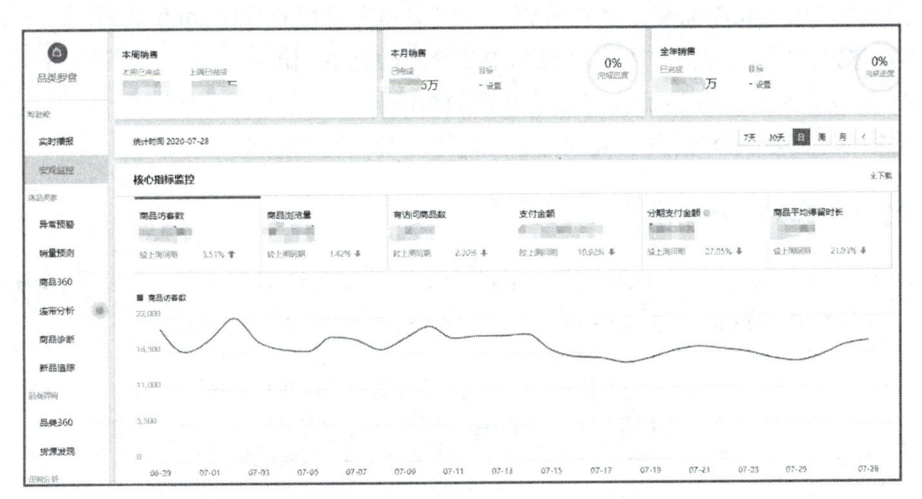

▲ 图 3-2-3　生意参谋—品类板块

“商品洞察”中的“商品 360”,包括销售分析、流量来源、标题优化、内容分析、客群洞察、关联搭配、服务分析 7 种功能模块,这里主要运用“销售分析”。图 3-2-4 所示为商品 360。

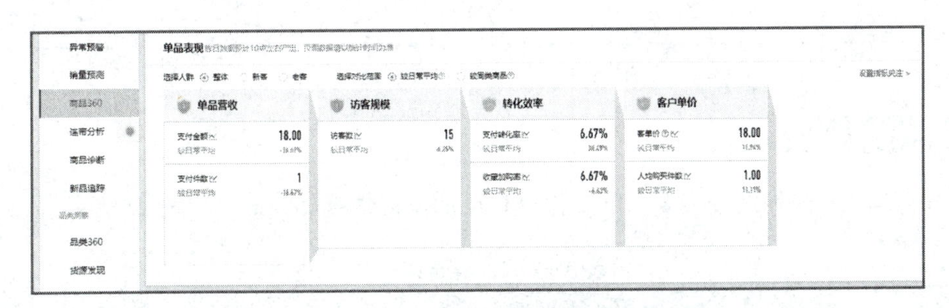

▲ 图 3-2-4　品类板块—商品洞察—商品 360

(二) 京东平台主推品交易数据查询工具

请扫描二维码学习京东平台主推品交易数据查询工具。

3-2-1　京东平台主推品交易数据查询工具

三、数据查询演示

(一) 淘宝平台主推品单品交易数据查询演示

步骤一:点击生意参谋“品类”界面。

步骤二：在“品类”页面左侧列表中，点击“商品 360”模块，然后在搜索框中输入商品标题、商品 ID、商品 URL、货号，选择需要查询的主推品。

步骤三：进入主推品单品数据页面，点击“销售分析”，在“核心概况”下点击“>”按钮查看主推品单品的更多交易数据。

3-2-2 淘宝平台主推品/单品交易数据查询演示

步骤四：在页面的右上角，选择主推品单品的数据统计时间段，如 7 天内时间段、30 天内时间段、按显示日的时间段、按显示周的时间段、按显示月的时间段。

步骤五：主推品单品交易数据分为所有终端和无线端的数据，可供查看。

请扫描二维码学习淘宝平台主推品单品交易数据查询演示。

（二）京东平台主推品单品交易数据查询演示

请扫描二维码学习京东平台主推品单品交易数据查询演示。

3-2-3 京东平台主推品/单品交易数据查询

四、数据收集与记录

因为淘系、京东平台的交易数据大部分相同，只是名称有些不同，此处选择淘系平台的主推品交易数据来记录并整理至 Excel 表格，如表 3-2-1 所示。

表 3-2-1　3 月份店铺主推品交易数据收集检查表

无线端数据指标								
主推品	下单买家数	下单件数	下单金额/元	下单转化率/%	支付买家数	支付件数	支付金额/元	支付转化率/%
产品1								
产品2								
产品3								
产品4								
产品5								
PC端数据指标								
主推品	下单买家数	下单件数	下单金额/元	下单转化率/%	支付买家数	支付件数	支付金额/元	支付转化率/%
产品1								
产品2								
产品3								
产品4								
产品5								

任务评价

完成本任务后，请按表 3-2-2 检查自己的掌握情况。

表 3-2-2　鉴定评分点

序号	鉴定评分点	分值	评分
1	熟悉两种平台的数据查询工具界面操作	20	
2	能够独立并快速地查询到各平台主推品交易的各项数据	35	
3	能够根据各平台店铺主推品的实际交易情况，独立制作主推品交易数据检测表	35	
4	能够根据市场、社会变化收集主推品交易数据	10	

知识延伸

（1）淘宝核心关注数据可扫描二维码查看。

（2）京东单品运营核心数据可扫描二维码查看。

任务拓展训练

1. 淘宝店铺主推品交易数据收集训练　请采集店铺上个月无线端销量 TOP5 的单品交易产生的下单买家数、下单件数、下单金额、下单转化率、支付买家数、支付件数、支付金额、支付转化率等，并将数据记录到表格中。

2. 京东店铺主推品交易数据收集训练　请采集店铺最近 7 天所有终端销量 TOP5 商品的交易数据，并做好记录。

模块一 数据收集

项目四 客户服务和物流服务数据收集

项目说明

作为电商卖家，当客户咨询产品时，第一时间回复可以给客户提供良好的服务体验。然而大多数商家只看重店铺的转化率、销量以及利润，却忽视了店铺的客户服务质量及物流服务效率。客服和物流是提升店铺转化率的关键因素，不可忽视。

本项目共有两个任务，分别为客户服务数据收集和物流服务数据收集。下面介绍淘系及京东平台的站内客户服务和物流服务数据的收集方法。

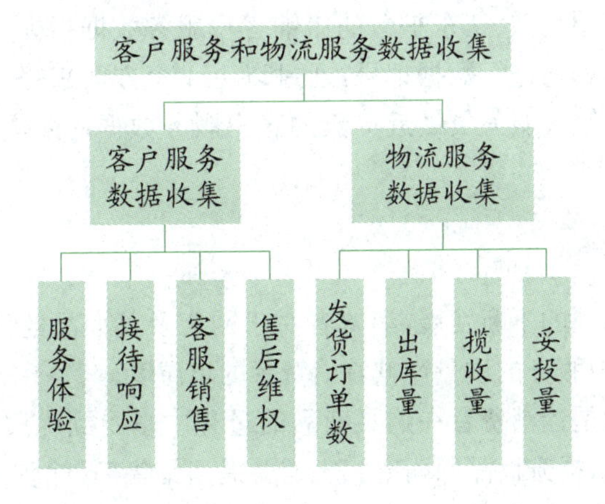

任务 1 客户服务数据收集

学习目标

1. 熟悉各平台客户服务的数据指标。
2. 熟悉各平台客户服务数据查询工具。
3. 掌握各平台客户服务数据查询的操作步骤。
4. 掌握各平台客户服务数据收集与记录的方法。
5. 具备数据保密意识,尊重公民隐私,遵守职业道德。

任务描述

本任务将分别介绍淘系、京东平台的店铺客户服务数据指标、数据查询工具、数据查询的操作步骤以及如何进行数据记录,通过以上 4 个方面来完成客户服务数据的收集。要求学员完成店铺客服人员最近 7 天的客户服务数据的采集,并将数据记录到表格中。

任务分析

随着社会及互联网的不断发展,消费者对于网店及其商品的评价已经不再局限于商品品质的高低,客户服务的质量影响着消费者的忠诚度。

客户服务的目的是让消费者在购买商品的过程中享受到优质的服务体验,提高消费者对店铺的满意度,提升商品回购率。店铺要提高销售额,优质的客户服务是不可或缺的。商家如何查看店铺的客户服务情况?通过哪些数据分析客户服务质量来不断提高店铺业绩?本任务主要介绍各平台店铺客户服务的数据指标以及商家查询与收集的方法。

任务准备

为了更好地达到实训目的,需要做如下准备:

(1) 准备两个在淘系、京东分别运营良好的店铺账号。

(2) 确保电脑等设备能正常使用。

(3) 确保网络正常且稳定。

任务实施

一、客户服务数据指标

随着网络购物的完善，店铺的客服人员在整个购物流程中扮演着越来越重要的角色，客服已经不再是简单的“聊天工具”，而是直接面对买家的销售员，客服人员的咨询转化率影响着店铺的销售额。在分析店铺客服水平时，应该参考哪些数据指标呢？下面将针对不同平台，从客户服务数据采集的维度展开分析。

(一) 淘系平台客户服务数据指标

淘系平台客户服务数据可从以下 4 个数据模块进行采集。

1. 服务体验　服务体验是消费者对店铺和商品全面体验的过程。淘系平台借助生意参谋助力商家提升客户服务水平，下面针对天猫和淘宝商家分别提供服务体验数据监测指标，如图 4－1－1 所示。

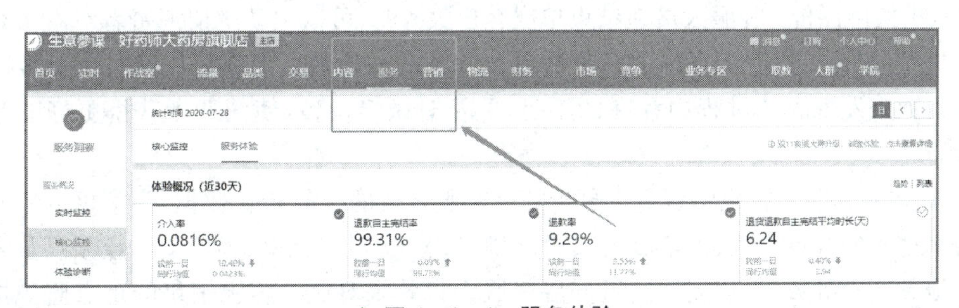

▲ 图 4－1－1　服务体验

(1) 天猫商家服务体验数据指标：包括描述相符评分、首次品质退款率、纠纷退款率、退货退款自助完结时长、仅退款自主完结时长、物流服务评分、到货时长、揽收及时率和旺旺回复率。

(2) 淘宝商家服务体验数据指标：包括退款完结时长、退款率、纠纷退款率、纠纷退款笔数、介入率、品质退款率、投诉率、品质退款商品个数。

2. 接待响应　接待响应是指消费者在进行商品咨询时，店铺客服人员的响应能力。接待响应包括接待能力、接待效率以及接待评价 3 个部分。

(1) 接待能力：商家可以实时查看客服接待量统计和客服接待排行，帮助商家在日常、活动时期、大促时期灵活调控和合理安排客服人员的值班，图 4－1－2 所示为接待能力的界面。客服接待能力的重点监测指标有：访客数、咨询客服人数、客服咨询率、咨询客服人次、客服回复人次、客服问答比、客服询单人数等。

(2) 接待效率：商家可以快速查看客服人员整体的接待效率、个人接待效率和分组接待效率排行，以帮助商家发现店铺客服接待存在的问题，从而提升店铺整体的服务能

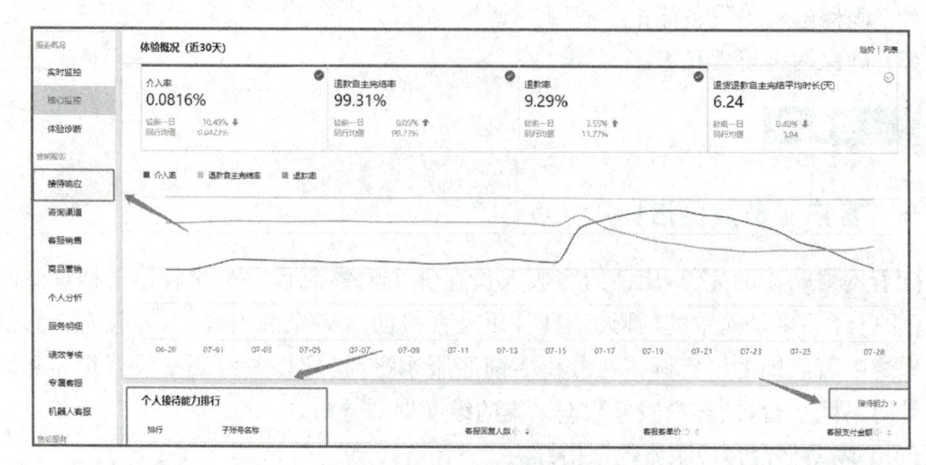

▲图 4-1-2　接待能力

力。此外，商家还可以将自家店铺客服的接待效率与同行优秀客服服务效率进行比较。客服接待效率的重点监测指标包括：客服平均响应时长、客服首次响应时长、客服回复次数、客服 30 秒响应次数、客服未回复人次、客服接待超 1 小时次数等。

(3) 接待评价：客服人员在结束单次客户服务时，可以主动邀请消费者对本次客户服务进行评价，可以看到发出的评价数以及收到的评价数。商家可以通过分析客服接待评价数来发现服务过程中存在的不足，并及时做出调整，使消费者获得更好的服务体验。

3. 客服销售　客服销售重点分析的是客服人员的贡献转化数据，商家可以快速查看店铺客服的询单人数、询单流失人数、客服询单-支付转化率、客服支付金额以及客服成功退款金额等数据，且支持同行同层客服销售效果对比。客服销售的重点监测指标有：客服支付金额、客服支付买家数、客服支付件数、客服客单价、客服下单金额、客服下单件数、客服询单-下单转化率、客服询单-支付转化率、客服询单人数等。

4. 售后维权　客户服务还有一个重要的环节就是售后服务，售后服务已经成了消费者选择商家的一个重要参考依据。商家通过分析售后维权数据，可以了解一段时期内店铺的商品退款率、投诉率以及退货率等。售后维权分为维权概况和维权分析两部分，如图 4-1-3 所示。

(1) 维权概况：在维权概况中，可以看到退款率、纠纷退款率、介入率、投诉率、品质退款率等数据，是与前一日数据比较后得出的，如图 4-1-3 所示。商家一定要提高退款速度和降低退款率，这对于店铺权重的提升有很大的帮助。维权概况分为维权趋势及 TOP 退款商品(近 30 天)，商家要及时关注，避免不良指标持续上升。

(2) 维权分析：维权分析包括退款原因分析及退款商品分析，如图 4-1-4 所示，这部分数据对于商家服务的提高及商品的分析起到了很好的作用。

4-1-1　京东平台客户服务数据指标

(二) 京东平台客户服务数据指标

请扫描二维码学习京东平台客户服务数据指标。

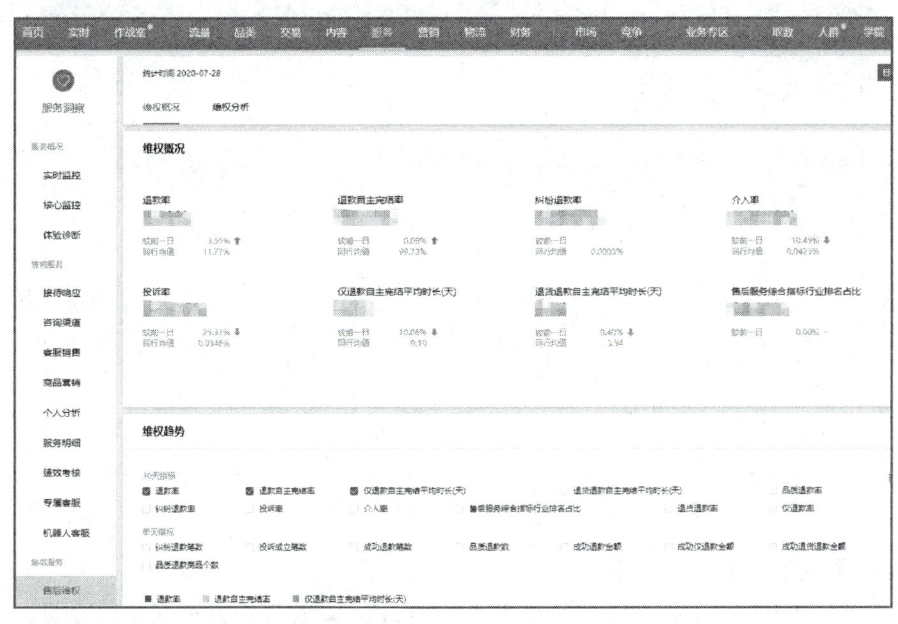

▲ 图 4－1－3　售后维权界面

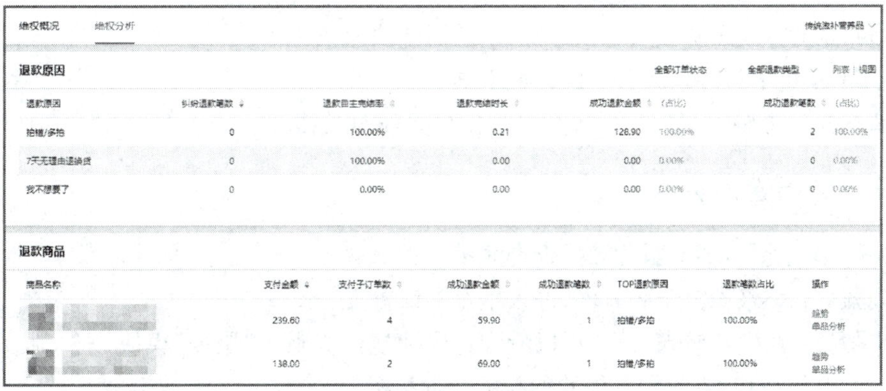

维权概况　维权分析　　传统滋补营养品

退款原因　　全部订单状态　全部退款类型　列表 | 视图

退款原因	纠纷退款笔数	退款自主完结率	退款完结时长	成功退款金额	(占比)	成功退款笔数	(占比)
拍错/多拍	0	100.00%	0.21	128.90	100.00%	2	100.00%
7天无理由退换货	0	100.00%	0.00	0.00	0.00%	0	0.00%
我不想要了	0	0.00%	0.00	0.00	0.00%	0	0.00%

退款商品

商品名称	支付金额	支付子订单数	成功退款金额	成功退款笔数	TOP退款原因	退款笔数占比	操作
	239.60	4	59.90	1	拍错/多拍	100.00%	趋势 单品分析
	138.00	2	69.00	1	拍错/多拍	100.00%	趋势 单品分析

▲ 图 4－1－4　维权分析

二、客户服务数据查询工具

（一）淘系平台客户服务数据查询工具

生意参谋是淘宝/天猫商家在运营店铺时经常使用的一个数据工具，丰富全面的店铺数据分析让它成了商家的得力帮手。服务洞察主要用于监测子账号各项服务数据，重点面向客服主管、一线客服等人员，提供数据监测分析、客服管理协同以及客服辅助支持 3 个方面的产品服务，帮助商家提升客服管理与执行能力，全方位优化服务体验，如图 4－1－5 所示。

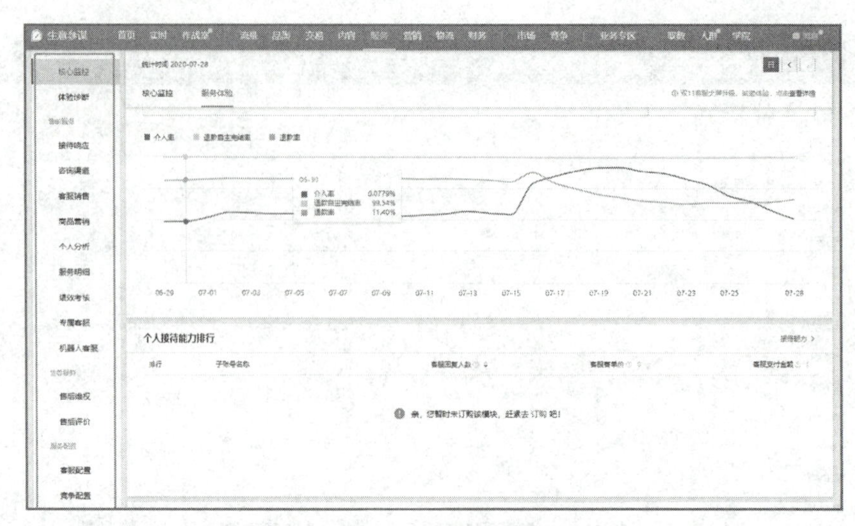

▲ 图4-1-5　服务洞察

服务洞察的核心功能如下：

(1) 售前服务分析，考察客服团队的接待能力、响应速度以及成交转化数据。

(2) 实时监测单个客服，对比多个客服的能力以及服务效果，提升整体服务水平。

(3) 提供店小蜜-全自动服务分析数据，人工结合，实现双重监控。

(4) 提供客服团队绩效考核方案，帮助团队快速成长。

(二) 京东平台客户服务数据查询工具

4-1-2　京东平台客户服务数据查询工具

请扫描二维码学习京东平台客户服务数据查询工具。

三、数据查询演示

(一) 淘系平台客户服务数据查询演示

步骤一：登录淘宝千牛软件，进入生意参谋首页。

步骤二：在生意参谋首页，可以看到各项功能区。点击“服务”模块，进入服务洞察中的核心监控板块，查看服务体验的相关数据指标。

步骤三：点击“接待响应”，进入该板块。点击“接待能力”，查看访客数、咨询客服人数、客服咨询率、咨询客服人次及客服回复人次等指标。可以点击右上方的同行数据对比，选择趋势或者列表形式查看。页面下方有客服接待的排行情况，可以直接下载数据。

步骤四：点击“接待效率”，可以看到客服平均响应时长、首次响应时长、回复次数、30秒响应次数及10分钟响应次数等，可以点击右上方的同行数据对比，选择趋势或者列表形式查看，可直接下载数据。

步骤五：点击“接待评价”，可以看到发出评价数，收到评价数，“很满意”“满意”及“一般”评价数等，选择趋势或者列表形式查看。

步骤六：点击“客服销售”，进入该页面。根据需求选择查询时间，可以查询实时数据、周数据及月数据。在页面下方有客服销售的转化排行数据。同时商家可以点击右

上方的同行数据对比，选择趋势或者列表形式查看，可直接下载数据。

步骤七：点击“售后维权”，进入该页面，首先看到是维权概况的相关数据。页面往下移动是维权趋势部分，商家根据需求可以选择查看 30 天指标或者单天指标，可同时选择 5 个数据指标，选择趋势或者列表形式查看。

步骤八：点击“列表”，得到直观的列表形式。

步骤九：将维权概况页面往下移动，可以看到 TOP 退款商品(近 30 天)的相关数据。

步骤十：点击“维权分析”，可以查看退款商品的相关数据情况。商家根据需求选择查询时间，可以查询单日数据、周数据及月数据。

请扫描二维码学习淘系平台客户服务数据查询演示。

4-1-3　淘系平台客户服务数据查询演示

(二) 京东平台客户服务数据查询演示

请扫描二维码学习京东平台客户服务数据查询演示。

4-1-4　京东平台客户服务数据查询演示

四、数据收集与记录

商家在分析店铺客户服务时，为了更直观地查看客户服务数据，可以将查询到的数据下载整合成 Excel 形式，根据数据分析优势与不足，及时调整。

下面以京东平台为例，演示数据整合步骤，其他数据可以参考以下步骤收集与记录。

步骤一：进入京东商家后台的京东客服管家界面，点击服务商工作量板块，选择需要查询的时间，导出 Excel，如图 4-1-6 所示。

步骤二：打开导出的 Excel 表格，可以看到各项数据指标。

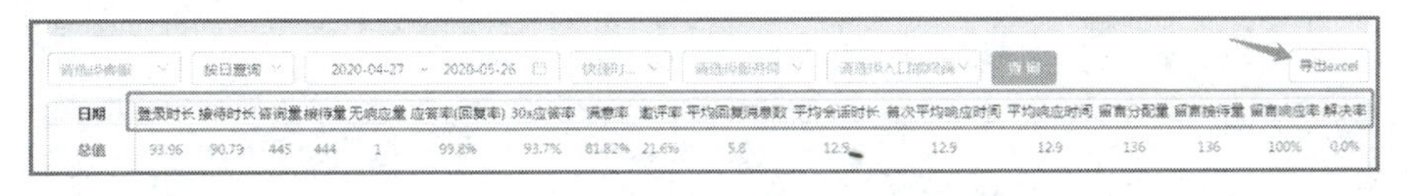

▲ 图 4-1-6　下载服务商工作量数据

任务评价

通过完成本任务的操作，检查自己是否掌握了所学内容，如表 4-1-1 所示。

表 4-1-1　客户服务数据收集操作评价表

序号	鉴定评分点	分值	评分
1	熟悉两种平台的数据查询工具界面操作	20	
2	能够独立并快速地查询各平台客户服务的各项数据	35	
3	能够根据各平台店铺的实际流量情况，独立制作 7 天的客户服务流量数据检测表	35	
4	收集客户数据时能够尊重公民隐私，遵守职业道德	10	

知识延伸

知识延伸

(1) 客户服务数据指标分析解决方案。

(2) 2020 年需要了解的 20 条客户服务统计数据。

(3) 利用客户数据管理提升客户服务的 4 个方法。

以上知识延伸的内容,可扫描二维码学习。

任务拓展训练

1. 淘系店铺客户服务数据收集训练　请采集店铺客服人员最近 7 天的客户服务数据(服务体验、接待响应、客服销售、售后维权),可通过千牛客户端或者生意参谋进入服务洞察界面,找到对应的客户服务数据指标,选择对应的时间周期,生成数据报表,并记录到表格中。

2. 京东店铺客户服务数据收集训练　请采集店铺客服人员最近 7 天的客户服务数据(服务商工作量、服务商工作绩效、服务商满意度评价),可通过京东商家后台的商家工具进入京东客服管家界面,找到基本的数据指标,选择对应的时间周期,生成数据报表,并记录到表格中。

任务2 物流服务数据收集

学习目标

1. 熟悉平台物流服务数据类型。
2. 熟悉平台物流服务数据查询工具。
3. 掌握平台物流服务数据查询步骤，能够独立操作。
4. 掌握平台物流服务数据收集与记录的方法，能够独立操作。
5. 具备良好的数据安全意识，坚持以人为本的商业思路。

任务描述

本任务主要学习平台物流服务数据结构，其中包含创建订单数、发货订单数、揽收订单数、签收订单数、发货率、揽收率、签收率这些数据；学习使用物流服务数据查询工具；掌握物流数据查看和记录方法来完成淘宝店铺物流服务数据和京东店铺主推品交易数据的收集训练。

任务分析

通过学习并掌握在淘系和京东平台上的有关物流服务数据方面的知识，对平台物流板块了如指掌，能独立完成平台的物流服务数据收集工作。

任务准备

为了更好地达到实训目的，需要做如下准备：

（1）准备两个在淘系、京东平台分别运营良好的店铺账号，并且已开通物流数据板块。

（2）确保电脑等设备能正常使用。

（3）确保网络正常且稳定。

任务实施

一、学习平台物流服务数据结构

平台物流服务数据一直是商家比较难把控和收集的数据，只有掌握其数据结构才能分析诊断出店铺产品物流途中发现的异常。下面将会介绍淘系、京东平台的物流服务数据的结构。

（一）淘系平台物流服务数据结构

淘系平台的物流服务数据结构包括创建订单数、发货订单数、揽收订单数、签收订单数、发货率、揽收率、签收率。以上物流服务数据可在生意参谋中的“物流洞察”板块中查询，如图4-2-1所示。

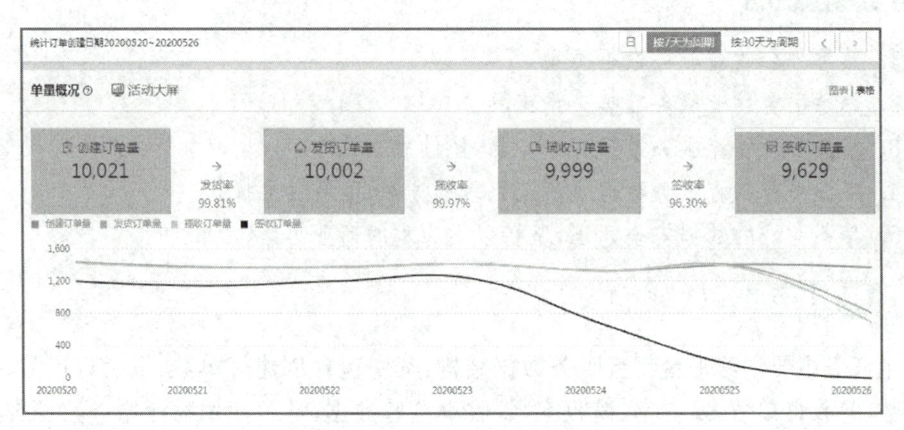

▲ 图4-2-1　物流洞察页面

1. 创建订单数　创建订单数是指店铺现有的订单总数，包含店铺的已发货订单及未发货订单，即店铺物流汇总情况，如图4-2-2所示。

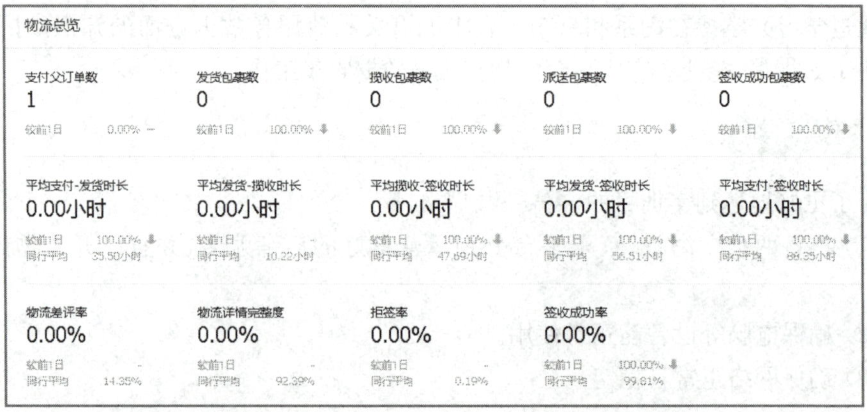

物流总览
支付父订单数
1
较前1日 0.00% –
发货包裹数
0
较前1日 100.00%
揽收包裹数
0
较前1日 100.00%
派送包裹数
0
较前1日 100.00%
签收成功包裹数
0
较前1日 100.00%
平均支付-发货时长
0.00小时
较前1日 100.00%
同行平均 35.50小时
平均发货-揽收时长
0.00小时
较前1日 -
同行平均 10.22小时
平均揽收-签收时长
0.00小时
较前1日 100.00%
同行平均 47.69小时
平均发货-签收时长
0.00小时
较前1日 100.00%
同行平均 56.51小时
平均支付-签收时长
0.00小时
较前1日 100.00%
同行平均 88.35小时
物流差评率
0.00%
较前1日 -
同行平均 14.35%
物流详情完整度
0.00%
较前1日 -
同行平均 92.39%
拒签率
0.00%
较前1日 -
同行平均 0.19%
签收成功率
0.00%
较前1日 100.00%
同行平均 99.81%

▲ 图4-2-2　淘系平台物流数据—创建订单数

2. 发货订单数　发货订单数是指商家已发货的订单数，对于买家创建的订单数，商家要及时发货，才能提高物流服务数据，如图 4-2-3 所示。

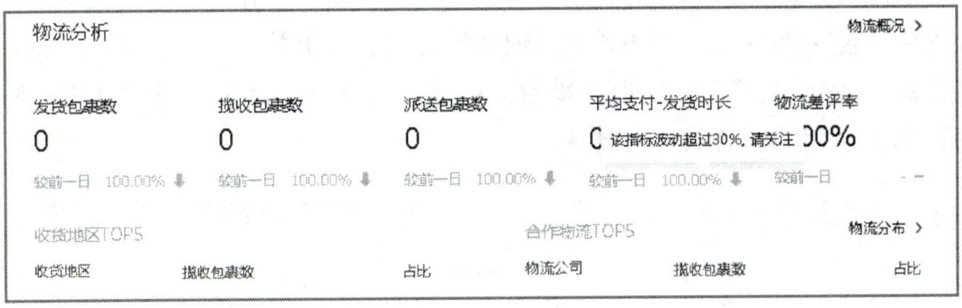

▲ 图 4-2-3　淘系平台物流数据—发货订单数

发货订单数与创建订单数之间还有一个重要数据——发货率。公式为：发货率＝(发货订单数/创建订单数)×100%。

商家对每天的新增订单要及时处理，第一时间发货，发货率影响着店铺物流 DSR(detail seller rating，卖家服务评级系统)评分，随之影响着店铺的权重，如图 4-2-4 所示。

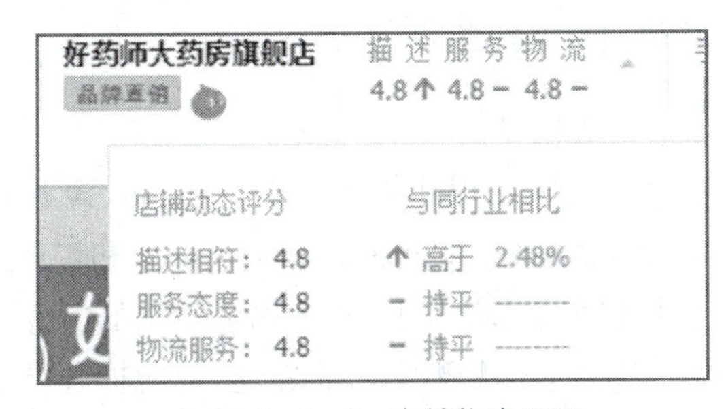

▲ 图 4-2-4　店铺物流 DSR

3. 揽收订单数　揽收是指发件人把货物送到快递公司，快递公司收件并发出，接下来将通过快递网络送至收件人手中。揽收订单数是指商家查看店铺实时物流的揽收订单，如图 4-2-5 所示。

其中，发货订单数与揽收订单数中还将产生揽收率，公式为：揽收率＝(揽收订单

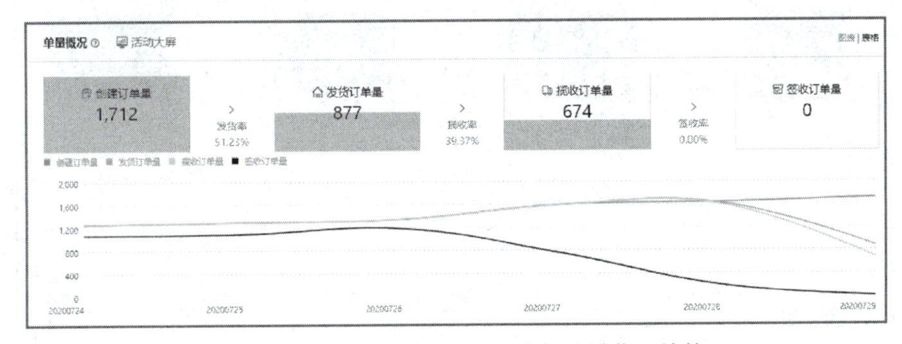

▲ 图 4-2-5　淘系平台物流数据—揽收订单数

数/发货订单数)×100%。例如,7 月 29 日,某店铺的发货订单数为 877,揽收订单数为 674,那么根据揽收率的公式可以得到当天的揽收率为 39.37%。

4. 签收订单数　在淘宝上,快递已签收就代表快递员已经把快递送到收件人处,当收件人确认签收后,商家后台能够看到实时更新的签收订单数,如图 4－2－6 所示。公式为:签收率=(签收订单数/发货订单数)×100%。例如,商家已发货 4 000 件,签收 3 200 件,那么该店铺的签收率为 80%。

日期	创建订单量	发货订单量	揽收订单量	签收订单量
20200724	1,262	1,260	1,259	1,074
20200725	1,300	1,298	1,298	1,095
20200726	1,347	1,346	1,343	1,187
20200727	1,596	1,592	1,590	757
20200728	1,636	1,623	1,599	194

▲ 图 4－2－6　淘系平台物流数据—签收订单数

4－2－1　京东平台物流服务数据结构

(二) 京东平台物流服务数据结构

请扫描二维码学习京东平台物流服务数据结构。

二、熟悉物流服务数据查询工具

(一) 淘系平台物流服务数据查询工具

淘系平台中的物流洞察由生意参谋和菜鸟网络联合发布,为零售电商提供全面、实时的物流异常监控,帮助商家洞察物流仓储问题、提升物流时效和客户体验、降低仓储成本。

进入淘宝商家后台,找到生意参谋工具,进入物流板块的"物流洞察"模块可查看数据。在物流洞察模块中可以通过整体概况、异常雷达、效能提升配置管理四类数据来查看店铺整体概况。

1. 整体概况　在单量概况中查看整个店铺的创建订单数、发货订单数、揽收订单数和签收订单数、发货率、签收率等物流情况。

在物流分布中查看全国各地快递的揽收情况、签收情况等,如图 4－2－7 所示。

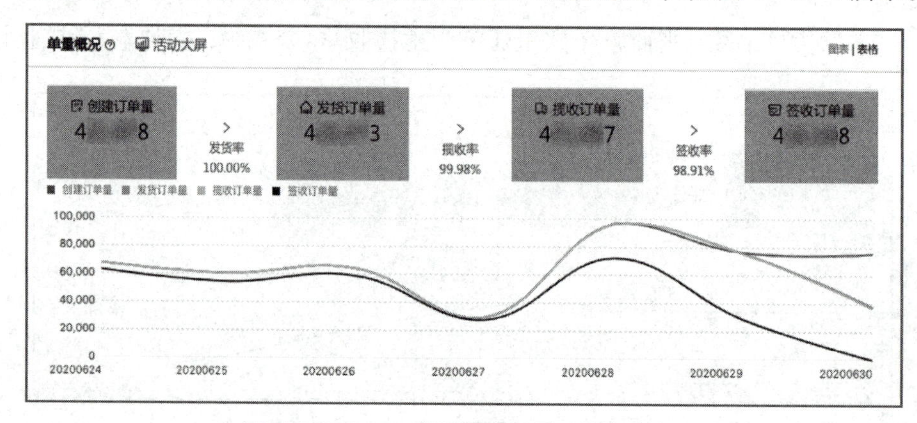

▲ 图 4－2－7　物流洞察工具—物流分布

在订单跟踪中查看异常的订单并了解异常原因，比如一些订单揽签超 7 日、派签超 2 日等，如图 4－2－8 所示。

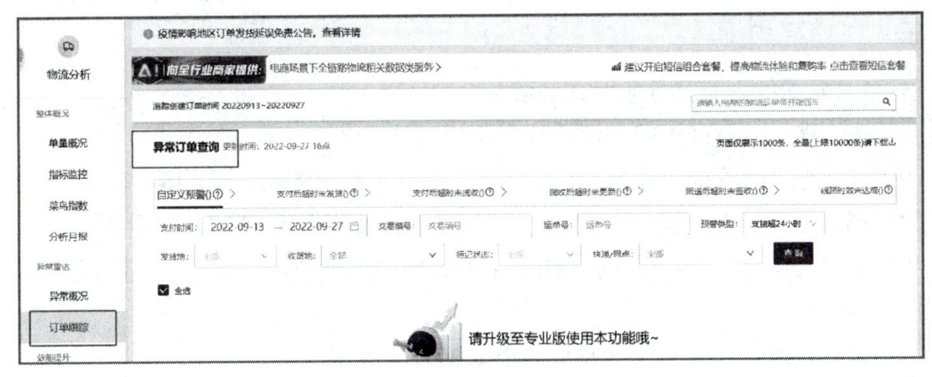

▲ 图 4－2－8　物流洞察工具—物流监控

2. 异常雷达　异常雷达分为异常概况和订单跟踪。

（1）异常概况：通过异常概况可以看出快递公司异常分布和收货地域异常分布，找到店铺的快递异常数据是十分重要的。

（2）订单跟踪：通过订单跟踪能够及时发现物流或快递订单的异常，其中包括物流详情超时未更新、物流发货超时、快递揽收超时、快递派签超时等情况。

3. 效能提升　效能提升分为实时诊断和体验诊断。

（1）实时诊断：它能分析从支付到签收不同节点所消耗的时间，例如，发现发货时长比较长，商家可以联系仓库人员提升发货速度等。

（2）体验诊断：通过物流体验总览能够查看物流 DSR 数据、物流差评率、物流退货退款率。例如，物流差评率中的分布图中包括了速度差评、包裹破损、虚假签收、额外收费等问题的占比情况，那么商家就能通过快递体验诊断问题，尝试与客户沟通或者换快递公司，如图 4－2－9 所示。

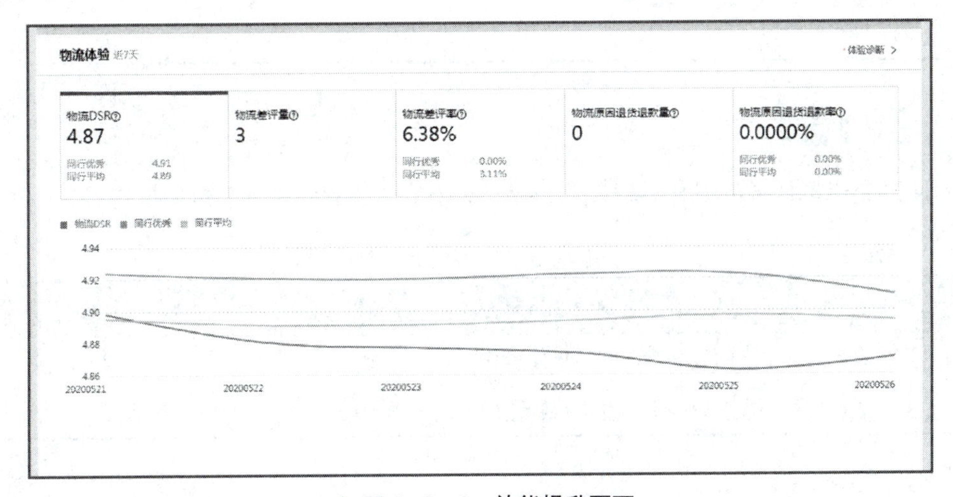

▲ 图 4－2－9　效能提升页面

4-2-2 京东平台物流服务数据查询工具

(二) 京东平台物流服务数据查询工具

请扫描二维码学习京东平台物流服务数据查询工具。

三、数据查询演示

(一) 淘系平台物流服务数据查询演示

4-2-3 淘系平台物流服务数据查询演示

步骤一：进入生意参谋的物流板块界面，如图 4-2-5 所示。

步骤二：进入物流板块界面，首先看到的是实时物流洞察——物流概况的页面，其中物流数据包括了实时创建订单数、发货订单数、揽收订单数、签收订单数等。

步骤三：在页面下方，可以选择物流服务数据的统计周期，如近 7 天或者近 30 天的物流服务数据。

请扫描二维码学习淘系平台物流服务数据查询演示。

(二) 京东平台物流服务数据查询演示

4-2-4 京东平台物流服务数据查询演示

请扫描二维码学习京东平台物流服务数据查询演示。

四、数据收集与记录

因为淘系平台和京东平台的物流数据大同小异，所以接下来以京东平台为例，将收集的数据整理至 Excel 表格。

选择统计周期为天的物流服务数据，并将其物流数据指标收集并记录在 Excel 表格中即可，其中数据包含了有效订单量、出库率、揽收率、妥投量、妥投率、完成量，如表 4-2-1 所示。

表 4-2-1 京东店铺物流服务数据业务监控表(统计周期：天)

日期	有效订单量	出库率/%	揽收率/%	揽收率	妥投量	妥投率	完成量
2020-3-30							
2020-3-29							
2020-3-28							

任务评价

通过完成本任务的操作，请按表 4-2-2 检查自己是否掌握了相关技能。

表 4-2-2 鉴定评分点

序号	鉴定评分点	分值	评分
1	熟悉两种平台的数据查询工具界面操作	20	
2	能够独立并快速地查询到各平台物流服务的各项数据	35	

续　表

序号	鉴定评分点	分值	评分
3	能够根据各平台店铺物流的实际数据情况，独立制作平台物流服务数据业务监控表	35	
4	能够坚持以人为本，注意对异常数据的收集和监控	10	

知识延伸

（1）生意参谋物流管家可扫描二维码查看。

（2）京东物流配送模式可扫描二维码查看。

任务拓展训练

1. 淘宝店铺物流服务数据收集训练　请采集店铺去年的物流数据，并将数据记录到表格中。

2. 京东店铺主推品交易数据收集训练　请采集店铺最近30天的物流服务数据，并将数据记录到表格中。

模块一 数据收集

项目五 市场和竞争数据收集

项目说明

市场和竞争数据是商家在前期开展市场调研时,需要收集的重要数据,随着市场竞争的加剧,加之消费者行为的多变,使得市场调研显得更加重要,商家需要精准收集市场和同行的信息,以便制订相应的营销策略。

本项目将分别介绍淘系平台、京东平台的市场行业数据、竞争对手店铺运营数据以及竞争对手同款产品数据都是如何收集的,收集哪些数据。

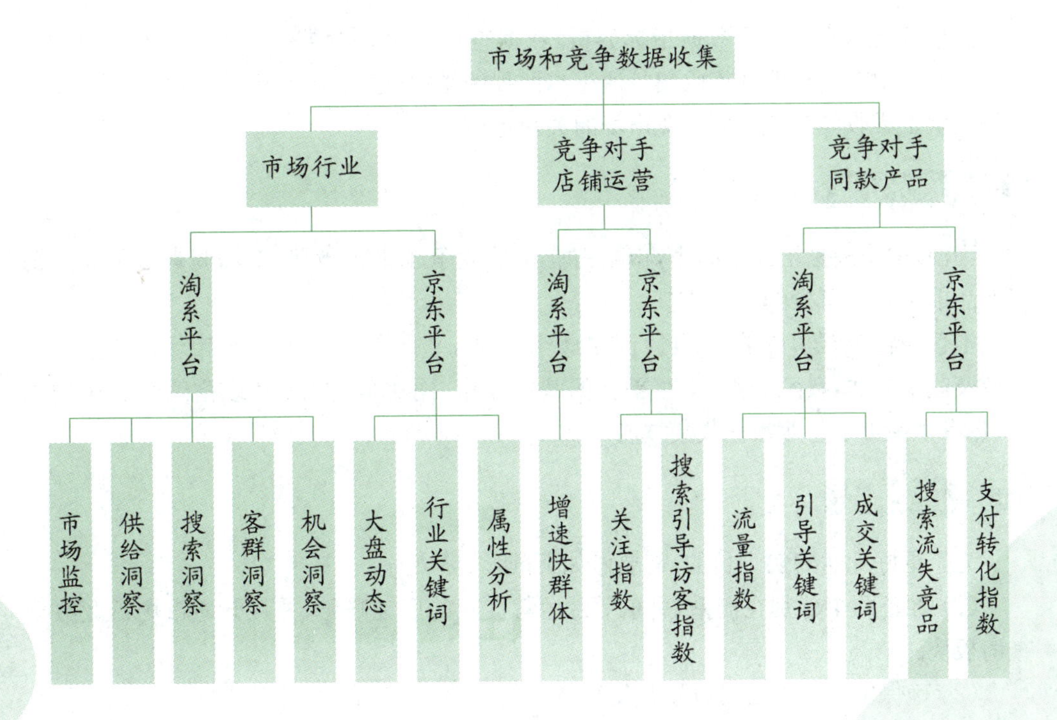

任务 1 市场行业数据收集

学习目标

1. 熟悉各平台市场行业数据指标。
2. 熟悉各平台市场行业数据使用的查询工具。
3. 掌握各平台市场行业数据查询的操作步骤,能够独立完成操作。
4. 掌握各平台市场行业数据收集与记录的方法,能够独立完成操作。
5. 具有长远的、全局性的眼光,关注市场变化,提前把握商机。

任务描述

本任务将从市场行业数据指标分析、数据查询工具以及数据查询与记录方法这 3 个方面来介绍市场行业数据收集。通过本课程的学习,学员能在今后行业实战中,懂得运用平台工具收集与统计同行业市场的关键指标。

任务分析

当前,中小商家增长空间小,市场占有率的竞争越来越激烈,市场调查成了商家销售产品前期必不可少的一个环节。

本任务将带领学员学习市场行业的数据收集,掌握淘系、京东平台市场行业数据的来源及收集方法,熟悉淘系、京东平台的基本操作,同时掌握 Excel 表格编辑制作的能力,熟练掌握市场行业数据收集技能。

任务准备

为了更好地达到实训目的,需要做如下准备:

(1) 准备两个分别在淘系、京东平台运营良好的店铺账号,并且开通市场行业数据查询板块。

(2) 确保电脑等设备可以正常使用。

(3) 确保网络正常且稳定。

任务实施

动画　市场供给与需求认知

微课　网络数据的爬取

一、市场行业数据指标

市场行业数据主要包括行业概况、产品排行类目、商家排行、产品属性等，本任务将介绍淘系、京东平台的市场行业数据指标。

(一) 淘系平台市场行业数据

商家通常使用生意参谋的市场洞察模块统计市场行业数据，该模块从 5 个维度统计分析了相关数据指标，分别是市场监控数据、供给洞察数据、搜索洞察数据、客群洞察数据以及机会洞察数据。

1. 市场监控数据　市场监控数据是帮助商家快速监控市场概况的一个重要维度，包括两个功能模块，分别是“类目卡片”和“我的监控”，提供实时市场行业数据。

(1) 类目卡片：展示该店铺订购的全部类目的市场洞察产品，商家可以通过点击顶部的卡片快速切换类目。类目卡片提供每个类目近 30 天的店铺概况、店铺行业排名、店铺支付金额以及店铺支付占比，如图 5 - 1 - 1 所示。

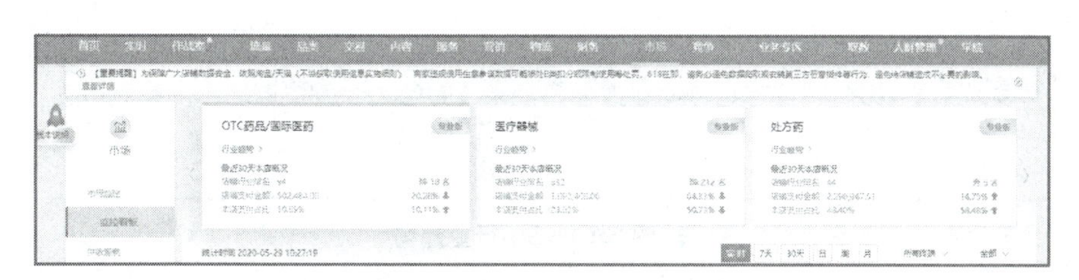

▲ 图 5 - 1 - 1　类目卡片

(2) 我的监控：提供当前所监控的店铺、商品、品牌的实时排名信息，商家可以监控同行业排名较为靠前的店铺数据，与自身做对比。同时该模块还提供详细的店铺交易指数、流量指数以及行业排名，实时监控其他店铺信息，帮助商家快速获取行业 TOP 信息，以便调整自身产品规划，如图 5 - 1 - 2 所示。

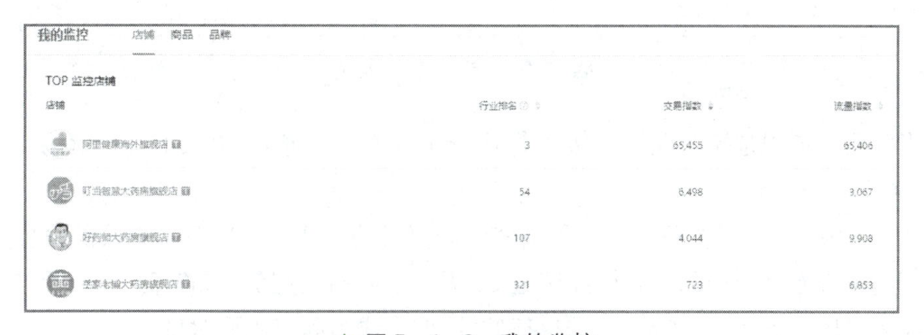

▲ 图 5 - 1 - 2　我的监控

2. 供给洞察数据　供给洞察板块帮助商家对总体行业趋势以及整个市场商品的排

行概况进行统计。主要包括两大模块,分别是“市场大盘”和“市场排行”。

(1) 市场大盘：主要提供“行业趋势”“行业构成”和“卖家概况”三大模块数据,帮助商家了解整体市场结构,全方位洞悉行业大盘与趋势、行业构成。同时该模块还可以查看近3年的统计数据,数据指标非常全面。

行业趋势数据指标包括访客数、浏览量、收藏人数、收藏次数、加购人数等,同时还包括非一级类目下展示的客群指数、搜索人气、搜索热度、交易指数以及各指标对比上一周期的变化率,如图5-1-3所示。

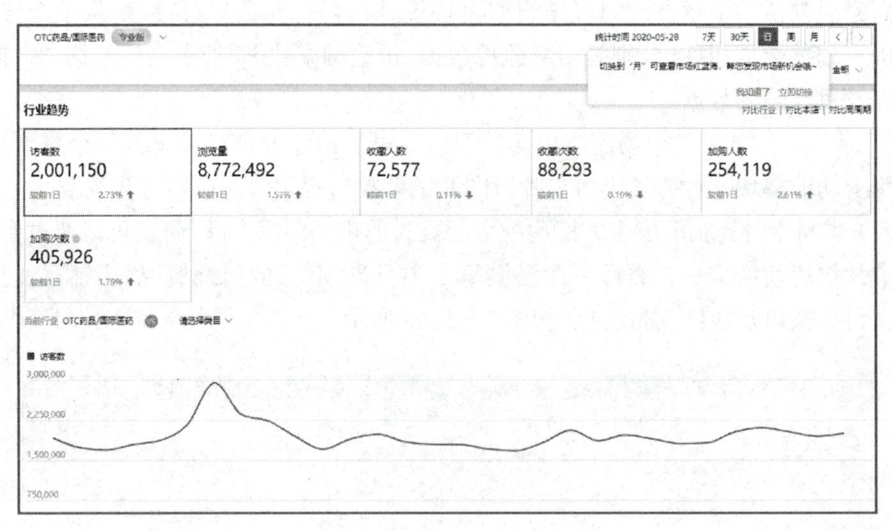

▲图5-1-3 行业趋势

在行业构成模块中,可以查看所选一级类目下的子行业构成及其核心指标趋势,如图5-1-4所示。

行业构成

子行业	交易指数	交易增长幅度	支付金额较父行业占比	支付子订单数较父行业占比
OTC药品 较前一日	755,682	-2.15%	84.76% +0.40%	90.20% +1.07%
国际医药 较前一日	292,206	-5.09%	15.24% -0.40%	9.80% -1.07%

▲图5-1-4 行业构成

卖家概况展现选定行业下一级子行业分布及卖家分布,以及对比上一周期的变化率,如图5-1-5所示。

(2) 市场排行：提供所选类目下的实时和离线的TOP店铺、商品以及品牌排行,通过排行榜可查看每个商品/店铺/品牌近30天的核心指标趋势,如图5-1-6所示。同时商家还可以对该商品/店铺/品牌进行监控,使之成为固定监控对象。

3. 搜索洞察数据 搜索洞察板块通过搜索行为探测、热销属性及产品排行TOP500的数据,帮助商家精准定位市场机会,深度解析需求趋势、转化率及人群画像

卖家概况

子行业分布

子行业	卖家数	父行业卖家数占比	有交易卖家数	父行业有交易卖家数占比
OTC药品 较前一日	576 +0.17%	88.07% -0.13%	385 -4.94%	88.30% -1.23%
国际医药 较前一日	113 +0.89%	17.28% +0.58%	51 +6.25%	11.70% +10.39%
防疫专用（其他卖家勿发） 较前一日	2 0.00%	0.31% -0.29%	0	0.00%

▲ 图 5-1-5　卖家概况

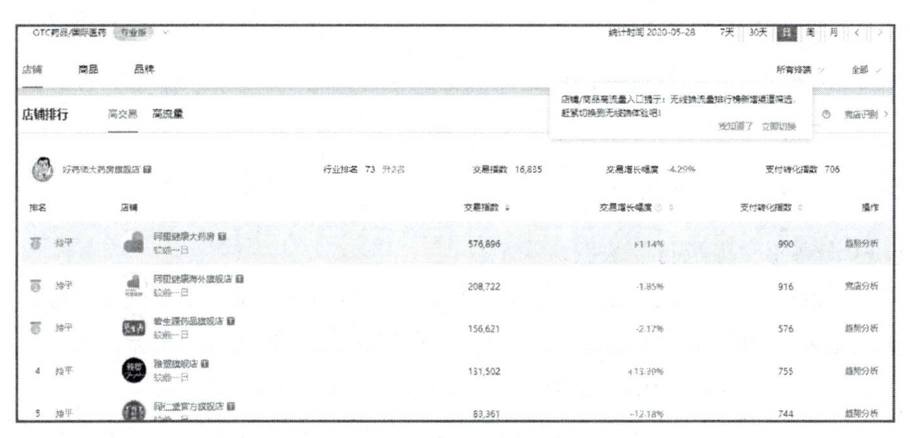
OTC药品/国际医药　专业版　统计时间 2020-05-28　7天　30天　日　周　月

店铺　商品　品牌

店铺排行　高交易　高流量

排名	店铺	交易指数	交易增长幅度	支付转化指数	操作
1 持平	较前一日	576,896	+1.14%	990	趋势分析
2 持平	较前一日	208,722	-1.85%	916	竞店分析
3 持平	较前一日	156,621	-2.17%	576	趋势分析
4 持平	雅囡旗舰店 较前一日	131,502	+13.39%	755	趋势分析
5 持平		83,361	-12.18%	744	趋势分析

▲ 图 5-1-6　市场排行数据

等。它包含“搜索排行”“搜索分析”和“搜索人群”3 个功能模块。

(1) 搜索排行：主要提供热门搜索词排行，通过了解快速上升趋势中的各类搜索词，发现高价值热词并进行运营体验优化。同时，为搜索词计算各个关联延展词，包含搜索词、品牌词、核心词、修饰词等，帮助商家快速精准地定位市场机会。

5-1-1　搜索洞察和客群数据洞察展示图

(2) 搜索分析：主要提供搜索词分析，支持 3 个搜索词对比，帮助商家了解特定搜索词整体趋势、搜索词相关词构成和类目构成，以便优化标题。

(3) 搜索人群：主要提供搜索词对应人群属性画像和购买偏好，以便商家对客户人群精准投放。

4. 客群洞察数据　为了帮助商家细分市场、精准营销以及调整战略而开发的功能模块，以了解所选定行业下用户客群的特征分布和购买偏好，这与搜索客群在本质上没有区别，只是更细致更精准。客群洞察模块主要分为“行业客群”和“客群透视”两个子模块。

(1) 行业客群：主要提供客群变化趋势、客群属性画像和购买偏好。商家可以选择不同指标，如地区、性别等，查看对应指标下客群分布情况，最长可以提供 90 天的数据。

(2) 客群透视：主要提供多维度的客群分析功能，通过多种指标，如年龄、地域分布等自定义交叉组合，定位目标人群，分析消费特定趋势，了解客群特性，帮助商家完成更精准的品牌与活动的营销，同时该模块最长可以查看12个月的趋势指数。

5. 机会洞察数据　提供产品属性和市场TOP500排行的数据，同时支持周期对比，支持从不同维度去分析行业，可以灵活高效地发掘市场。该模块分为“产品洞察”和“属性洞察”两个子模块。

（1）产品洞察：能够帮助商家了解当前市场上热门产品型号排行情况，提供热门产品型号趋势和详细分析。可以查询热销产品TOP500排行数据，帮助商家精准定位市场机会，以及深度解析需求趋势、转化率等，帮助商家精准制订新品扩展计划。

（2）属性洞察：提供当前市场上热门属性排行情况、热门属性趋势以及详细分析，帮助商家精准定位市场机会。

5-1-2　京东平台市场行业数据

（二）京东平台市场行业数据

请扫描二维码学习京东平台市场行业数据。

二、熟悉流量数据查询工具

（一）淘系平台市场行业数据查询工具

淘系平台市场行业数据是通过千牛工作台的生意参谋来查看的。生意参谋的市场洞察模块包含“市场监控”“供给洞察”“搜索洞察”“客群洞察”以及“机会洞察”5个子模块。它是一款为中高端商家打造的市场分析工具，可满足市场大盘全景洞察、针对市场机会深度解析、市场客群多维透视及可实时监控分析四大核心场景的分析诉求，以帮助商家清晰了解市场结构，深度挖掘潜在客户需求，为市场扩展提供决策支持。需要注意的是，市场洞察板块不是免费的，专业版按3 600元/年收费。

5-1-3　京东平台市场行业数据查询工具

（二）京东平台市场行业数据查询工具

请扫描二维码学习京东平台市场行业数据查询工具。

三、数据查询演示

（一）淘系平台市场行业数据查询演示

步骤一：进入生意参谋，在生意参谋工作界面上找到“市场”模块，即可查看市场行业的整体数据。

步骤二：分别收集“市场监控”“供给洞察”“搜索洞察”“客群洞察”“机会洞察”5个模块的数据。

5-1-4　淘系平台市场行业数据查询演示

步骤三：点击供给洞察中的“市场大盘”模块，收集“行业趋势”“行业构成”以及“卖家概况”3个数据指标。

步骤四：记录数据。

请扫描二维码学习淘系平台市场行业数据查询演示。

(二) 京东平台市场行业数据查询演示

请扫描二维码学习京东平台市场行业数据查询演示。

5-1-5　京东平台市场行业数据查询演示

四、数据收集与记录

根据以上操作步骤得到商家所在行业的市场行业数据后，做好数据收集与记录工作。

(一) 淘系平台

以供给洞察为例，收集洞察模块中的市场大盘数据包含行业趋势、行业构成、卖家概况 3 个数据指标，如表 5-1-1 所示。

表 5-1-1　市场大盘数据表

行业趋势	访客数	浏览量	收藏人数	收藏次数	加购人数
行业构成-子行业	交易指数	交易增长幅度	支付金额较父行业占比	支付订单数较父行业占比	
卖家概况-子行业分布	卖家数	父行业卖家数占比	有交易卖家数	父行业有交易卖家数占比	

(二) 京东平台

请扫描二维码学习京东平台数据收集与记录。

5-1-6　京东平台数据收集与记录

任务评价

完成本任务后，请对照表 5-1-2 检查自己是否掌握了所学内容。

表 5-1-2　市场行业数据收集操作评价表

序号	鉴定评分点	分值	评分
1	熟悉淘系、京东平台的数据查询工具界面	20	
2	能够独立并快速地查询到各平台的市场行业数据	35	
3	能够根据各平台店铺的实际情况，独立制作市场行业数据报表	35	
4	能够关注市场变化，提前把握商机	10	

知识延伸

(1) 生意参谋怎么看同行?

(2) 京东商智行业分析怎么做，可以让销量飙升?

(3) 采用最新版生意参谋市场分析，深度剖析行业以及产品。

以上知识延伸内容的学习，请扫描二维码。

知识延伸

任务拓展训练

1. 淘系平台市场行业数据收集训练　请根据案例演示，采集淘系平台店铺对应的市场行业数据（周期为最近7天，数据需包括市场监控、供给洞察、搜索洞察、客群洞察、机会洞察）。可通过千牛客户端进入生意参谋，找到相应数据指标，并根据数据类别整理表格。

2. 京东平台市场行业数据收集训练　请根据案例演示，收集京东平台店铺对应的市场行业数据（周期为最近7天，数据需包括大盘动态、行业关键词、属性分析）。可通过京东商智找到相应数据指标，并根据数据类别整理表格。

任务2 竞争对手店铺运营数据收集

学习目标

1. 熟悉各平台竞争店铺的查找方式。
2. 熟悉各平台竞争店铺数据指标及其查询工具。
3. 掌握各平台竞争店铺数据查询步骤，并能独立、熟练操作。
4. 掌握各平台竞争店铺数据收集与记录方法，并能独立、熟练操作。
5. 熟悉《中华人民共和国反不正当竞争法》，在进行竞争数据收集时不逾矩。

任务描述

本任务讲解竞争对手店铺(竞店)的运营数据结构，相关数据来源渠道与查询工具，以及查询工具的使用方法与最终数据的收集与记录。

任务分析

在店铺的运营过程中，除了要了解自身店铺的运营情况，还要了解竞争店铺的运营状况，正所谓"知己知彼，方能百战不殆"，在确定竞争店铺之前要先清楚自身店铺定位和产品定位。

店铺的客单价、店铺的消费人群、店铺的装修风格和营销策略都会受到产品定位的影响。当买家看到一个产品，最直观的信息就是商家给出的产品定位，因此对产品进行正确的定位是非常重要的。在确定产品定位后，接下来就可以寻找与之类似的竞品。

本任务将主要学习在淘系、京东平台上，如何准确找到合适的竞争店铺，如何对其运营数据进行有效的收集。

任务准备

为了更好地达到实训目的，需要做如下准备：

(1) 准备两个在淘系、京东平台分别运营良好的店铺账号，并且已开通竞争数据板块。

(2) 确保电脑等设备能正常使用。

(3) 确保网络正常且稳定。

任务实施

一、学习各平台竞争店铺的查找方式

在运营店铺的过程中，锁定竞争店铺，并对其进行相关数据的收集与分析，再根据分析结果制订相应的策略，这一点十分重要。收集竞争店铺数据，首先需要准确地找到竞争店铺。下面将分别以淘系平台和京东平台为例，介绍快速识别锁定竞争店铺的方法。

(一) 淘系平台竞争店铺的查找方式

淘系平台竞争店铺的查找方式有搜索词、销量、店铺属性和店铺综合数据 4 种。

1. 搜索词　在淘宝搜索与店铺宝贝最符合的搜索词，按照宝贝单价选定竞争店铺，具体可以根据店铺宝贝的属性、性价比等因素进一步锁定竞争对手。

2. 销量　以销量为搜索维度，在淘宝搜索页面找出相关卖家。如图 5-2-1 所示，按照销量的高低对店铺排序，随后找到自身店铺宝贝所在的排位，圈定与自身店铺宝贝排名相邻、风格最接近的几家店铺，作为竞争店铺进行数据收集。

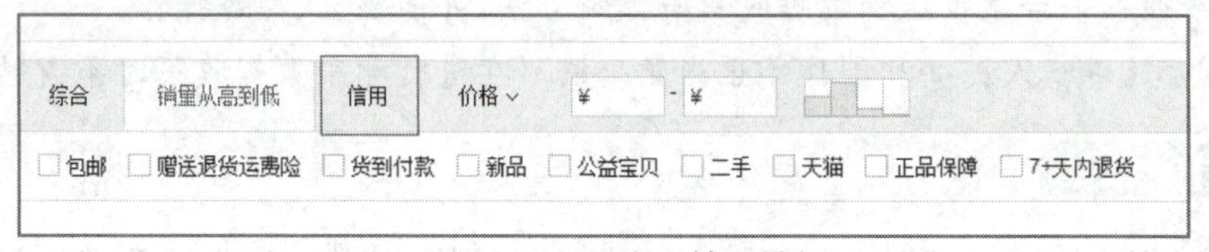

▲ 图 5-2-1　淘宝销量排行

3. 店铺属性　根据自身店铺的行业属性进行筛选，通过关键词的搜索，找到和自己店铺产品风格相似的店铺。并找出在此属性下，搜索主关键词和自己的店铺类似且获得的流量差不多的店铺，那么这些店铺就是要选择的竞争店铺。

店铺类型、粉丝数量、信用等级、店铺创立时间和店铺宝贝数量等信息都是衡量该店铺可否作为竞争对手的标准，通过这些信息就可以圈定竞争店铺，如图 5-2-1 所示。

4. 店铺综合数据　通过淘宝后台生意参谋的数据，以及相关竞争对手的推荐来锁定竞争对手。

登录生意参谋，找到竞争类目中的竞争店铺识别。如图 5-2-2 所示，选择自身店铺所属类目，生意参谋会根据自身店铺的情况，筛选出较为合适的竞争店铺。选择相应店铺，即可看到该店铺的相关运营数据，通过对相关数据展开分析，最终筛选出合适的店铺作为竞争对手。

5-2-1 京东平台竞争店铺的查找方式

(二) 京东平台竞争店铺的查找方式

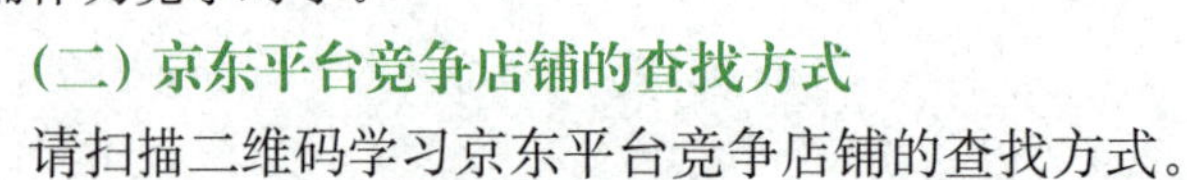

请扫描二维码学习京东平台竞争店铺的查找方式。

二、了解竞争店铺运营数据结构

店铺运营数据的收集是为了对相关数据进行分析，从而改善自身店铺的运营状况，

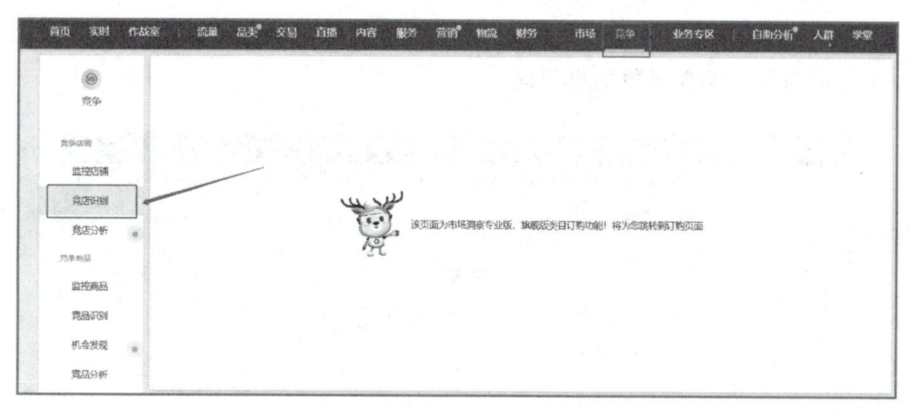

▲ 图 5-2-2　选择自身店铺所属类目

因此在收集数据之前，需要了解竞争店铺的运营数据结构，清楚哪些数据是需要进行分析的。

（一）淘系平台竞争店铺运营数据结构

淘系平台竞争店铺运营数据结构由以下 4 部分组成。

1. 竞店可监控的核心指标　可监控的核心指标包括访客数、流量指数、易指数、各级转化率、搜索人气、收藏人气、加购人气、预售定金指数和上新商品数等数据，其中各级转化率数据主要是指“访客-收藏转化率”“访客-加购转化率”和“访客-支付转化率”。

5-2-2　淘系平台竞争店铺运营数据结构展示图

2. 交易构成　交易构成包含商品类目与客单价，客单价的高低会对转化率产生一定影响。

3. 入店来源　通过将竞争店铺的入店关键词和访客数等数据与本店相应数据做对比，快速了解竞争店铺入店热门关键词与本店的差距。关于流量，需要关注的是付费流量、搜索流量以及收藏流量等渠道的相关数据。

4. 顾客流失　按竞争群体去分析该批竞争群体同本店的流失关系和详细路径，含关键指标、顾客流失路径、顾客流失 TOP 店铺和顾客流失 TOP 商品四大模块流失分析。

需要注意的是，DSR 评分的高低对店铺也存在一定的影响。淘宝店铺中 DSR 评分是淘宝店铺动态评分，是指在淘宝网交易成功后，买家可以对本次交易的卖家进行如下 3 项评分：宝贝与描述相符、卖家的服务态度、物流服务的质量。

（二）京东平台竞争店铺运营数据结构

请扫描二维码学习京东平台竞争店铺运营数据结构。

5-2-3　京东平台竞争店铺运营数据结构

三、熟悉竞争店铺运营数据查询工具/入口

（一）淘系平台竞争店铺运营数据查询工具

可以运用生意参谋收集淘宝、天猫店铺竞争店铺的信息，该软件的数据纵横、市场

行情和竞争情报板块可直接查阅、获取、监控竞争店铺的商品、流量、交易等数据。图5-2-3所示为生意参谋竞争情报界面。

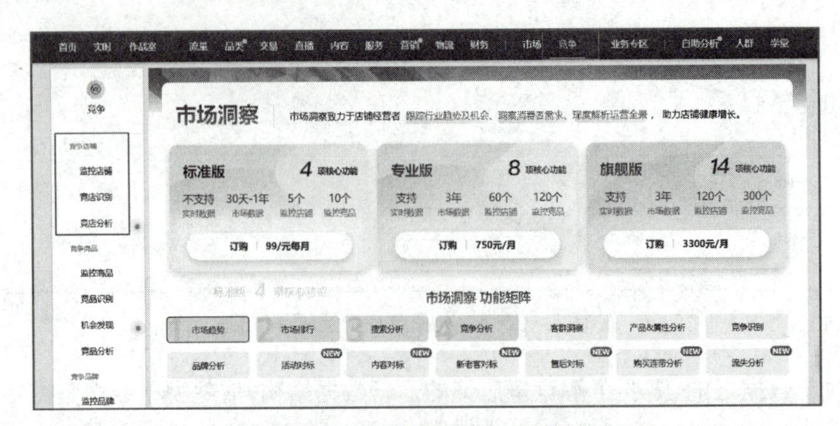

▲ 图5-2-3　生意参谋竞争情报界面

此外，还有一些第三方工具，如店侦探、看店宝、淘数据、轻淘客和创客工具箱等，也能收集到竞争店铺的很多精准信息。

5-2-4　京东平台竞争店铺运营数据查询工具

(二) 京东平台竞争店铺运营数据查询工具

请扫描二维码学习京东平台竞争店铺运营数据查询工具。

四、竞争店铺运营数据查询演示

(一) 淘系平台竞争店铺运营数据查询演示

步骤一：进入卖家中心，找到营销中心，点击“生意参谋”。

步骤二：打开生意参谋，点击“专题工具”，在左侧第一栏，可以看到竞争店铺板块。此板块包含竞店列表、竞店识别、竞店分析三大群体板块。

步骤三：点击以上3个部分的其中任意一项，都会出现系统推荐的符合选项内容的店铺，当然也可以通过左侧栏中的竞店配置选项来自定义一些关键指标，筛选指定条件的店铺。

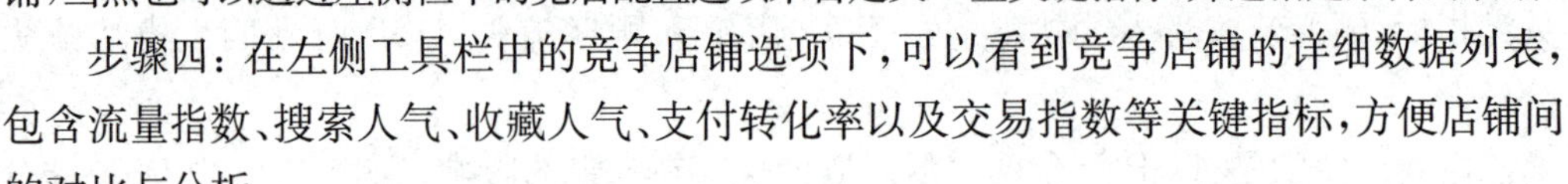

步骤四：在左侧工具栏中的竞争店铺选项下，可以看到竞争店铺的详细数据列表，包含流量指数、搜索人气、收藏人气、支付转化率以及交易指数等关键指标，方便店铺间的对比与分析。

5-2-5　淘系平台竞争店铺运营数据查询演示

由于手机端已经成为大部分买家购物的主流渠道，因此以上参考内容都主要看手机端的相关数据。

请扫描二维码学习淘系平台竞争店铺运营数据查询演示。

5-2-6　京东平台竞争店铺运营数据查询演示

(二) 京东平台竞争店铺运营数据查询演示

请扫描二维码学习京东平台竞争店铺运营数据查询演示。

五、数据收集与记录

下面以京东商智为例，演示具体数据整合步骤，其他数据整合可参考以下步骤，如

表 5-2-1 所示。

表 5-2-1　数据收集检测表

无线端数据指标（5.20）						
竞店	访客指数	成交单量指数	关注指数	加购指数	销售额	…
竞店1						
竞店2						
PC端数据指标（5.20）						
竞店	访客指数	成交单量指数	关注指数	加购指数	销售额	…
竞店1						
竞店2						
无线端数据指标（5.21）						
竞店	访客指数	成交单量指数	关注指数	加购指数	销售额	…
竞店1						
竞店2						
PC端数据指标（5.21）						
竞店	访客指数	成交单量指数	关注指数	加购指数	销售额	…
竞店1						
竞店2						
无线端数据指标（5.22）						
竞店	访客指数	成交单量指数	关注指数	加购指数	销售额	…
竞店1						
竞店2						
PC端数据指标（5.22）						
竞店	访客指数	成交单量指数	关注指数	加购指数	销售额	…
竞店1						
竞店2						

1月　2月　3月　4月　5月　6月　7月　8月　9月　10月　11月　12月

任务评价

通过本任务的学习，请按表 5-2-2 查看是否掌握了所学内容。

表 5-2-2　竞争店铺运营数据收集操作评价表

序号	鉴定评分点	分值	评分
1	熟悉两种平台的竞争店铺运营数据查询工具界面操作	20	
2	能够独立并快速地查询到各平台竞争店铺运营数据	35	
3	能够根据各平台竞争店铺的实际运营情况，独立制作 10 天的竞争店铺数据检测表	35	
4	能够遵守法律法规收集竞争数据	10	

知识延伸

(1) 通过生意参谋4个步骤摸透竞争店铺。

(2) 淘宝卖家该如何分析竞争对手数据?

(3) 如何利用京东商智查看数据?

(4) 京东商家如何分析竞店销售额和流量?

以上知识延伸内容的学习,请扫描二维码。

任务拓展训练

1. *淘系平台竞争店铺运营数据收集训练* 请采集竞争店铺TOP2最近3天的浏览量、加购人数、收藏人数以及订单成交量等数据,并将数据记录到表格中。

2. *京东平台竞争店铺运营数据收集训练* 请采集竞争店铺TOP2最近3天的访客数、浏览量、点击率、跳失率、转化率以及销售额等主要经营数据,并将数据记录到表格中。

任务3 竞争对手同款产品数据收集

学习目标

1. 熟悉竞品的数据收集指标。
2. 熟悉竞品的数据收集/查询工具。
3. 掌握收集/查询竞品数据的步骤,能够独立操作。
4. 掌握收集与记录竞品数据的方法,能够独立操作。
5. 遵守职业道德,收集数据时不弄虚作假。

任务描述

本任务将分析竞争对手同款产品(竞品)的数据收集指标,介绍竞品的数据收集查询工具,以及数据查看与记录的方法。

任务分析

在电子商务的学习中,容易出现收集的竞品数据不够全面、数据记录不规范、收集效率差等情况,主要原因是:①对平台竞品数据结构不熟悉;②对竞品数据查询工具不了解;③对数据表格化操作不熟练。

学会竞品数据的收集,能够为后续数据透视做铺垫。当我们确定竞品数据结构后,就可以开始采集竞品数据。一般来说,淘宝平台的竞品采集数据包括关键指标对比数据、入店搜索词数据和入店来源数据,京东平台的竞品采集数据包括竞品概况数据、竞品对比数据、入店关键词数据和竞品入店来源对比数据。

任务准备

为了更好地达到实训目的,需要做如下准备:

(1) 准备两个在淘系、京东分别运营良好的店铺账号,并且已开通市场竞争数据查询功能。

(2) 确保电脑等设备能正常使用。

（3）确保网络正常且稳定。

任务实施

一、学习竞品数据结构

为了更好地分析竞争对手的产品，商家需要明确竞争对手产品的数据分析结构。本任务将介绍淘系、京东平台竞品的数据结构。

（一）淘系平台竞品数据结构

淘系平台的竞品数据结构分析，可以从以下 3 个维度展开，分别是关键指标对比数据、入店搜索词数据和入店来源数据。

1. 关键指标对比数据　关键指标对比数据是针对 2 个主要商品参数进行对比，选择不同时间维度将本店商品与竞品进行对比，得到本店商品的优势与劣势，如图 5－3－1 所示。

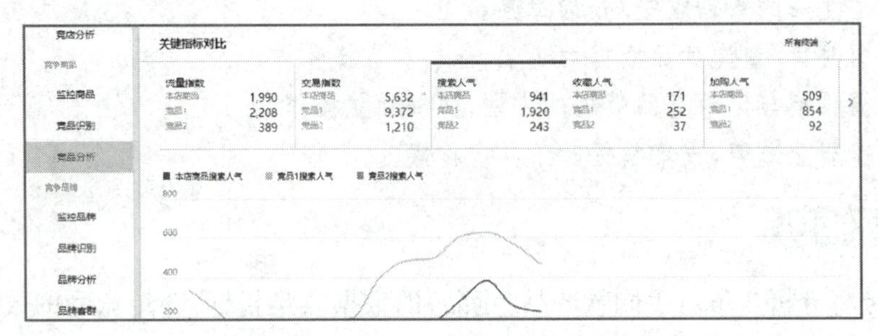

▲ 图 5－3－1　关键指标对比数据

在观察关键指标对比数据时，需要采集以下数据指标：流量指数、交易指数、搜索人气、收藏人气和加购人气。

（1）流量指数：是商品在淘宝网展示过程的核心指标，如商品的点击率、展现量和收藏量等。流量指数是指在统计时间内，根据访客数拟合成的一个综合性指标数值。流量指数越大，表示该商品的热度越大，访客数越多。卖家需要注意的是，淘宝的展现量不等同于流量指数。

（2）交易指数：是指在统计时间内，商品交易过程中的核心指标，如订单数、买家数、支付件数和支付金额等，其数值越大表示交易的热度越高。需要注意的是，交易金额不等同于交易指数。

（3）搜索人气：搜索人气是指在规定的统计周期内，以用户搜索关键词的次数计算而来的指标。一个用户搜索一次关键词记为一次搜索记录，一个 IP 只记录一次。搜索指数越高，表示搜索该关键词的人数越多，热度也就越高。

（4）收藏人气：收藏人气是指在统计时间内，该商品在淘宝网上的收藏人数。收藏人气越高，说明该商品越受欢迎。

(5) 加购人气：加购人气是指在统计时间内，将店铺商品加入购物车的人数，而不是次数，一位顾客加购多次也只记为一次。

2. 入店搜索词数据　入店搜索词是指消费者通过哪些关键词进行搜索，并进入店铺浏览。入店搜索词分为引流关键词和成交关键词。

(1) 引流关键词：客户通过搜索某个关键词直接进入店铺查看商品信息，该关键词称为引流关键词。引流关键词和访客数有关。因此，对比竞品的访客数，可为商家选定优质关键词作为参考，如图 5-3-2 所示。

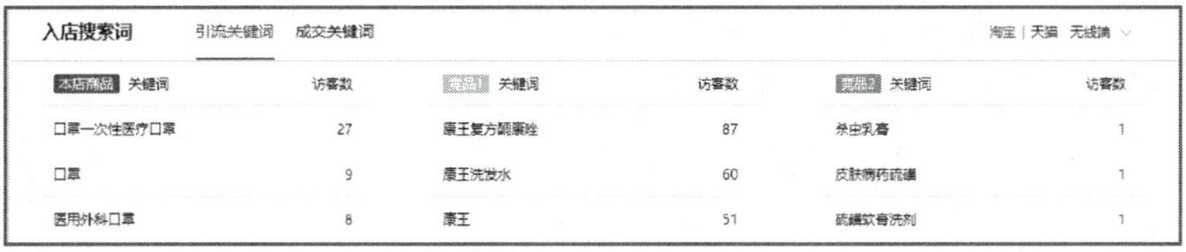

入店搜索词　引流关键词　成交关键词　　淘宝 | 天猫　无线端

本店商品 关键词	访客数	竞品1 关键词	访客数	竞品2 关键词	访客数
口罩一次性医疗口罩	27	康王复方酮康唑	87	杀虫乳膏	1
口罩	9	康王洗发水	60	皮肤病药硫磺	1
医用外科口罩	8	康王	51	硫磺软膏洗剂	1

▲ 图 5-3-2　引流关键词

(2) 成交关键词：是指客户通过搜索某个关键词进入商品详情页，并最终下单购买。因此，可以通过对比竞品关键词的成交指数，提取高质量的成交关键词来提升商品成交率。

3. 入店来源数据　入店来源数据包含访客数、客群指数、支付转化指数和交易指数 4 个方面的数据，其中，可通过入店来源的访客数对比来了解竞品的各流量来源，从而帮助商家优化自家产品的流量结构，如图 5-3-3 所示。

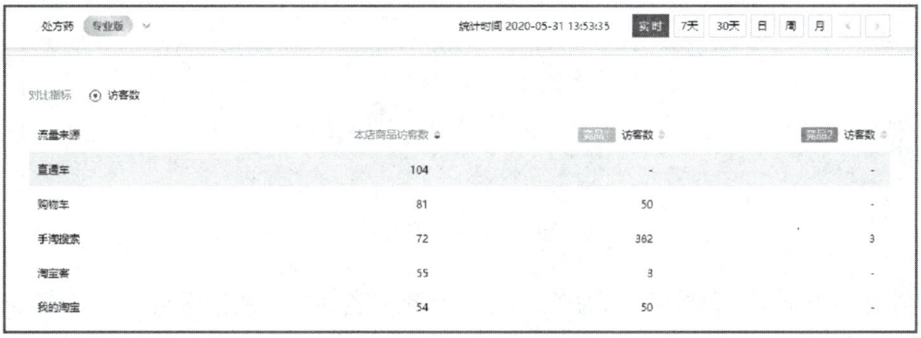

处方药　专业版　　统计时间 2020-05-31 13:53:35　实时　7天　30天　日　周　月

对比指标　◉ 访客数

流量来源	本店商品访客数	竞品1 访客数	竞品2 访客数
直通车	104	-	-
购物车	81	50	-
手淘搜索	72	382	3
淘宝客	55	3	-
我的淘宝	54	50	-

▲ 图 5-3-3　入店来源数据

(二) 京东平台竞品数据结构

请扫描二维码学习京东平台竞品数据结构。

5-3-1　京东平台竞品数据结构

二、熟悉竞品数据查询工具

(一) 淘系平台竞品数据查询工具

学习了淘系平台的竞品数据分析结构后，接着需要熟悉淘系平台竞品数据查询工具(生意参谋)及查询方法。

可运用生意参谋竞争板块中的竞争商品模块来查询竞品数据,竞争商品模块包含了监控商品、竞品识别及竞品分析,可选择不同时间筛选数据。对于卖家来说,了解竞品与自己的商品之间的差异,可以更好地优化商品,提高热度。

1. **监控商品** 可以选择不同的时间维度,对比竞品的行业排名、搜索人气、流量指数、收藏人气、加购人气、支付转化指数和交易指数等数据,从而分析竞品,如图 5-3-4 所示。

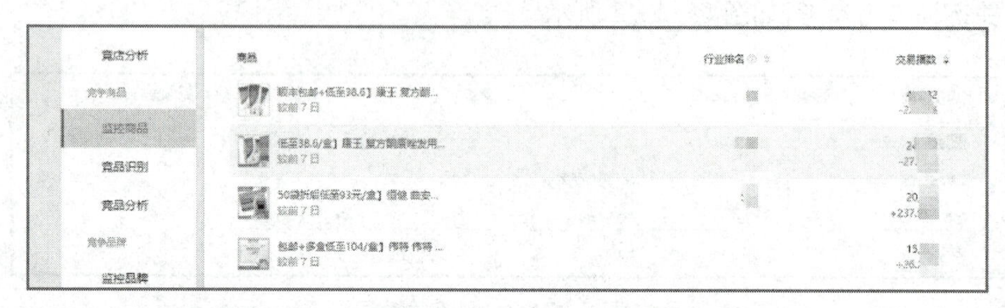

▲ 图 5-3-4 监控商品详情

2. **竞品识别** 竞品识别包含两个功能,分别是顾客流失竞品推荐及搜索流失竞品推荐。顾客流失竞品是指原本对本店产品有意向的客户,最终却选择了其他店铺的产品,也就是本店流失到竞争店铺的顾客人数。而搜索流失竞品是指顾客通过搜索找到本店商品,并进入商品详情页,但最终没有购买,转而去购买了其他店的商品。因此,从这两个方面去筛选适合我们的竞品,选定后对竞品进行具体分析,最终提高商品的销量,如图 5-3-5 所示。

▲ 图 5-3-5 竞品识别

在竞品识别页,可选择不同的时间,在顾客流失竞品推荐或搜索流失竞品推荐中选择 1~5 个数据指标进行分析,其中可选择的指标有流失金额、流失人数、流失率、收藏后流失人数、加购后流失人数、收藏后跳失人数、加购后跳失人数、直接跳失人数、引起流失的商品数和引起流失的店铺数。

3. **竞品分析** 竞品分析可以选择在不同的时间,添加一两个商品进行关键指标的对比,其中关键指标对比包括流量指数、交易指数、搜索人气、收藏人气、加购人气和支付转化指数,如图 5-3-6 所示。

5-3-2 京东平台竞品数据查询工具

(二) 京东平台竞品数据查询工具

请扫描二维码学习京东平台竞品数据查询工具。

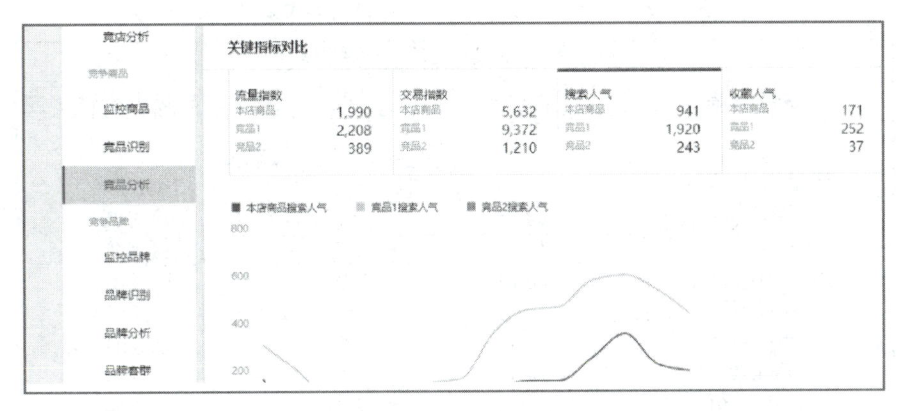

▲ 图 5-3-6　竞品分析

三、数据查询演示

(一) 淘系平台竞品数据查询演示

步骤一：点击生意参谋—竞争界面。

步骤二：在生意参谋的页面左侧，选择并点击“竞争商品—竞品分析”模块。然后点击“+”，添加竞品进行对比。

步骤三：找到关键指标对比面板，点击“>”按钮，查看竞品的更多数据，如关键指数、交易指数、搜索人气、收藏人气和加购人气等。

步骤四：在页面的右上角，选择竞品的数据统计时间段，如 7 天内时间段、30 天内时间段、按日显示的时间段、按周显示的时间段和按月显示的时间段。

步骤五：找到入店搜索词面板，点击“引流关键词”查看竞品的关键词和访客数，点击“成交关键词”查看竞品的关键词和交易指数。

步骤六：点击对比指标中的访客数，查看流量来源与访客数的数据。

请扫描二维码学习淘系平台竞品数据查询演示。

5-3-3　淘系平台竞品数据查询演示

(二) 京东平台竞品数据查询演示

请扫描二维码学习京东平台竞品数据查询演示。

5-3-4　京东平台竞品数据查询演示

四、数据收集与记录

淘系平台与京东平台的竞品数据分析维度基本相同，因此本任务以淘系平台的竞品数据为例，演示收集与记录得到的最终数据表格。竞品入店来源访客数数据的收集与记录如表 5-3-1 所示。

任务评价

通过本任务的学习，请按表 5-3-2 查看是否掌握了所学内容。

表 5-3-1 竞品入店来源访客数数据的收集与记录

竞品入店来源访客数数据收集			
流量来源	本店商品 支付转化指数	竞品1 支付转化指数	本店商品支付转化率
日期	1月6日		
手淘其他店铺	3693	673	100.00%
淘宝客	2408	0	50.00%
购物车	2245	463	44.44%
淘内免费其他	1840	346	31.58%
手淘搜索	1643	359	25.86%
我的淘宝	899	171	8.51%
直通车	682	0	5.00%
手淘首页	0	423	0.00%
手淘其他店铺商品详情	0	649	0.00%
手淘旺信	0	563	0.00%

表 5-3-2 鉴定评分点

序号	鉴定评分点	分值	评分
1	熟悉两种平台的数据查询工具界面操作	20	
2	能够独立并快速地查询到各平台竞品数据的各项数据	35	
3	能够根据各平台店铺主推品的实际情况，独立制作竞品数据对比表	35	
4	能够抓住关键指标，遵守职业道德，收集数据时诚实守信	10	

知识延伸

知识延伸

(1) 淘宝竞品分析模型实战手册。

(2) 在京东运营的路上，如何做好竞品分析？

以上知识延伸内容的学习，请扫描二维码。

任务拓展训练

1. 淘宝店铺竞品数据收集训练　请采集淘宝店铺近 7 天内，某款商品及其竞品移动端的数据，包括关键指标对比数据、入店搜索词数据和入店来源数据，并将数据记录到表格中。

2. 京东店铺竞品数据收集训练　请采集京东店铺近 7 天内，某商品及其竞品 APP 端上的数据，包括竞品概况数据、竞品对比数据、入店关键词数据和竞品入店来源对比数据，并将数据记录到表格中。

模块二　数据处理

党的二十大对加快建设数字中国作出重要部署。要推动战略性新兴产业融合集群发展，构建新一代信息技术等一批新的增长引擎。同时也要健全网络综合治理体系，推动形成良好网络生态。对于电子商务行业来说，企业营销管理、客户管理等环节都要用到数据分析的结果，如透过数据发现企业内部的不足、营销手段的不足、客户体验的不足等，透过数据挖掘来了解客户的内在需求，因此数据分析是企业管理的有效手段。

通过对店铺数据进行处理，整理成报表并进行统计分析，有助于商家在日常的运营过程中，第一时间发现问题，并及时跟进、解决。

项目六　数据报表制作

微课　数据可视化

项目说明

数据分析离不开数据报表制作。数据报表制作一般包括原始数据获取与处理、数据分析与整理及报表展现等多个部分，通过报表的展现，可以了解数据带来的各种运营信息，根据信息反映的问题对店铺进行运营策略的调整。

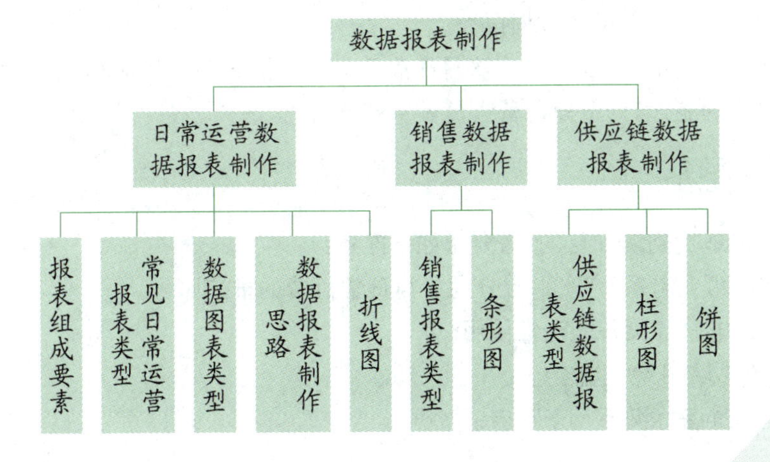

任务 1 日常运营数据报表制作

学习目标

1. 熟悉报表的组成元素。
2. 掌握数据报表的制作步骤。
3. 掌握日常数据图表的制作步骤。
4. 能在数据报表制作中，培养合法收集数据的法律意识。

任务描述

数据报表制作是每个电商运营人员必须掌握的技能，本任务介绍日常运营数据报表的组成要素及日常报表的制作步骤，并使用图表更清晰地展示数据。

任务分析

在日常的运营工作中，商家往往需要通过日常运营数据对店铺运营效果进行评估，这就要求运营人员除了要获取准确的运营数据外，还需要进行整理制作，把无序的数据制作成对运营有指导意义的数据报表。

通过本任务的学习，学生能够掌握日常运营数据报表的制作流程，能独立完成日常运营数据报表的制作，为电商运营人员做基础准备。

任务准备

任务准备

为了更好地达到实训目的，需要做如下准备：

(1) 准备两个淘系、京东平台分别参与日常付费的推广账号。

(2) 确保电脑等设备能正常使用。

(3) 确保网络正常且稳定。

(4) 提前准备好淘系及京东店铺数据。

任务实施

一、报表组成要素

制作店铺的日常运营报表，需要先明确报表的组成要素。为了更清晰地展示数据，店铺运营日常报表一般包含报表主题、报表指标及分析维度。

1. 报表主题　报表主题要清晰地对应分析目标，通过报表主题传递报表内容信息。其代表店铺运营人员期望从报表中获取的信息、制表人员希望通过报表传递的信息，如流量数据日报表、客服日常报表、单品运营执行表。

6-1-1
报表案例展示

2. 报表指标　报表指标即主题报表中包含的数据指标，客服日常报表应包含：接待人数、询单人数、当日付款数、询单转化率、客单价、销售额、响应时间及好评数等数据指标。

3. 分析维度　报表的分析维度通常是指时间维度、空间维度、产品维度及服务维度，不同的维度可帮助我们对比分析发展趋势及地域差异，进而找出存在的问题，除了时间和空间维度，还有产品和服务维度等。

二、日常运营数据报表简介

日常运营数据报表需要围绕电子商务日常数据监控需求展开，明确要达成的分析目标，并根据目标选择监控数据指标，搭建报表框架、采集数据，形成数据统计报表，有利于了解经营动态，进行整体评估，能够为经营策略的调整提供系统的参考信息。

店铺日常数据包含了方方面面，商家及运营人员可以根据店铺的实际情况，选择所需要的数据进行汇总并制作成数据报表。

店铺整体的日常数据报表包含店铺整体流量、销售及转化率各项基本数据，通过店铺运营日报表，商家及运营人员可掌握店铺每日的访客情况、销量情况及各渠道客户转化情况。

店铺流量数据日报表展示了店铺的主要流量来源渠道，通过数据的对比，商家可清晰地了解 PC 端及移动端每个渠道流量来源的占比情况，根据流量占比，可对店铺的推广策略进行优化。

店铺日销售报表展示了店铺当日成交情况，核心数据指标反映全店的转化情况，辅助指标反映店铺的实际交易情况。

店铺客服日报表展示了每日客服的工作概况及相应的产出情况，通过查看客服日报表，商家可详细掌握每个客服的能力及其服务态度，以更好地把控店铺整体的服务质量水平。

竞品分析表展示了每日自身店铺与竞争店铺的差距。通过了解竞争店铺的流量来源，可以掌握最有效的推广渠道，进而有针对性地提高本店的推广效率。

单品运营每日报表包含了基础的单品流量数据及销售数据，在实际的运营过程中，可选择性地添加数据指标。通过对单品的分析可掌握每个商品的成交情况。

以上为店铺最常用的日常数据报表类型，根据以上报表，商家及运营人员可进一步完善，使报表能更全面地反映店铺运营情况。

三、日常数据报表制作步骤实操演示

下面主要介绍日常数据报表中单品日常数据报表（单品日报）以及流量日常数据报表（流量日报）的制作流程。

（一）单品日报制作步骤

6-1-2
步骤展示图

步骤一：明确数据汇报作用。数据报表的制作首先需要明确数据汇报的需求，也就是该数据报表的主要作用，确定数据报表的制作目的后，才能保证其制作不偏离方向，最终的决策行之有效。本任务演示的单品日报，其主要作用是利用数据提升单品的运营水平，即通过每日的数据报表，发现当日的店铺单品效果数据中存在的问题，为店铺策略调整提供参考方向。

步骤二：构思报表大纲。构思报表大纲是指日常运营报表中应该包含的数据板块，针对分析的目标，构建数据分析逻辑的维度。本任务演示的店铺单品日报围绕流量数据及成交数据进行制作，因此在制作过程中可选择数据指标：购买人数、访客数、转化率。

步骤三：选择报表数据指标。确定了报表的维度后，需要选择其中重要的数据指标。除此之外，还要结合报表的目标用户选择针对性的数据指标。例如，一线运营人员更关注的是有利于开展工作的具体而细致的指标；而决策层则更关注结论性的指标。

针对本任务所演示的单品日报，涉及整体的运营水平，最终呈现的表格应能够较清晰地反映单品整体运营情况。因此，在数据的选择上，不需要太过于细致，需要更能反映单品整体情况的结论性数据指标，如表 6－1－1 所示。

表 6－1－1　日常运营数据报表指标

数据维度	数 据 指 标
购买人数	付费来源、自然搜索来源
访客数	付费推广、无线端搜索、PC 端搜索
转化率	付费推广、无线端搜索、PC 端搜索

步骤四：搭建报表框架。确定数据指标后，需要搭建数据报表的框架，具体步骤是：新建 Excel 数据表格，将其命名为单品日报，将步骤三中确定的数据指标平铺式展示。

步骤五：数据的采集。日常运营数据报表的数据采集需要通过商家后台，也可使用第三方数据查询工具查询，例如淘宝的生意参谋及京东的京东商智，均可查询到全面的数据。

以淘宝店铺为例，在查询数据时，可使用阿里巴巴出品的生意参谋，在生意参谋的品类板块，可查看单品的总访客数及总购买人数。

对于付费推广流量的查询，可在生意参谋首页下拉页面中找到推广看板，该模块是付费推广流量的汇总页面，可查看直通车、钻展及淘宝客所带来的流量数据。如果商品参与了直通车推广，则点击直通车进入商品的流量查询页面收集数据。

步骤六：报表的制作与美化。将收集的数据填入表格，适当地对表格进行美化，使表格能够更清晰地将各个模块进行区分。

选中实际付费推广、实际无线搜索推广及实际 PC 端的购买人数，点击条件格式中的数据条，选择其中一个填充效果，即可得到各数据模块的占比图，能够清晰地看到每次不同流量来源的占比情况。其他数据模块也可参考相同操作方式。

在进行表格制作时，需要先明确数据指标，搭建好表格框架之后，再对数据进行收集并填充。

（二）流量日报制作步骤

流量日报的制作同样需要先确定制作目的，才能更准确地确定数据指标。参照单品日常报表的制作思路，例如，本案例所演示的流量日报是为了分析店铺每日的流量来源，在进行数据收集时需要收集 PC 端及无线端的各个访客来源渠道数据，PC 端来源指标包括：淘宝搜索、天猫搜索、直通车、淘宝客、淘宝站内其他、购物车、宝贝收藏、已买到的商品。无线端来源指标包括：手淘首页、淘宝搜索、天猫搜索、直通车、淘宝客、淘宝站内其他、购物车、宝贝收藏、已买到的商品。

请扫描二维码学习流量日报制作。

6-1-3
流量日报制作

四、日常基础数据图表制作

数据报表能准确地反映店铺运营的实际情况，在报表的制作过程中，为了能更清晰地看到数据的趋势，往往需要图表的辅助，数据图表可使传达的重要信息更清晰明了。

基础的图表类型有图 6-1-1 所示的 9 种。以本任务所演示的单品日报为例，为了更好地查看每日数据变化趋势，可选择折线图。折线图适合多个二维数据集的比较，能够清晰地展现某个维度的变化趋势，并且可比较多组数据在同一维度上的变化趋势。

以流量趋势折线图的制作为例：

步骤一：选中菜单栏中的“插入图表”，选择带数据标记的数据折线表。

步骤二：右击弹出的空白图表，点击“选择数据”。

步骤三：点击“添加数据”，即可选择对应的数据来源。

步骤四：在系列名称中输入计划，点击系列值中的选框按钮。

步骤五：选中“计划”中的“总访客数”行，即可得到计划总访客数的数据曲线。

步骤六：以同样的方法操作实际总访客数，得到趋势图的初始模型，点击右上角的“+”，可添加图表的元素，勾选坐标轴、图例、网格线等图例，即可得到最终的折线图。

请扫描二维码学习日常基础数据图表制作。

6-1-4　日常基础数据图表制作

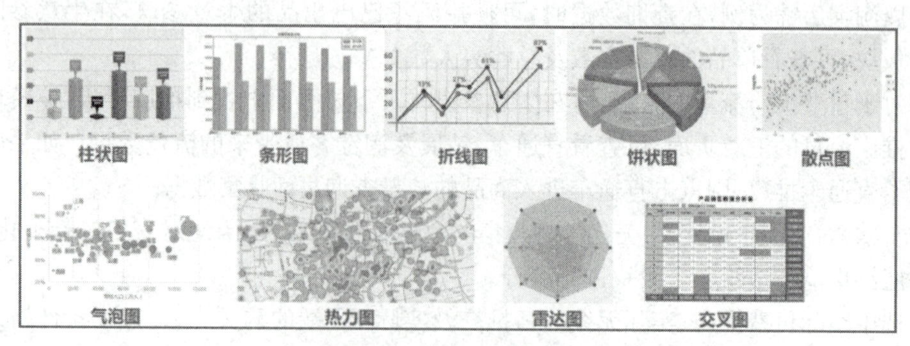

▲ 图 6-1-1　基础图表类型

任务评价

通过完成本任务的操作，根据表 6-1-2 对所学内容进行自检。

表 6-1-2　操作评价表

序号	鉴定评分点	分值	评分
1	能够根据报表的主题，选择相应的数据指标	20	
2	能够根据报表数据指标制作数据表格	30	
3	能够独立将数据表格转化成图表形式	30	
4	能合法采集所需数据制作数据表格	20	

知识延伸

知识延伸

(1) 淘宝卖家如何精准分析店铺数据，进行数据化运营？

(2) 淘宝运营人员如何做好店铺的日常数据分析？

(3) 京东店铺日常运营：如何深度运营，让数据说话？

(4) 京东电商运营：数据化运营。

以上知识的延伸内容的学习，请扫描二维码。

任务拓展训练

京东单品数据日报表制作训练　请根据本任务所学知识，制作一份针对京东店铺某单品的数据报表。

根据任务准备中的数据表格框架，通过京东商智收集该表格 7 天的运营数据，并根据报表中的数据指标，制作数据趋势的折线图。

任务2 销售数据报表制作

学习目标

1. 掌握销售数据报表的制作步骤。
2. 掌握销售数据图表的制作步骤。
3. 具备数据保密意识,保护客户交易数据,遵守职业道德。

任务描述

本任务介绍销售数据报表的作用及常见的销售数据报表类型,通过销售数据报表及图表的制作演示,能更清晰地展示销售数据。

任务分析

在店铺的日常运营中,会产生大量的数据。数据对于商家而言,是一笔无形资产,利用好数据是实现精细化管理的基石,也是店铺核心竞争力的基础,其中,店铺销售数据至关重要。因为店铺销售数据报表不仅能够及时、准确地反映店铺商品的销售情况,还可以加强商家及运营人员对店铺销售的管控能力,及时对店铺运营做出有效调整。

通过本任务的学习,学员能够掌握店铺销售数据报表的制作原理;通过任务拓展训练,学员能够独立完成销售数据报表的制作。

任务准备

为了更好地达到实训目的,需要做如下准备:

(1) 准备两个在淘系、京东平台分别运营良好的店铺账号。

(2) 确保电脑等设备能正常使用。

(3) 确保网络正常且稳定。

(4) 提前准备好淘系及京东店铺数据。

任务准备

任务实施

一、销售数据报表简介

(一) 销售数据报表作用

销售数据产生于销售活动中，是衡量电子商务企业经营情况的主要指标。对销售数据的监控分析，有助于企业发现经营中存在的问题，预测可能面临的危机，并及时调整运营策略。

销售数据报表是商家及运营人员了解店铺转化率和实际交易情况最直观的方式，可分为每日、每周、每月、每年的销售报表，可用于监控数据异常以便及时发现问题，找出原因并提出解决措施。

(二) 销售数据报表指标解读

销售数据包括过程性数据指标和结果性数据指标，过程性数据指标包括访客数、订单数、支付转化率、客单价；结果性数据指标包括销售额、销售成本、成交转化率、毛利率。过程性数据指标与销售额直接挂钩，其中任一变化都会影响最终的销售额。所以，监控前需要对电子商务销售数据全面分析，明确监控的重要指标，建设销售数据分析体系，以实现渠道组织、商品体系实时监控、销售情况统计，最终达到提高销量的目的。

销售额＝访客数×转化率×客单价，只要提高访客数、转化率、客单价，销售额就会相应提高。

1. 访客数的影响因素　访客数与商品的曝光次数和点击率有关。曝光次数是指关键词的曝光次数，通过观察行业热词，可以获取曝光量大的关键词，替换店铺里不能带来曝光量的关键词，从而提高商品的曝光次数。点击率是指消费者点击商品详情页的次数，一般可以通过优化主图提升点击率。

2. 转化率的影响因素　转化率是指成交笔数和访客数的比值。影响转化率的因素有商品的详情页描述、商品价格、买家评价、买家秀质量、客服服务态度和专业度、宝贝标题的关键词精准度、营销方式等。当转化率过低，原因可能有：页面停留时间过短、跳失率过高；或者是商品的页面设计不合理，图片不吸引买家，详情页面的内容没能解决买家需求等。

3. 客单价的影响因素　客单价是指订单金额与订单数量的比值，订单可能包含多个产品，它反映的是消费群体的层级。如果访客消费层级和客单价不匹配，商家及运营人员需要调整商品价格或者重新匹配店铺流量。此外，促销优惠活动、商品的交叉推荐、类目属性也会对客单价产生一定的影响。

(三) 销售数据报表类型

店铺销售数据包含了多个方面，商家及运营人员可以根据店铺的实际销售情况，选择所需数据进行汇总并制作成数据报表。

店铺日销售报表包含了浏览量、访客数、成交客户数、支付件数等，反映了店铺当日

成交情况，其中成交转化率和毛利率是衡量电商盈利能力的重要指标。

店铺周销售数据监控表包含了访客数、订单数、支付转化率、客单价及销售额，反映了店铺每周销售情况，商家可以对比上一周的销售情况，有针对性地调整这一周的销售策略，提高销售额。

6-2-1
销售数据报表展示图

店铺周销售报表有多种表现形式，商家通过店铺周销售报表可以很明显地观察到本周与上周销售情况的差别，以优化销售策略。

店铺月销售数据报表反映了店铺月度实际销售完成率、店铺流量情况、店铺成交率及每月畅销和滞销商品情况，商家可以总结满意和不满意的地方，及时完善和改进。

店铺年销售报表展现了店铺全年的销售情况、客单价和转化率等，根据店铺年销售报表上的各项数据指标，商家可以快速发现问题，从而更好地提升销售效果。

二、数据报表制作步骤实操演示

下面主要演示销售数据报表中店铺日销售报表的制作流程，最终结果如表6-2-1所示。

表6-2-1　店铺日销售报表

商品分类	浏览量	访客数	成交客户数	支付件数	商品单价/元	销售额/元	销售成本/元	成交转化率/%	毛利率/%
保健品	18 794	15 979	7 481	8 102	136.90	1 068 653.80	519 194.00	85.02	51.42
医药品	15 920	12 960	5 511	6 312	299.00	1 824 168.00	644 490.00	81.41	64.67
医疗器械	14 309	12 877	5 243	5 284	258.00	1 310 432.00	507 930.00	89.99	61.24
otc药品	17 812	14 950	5 243	5 284	538.00	2 407 304.00	947 802.00	83.93	60.63
营养品	15 575	13 529	5 030	5 664	208.00	1 121 472.00	431 130.00	86.86	61.56
保健品	17 373	14 459	4 468	4 713	148.00	673 959.00	335 289.00	83.23	50.25
医药品	15 043	13 379	3 322	3 974	469.00	1 780 352.00	922 634.00	88.94	48.18

步骤一：明确数据汇报需求。本任务收集的数据用于展示店铺收入、成本和净利润，通过每日的店铺销售报表，及时发现存在的问题，跟进解决，调整店铺销售策略，保证店铺销售额的稳定增长。

步骤二：构思报表大纲。本任务演示的日销售数据报表应围绕商品信息、访客情况及成交情况制作。

步骤三：选择报表数据指标。为了更清晰地反映店铺具体销售情况，针对已确定的数据维度可进一步细分。

步骤四：搭建报表框架。新建Excel数据表，命名为店铺日销售报表，将按数据指标定义列名。

步骤五：数据的采集与处理。日销售数据需通过商家后台采集，也可使用第三方数据查询工具查询，如淘宝的生意参谋及京东的京东商智。

以淘宝店铺为例，可使用生意参谋的交易板块查询数据。店铺交易概况可在交易总览模块里查看，包含店铺的访客数、下单买家数、下单金额、支付买家数、支付金额、客单价等数据指标。其中，

成交转化率＝(成交客户数 / 访客数)×100%，

毛利率＝(销售额－销售成本)/ 销售成本×100%。

步骤六：报表的制作与美化。将收集到的数据填入表格中，适当美化表格。选中全部销售数据，按成交客户数降序排列。选中商品名称和成交客户数，点击条件格式中的数据条，选择其中一个填充效果，能够更清晰地看到各商品的畅销程度。

6-2-2 数据报表制作步骤

请扫描二维码学习数据报表制作步骤。

总结：以上即为店铺日销售数据报表的制作思路及流程。在进行日销售报表的制作时，需要先明确数据指标，搭建好表格框架之后，再对数据进行收集、填充、美化，提高数据可读性。

三、店铺基础数据图表制作

通过数据报表的分析，商家可以准确掌握店铺在某个阶段内，例如日、周、月、年，店铺整体运营情况的好坏，包括销售额、成交转化率及毛利率等。在观察店铺日销售报表时，借助图表可以更直观地看清数据的变化趋势。

基础的图表类型有 9 种，如图 6-1-1 所示，本任务可选择条形图。条形图一般用于比较各组数据的差异，反映数据在某个时间段内的变化趋势。

以制作毛利率趋势条形图为例，最终效果如图 6-2-1 所示，按以下步骤操作：

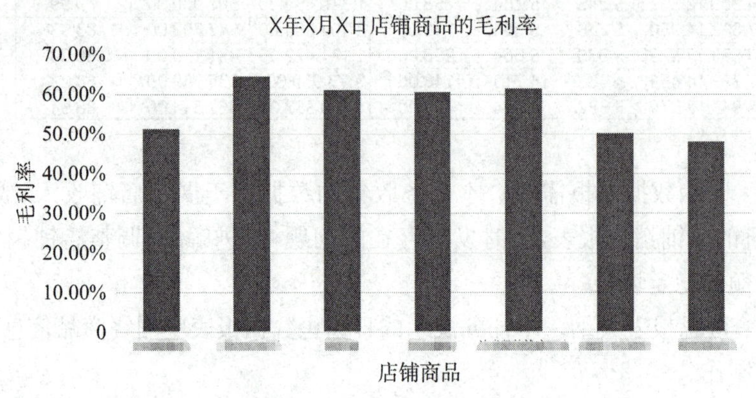

▲ 图 6-2-1　毛利率趋势条形图

步骤一：选中菜单栏“插入”选项卡，在“图表”命令组中，选择“簇状条形图”。

步骤二：右击弹出的空白图表，点击“选择数据”。

步骤三：点击“添加”数据，即可选择对应的数据来源。

步骤四：在系列名称中输入“毛利率”，点击系列值中的“选框”按钮。

步骤五：选中“毛利率”中的全部商品的毛利率数值，可得到每日销售的商品，店铺商品毛利率的数据曲线。

步骤六：以同样的方法操作店铺商品的成交转化率，得到趋势图的初始模型。点击右上角的“＋”，可添加图表的元素，勾选坐标轴、图形标题、网格线、数据标签即图例，可

得到最终的条形图。

请扫描二维码学习店铺基础数据图表制作。

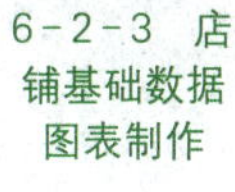

6-2-3 店铺基础数据图表制作

任务评价

完成本任务的操作，请根据表 6-2-2 对所学内容进行自检。

表 6-2-2　操作评价表

序号	鉴定评分点	分值	评分
1	能够根据任务需求，选择相应的数据指标	20	
2	能够根据销售报表数据指标制作成数据表格	30	
3	能够独立将销售数据表格转化成图表形式	30	
4	注意脱敏处理销售报表数据，尊重客户隐私	20	

知识延伸

知识延伸

（1）零售店铺十二大数据分析指标。

（2）商品销售数据分析。

以上知识延伸内容的学习，请扫描二维码。

任务拓展训练

京东店铺销售数据周报表制作训练　请根据本任务所学知识，制作一份针对京东店铺的周销售数据报表。

根据任务准备中的数据表格框架，通过京东商智进行采集并汇总，收集该店铺一周的销售数据，并根据报表中的数据和数据指标，制作数据趋势的条形图。

任务3 供应链数据报表制作

学习目标

1. 了解供应链数据报表。
2. 掌握供应链数据报表的制作步骤。
3. 掌握供应链数据图表的制作步骤。
4. 注重学思结合、知行合一，善于解决现实供应链问题的实践能力。

任务描述

在店铺运营中，往往需要通过数据来管理供应链。把各个业务系统通过数据进行衔接，从而更好地了解与掌控供应链。本任务将介绍供应链数据报表的组成部分及制作步骤，最终实现通过合理使用图表让数据更加清晰的目的。

任务分析

供应链是企业的核心，从最初的产品制作到生产，到最后将产品送到消费者手中，即将供应商、制造商、分销商、用户连成一个完整的功能网链结构，也是一个涵盖了整个产品运动过程的增值链。

在制作相应的数据报表时，需要做哪些准备工作？具体的制作过程如何进行？本任务将详细介绍供应链数据报表从最初构思到最终呈现的完整过程。

任务准备

任务准备

为了更好地达到实训目的，需要做如下准备：

（1）提前导出淘系及京东店铺的采购数据、物流数据及仓储数据。

（2）确保电脑等设备能正常使用。

（3）确保网络正常且稳定。

任务实施

一、供应链数据报表简介

6-3-1
供应链数据报表示例

供应链数据报表的制作需要围绕电子商务数据监控需求展开，明确分析目标，并根据目标选择监控的数据指标，搭建报表框架、采集数据，形成数据统计报表，进行整体评估，从而对供应链中出现的问题进行调整。供应链数据包括采购数据、物流数据以及仓储数据。

商家及运营人员可以根据店铺的实际情况，选择所需的数据进行分类汇总，并制作成相应的数据报表。

1. 采购数据报表　从店铺自身利益出发，商品采购需要满足适时和适量原则，同时还要选择合适的供应商，保证商品质量好、进价合理。因此在制作采购数据报表时，需要从这些维度收集数据。

2. 物流数据报表　物流水平直接影响店铺 DSR 中物流服务的评分，物流服务的好坏也是影响用户是否下单的一个因素，物流成本的高低还将影响店铺的收益，因此商家及运营人员需要分析不同地区该如何选择快递公司。

3. 仓储数据报表　仓储是指根据市场和客户的要求，为了确保货物没有损耗、变质和丢失，调节生产、销售和消费活动以及确保社会生产、生活的连续性，而对原材料等货物进行储存、保管、管理、供给的作业活动。仓储影响着供应链的持有资产、所发生的成本以及提供的响应，是为了平衡供给与需求间的关系而存在的。通过收集与分析仓储数据，可以判断出库存是否处于健康水平，店铺是否存在价值损失的风险。

上述 3 个报表是店铺供应链数据报表的基本类型，根据这些基础数据报表，商家及运营人员可根据自身店铺的实际情况对报表进一步完善，使其更全面地反映店铺情况。

二、供应链数据报表制作步骤实操演示

下面将讲解供应链中不同数据报表的制作流程，最终效果分别如表 6-3-1～表 6-3-3 所示。

表 6-3-1　店铺隐形眼镜 5 月份采购数据报表

			采购成本				隐形眼镜销量			
月份	隐形眼镜类型		供应商1/(元/盒)	供应商2/(元/盒)	供应商3/(元/盒)	供应商4/(元/盒)	供应商1/盒	供应商2/盒	供应商3/盒	供应商4/盒
五月	透明隐形眼镜销量	日抛隐形眼镜	76	89	129	138	19	88	73	32
		月抛隐形眼镜	98	45	79	35	675	24	78	816
		季抛隐形眼镜	156	25.9	0	25	191	501	0	366
		半年抛隐形眼镜	51	39	106	39	418	206	30	5
		年抛隐形眼镜	0	42	0	0	0	718	0	0
		汇总	381	240.9	314	237	1303	1537	181	1219

表 6-3-2　隐形眼镜物流数据报表

收货地区	物流公司	运费	物流时效				异常物流				物流差评率/%
			平均揽收时长/小时	平均签收时长/小时	揽收包裹数	签收成功率	发货异常	揽收异常	派送异常	签收异常	
东北地区	申通快递	包邮	6.31	103.89	8	100.00%	0.00%	0.00%	0.00%	0.00%	0.00%
	邮政EMS	包邮	0	0	0	0.00%	0.00%	0.00%	0.00%	0.00%	0.00%
	圆通快递	包邮	7.06	106.01	11	100.00%	0.00%	0.00%	0.00%	0.00%	0.00%
	中通快递	包邮	5.18	98.37	11	100.00%	0.00%	0.00%	0.00%	0.00%	0.00%

表 6-3-3　隐形眼镜 5 月份仓储数据报表

隐形眼镜类型		透明隐形眼镜					彩色隐形眼镜					
		日抛隐形眼镜/盒	月抛隐形眼镜/盒	季抛隐形眼镜/盒	半年抛隐形眼镜/盒	年抛隐形眼镜/盒	日抛隐形眼镜/盒	月抛隐形眼镜/盒	季抛隐形眼镜/盒	半年抛隐形眼镜/盒	年抛隐形眼镜/盒	总库存/盒
库存数量	期初数量	17	200	133	42	97	132	376	9	36	21	1 063
	入库数量	300	1 500	1 000	1 000	1 000	2 000	1 000	50	1 000	500	9 350
	出库数量	212	1 593	1 058	659	718	2 007	1 219	23	680	356	8 525
	结存数量	105	107	75	383	379	125	157	36	356	165	1 888
	库存标准量	200	1 500	1 000	700	1 000	2 000	1 000	50	500	300	8 250
库存结构(产品占比)		6%	6%	4%	20%	20%	7%	8%	2%	19%	9%	100%

(一) 商品采购数据报表制作步骤

步骤一：明确数据汇报需求。制作某店铺隐形眼镜采购数据报表的目的就是通过不同供应商、不同类型的隐形眼镜、采购成本以及售卖情况等数据的分析，来制订合理的采购计划。

步骤二：构思并确定报表的大纲。制作商品采购数据报表的大纲需围绕的数据维度：商品分类、采购成本、商品销量。本案例的数据报表应根据不同隐形眼镜的采购成本、销售数据以及各维度所需的数据指标来制作。

步骤三：选择报表数据指标。确定了报表的数据维度后，下一步就需要结合报表目标选择针对性的数据指标。

针对本案例，由于供应商不同，同一类目的隐形眼镜所对应的采购成本与质量也会有所不同，因此也导致了同一类目隐形眼镜的销量不同，所以在制作该数据报表时要考虑成本、质量因素。

步骤四：搭建报表框架。确定数据指标后就可以搭建数据报表的框架了，首先新建 Excel 数据表格，其次修改名称，将其命名为隐形眼镜采购数据报表，最后把已经确定的数据指标排序。

步骤五：数据的采集。在商品采购数据报表中，采购成本的相关数据需要从平时的采购记录中收集，而商品的销量数据则可以通过商家后台或者第三方软件进行查询。

以京东店铺为例，在查询商品的销量数据时，可使用由京东研发的专为商家提供数

据服务的平台——京东商智，进行查询。在京东智商的经营分析类目下找到“交易概况”选项，选择想要查询的时间范围，即可看到该时间段内商品的销量情况。

步骤六：填充数据、报表美化。将收集到的数据填入表格的对应区域，并适当美化表格。例如，将最高或者最低数值进行颜色填充使其更显眼，使表格能更清晰地体现各个模块数据的区别。

动画　数据预处理

步骤七：数据的处理。由于本案例报表中有“汇总”选项，因此需要对相应的数据求和处理，使结果更清晰地展示。选择“汇总”对应的位置，插入函数，选择 SUM（求和函数）后点击“确定”。

步骤八：完善报表。选中上一步骤所算出的结果，将鼠标放至选框右下角，鼠标会变成“+”的形状，单击鼠标左键并向后拖动，即可快速地算出其他汇总数据。

重复上述步骤即可完成彩色隐形眼镜的相关数据汇总。

请扫描二维码学习商品采购数据报表制作。

6-3-2　商品采购数据报表制作

以上即为商品采购数据报表的制作思路及流程，在进行表格制作时，需要先明确数据指标，搭建好表格框架后，再收集和填充数据。

（二）商品物流数据报表制作演示

和商品采购数据报表的制作流程一样，商品物流数据报表的制作也需要先确定报表的制作目的，才能更准确地确定数据指标。

制作隐形眼镜物流数据报表的目的就是找出影响订单时效、导致物流异常的主要因素，找到商品发往相同地区的不同物流公司之间的差距，最终进行针对性的调整。进行数据收集时，应围绕物流的成本、时效、状态及评价等数据维度进行制作，结合各维度所需的数据指标来制订相应的数据报表，具体包括如下 3 种指标。

（1）物流成本：不同快递公司运费。

（2）物流时效：物流各流程平均所耗时长、签收成功率。

（3）异常物流：异常原因、物流差评率。

确定数据指标后即可构建相应的报表框架，如表 6-3-4 所示。

表 6-3-4　隐形眼镜物流数据报表框架

收货地区	物流公司	运费	物流时效				异常物流				物流差评率
			平均揽收时长/小时	平均签收时长/小时	揽收包裹数	签收成功率	发货异常	揽收异常	派送异常	签收异常	
东北地区	申通快递										
	邮政EMS										
	圆通快递										
	中通快递										

物流数据可以通过商家后台或者第三方平台查询。如京东店铺，登录京东商家后台，进入京东平台风向标页面，从物流监控板块中查看业务监控中的物流数据。物流监控板块包含了考核指标、业务监控和时效监控三大类数据。

用查找到的数据完成报表的填写与美化，将导出的各项数据指标填充进表格。为了使数据报表更加直观，可以将异常数据标出，例如，通过添加不同颜色底纹等方式来突出显示。物流数据报表的最终效果如表 6-3-5 所示。

表 6-3-5 隐形眼镜物流数据报表最终效果

收货地区	物流公司	运费	物流时效				异常物流				物流差评率
			平均揽收时长/小时	平均签收时长/小时	揽收包裹数	签收成功率	发货异常	揽收异常	派送异常	签收异常	
东北地区	申通快递	包邮	6.31	103.89	8	100.00%	0.00%	0.00%	0.00%	0.00%	0.00%
	邮政EMS	包邮	0	0	0	0.00%	0.00%	0.00%	0.00%	0.00%	0.00%
	圆通快递	包邮	7.06	106.01	11	100.00%	0.00%	0.00%	0.00%	0.00%	0.00%
	中通快递	包邮	5.18	98.37	11	100.00%	0.00%	0.00%	0.00%	0.00%	0.00%

(三) 仓储数据报表制作演示

步骤一：确定制作目的与数据指标。本案例制作隐形眼镜仓储数据报表的目的是分析店铺各隐形眼镜的库存量是否充足，以及了解库存商品的质量情况，从而决定是否需要进行促销或者其他方式的处理。具体包括如下 3 种指标。

(1) 库存结构：不同商品的占比。

(2) 库存数量：商品的初期、入库、出库、结存以及库存标准量和总量。

(3) 库存情况：各类商品的质量好坏、实际库存量。

步骤二：搭建报表框架。根据已确定的数据指标，搭建该数据报表框架。

步骤三：收集数据。报表创建完成后可根据报表中的指标进行数据收集，与采购数据等数据不同，仓储数据的收集相对较麻烦，不能通过平台直接搜索到准确数据，需要进行人工盘点和检查才能得知实际库存量以及库存商品残次等数据。

步骤四：数据的填充。将收集到的数据进行分类填写。

步骤五：数据的处理与报表美化。将收集到的数据进行相应处理，与采购数据报表的处理方法相似，插入需要的函数即可得到相关数据，最后将报表中的异常数据突出、美化。

6-3-3 仓储数据报表制作演示

请扫描二维码学习仓储数据报表制作演示。

三、供应链数据图表制作

下面以本任务中隐形眼镜的仓储数据报表为例，进行相关的图表转化演示，围绕仓储数据报表的库存数量以及库存占比，制作不同的图表。

(一) 商品库存数量图表制作演示

步骤一：确定图表类型。商品的库存数量决定了商品的采购量，通过某商品的现有库存量与库存标准量的对比，可以确定合适的采购区间，从而降低库存积压或解决库存不足的问题。柱形图可以很好地体现商品的库存数量，而且可以将商品的现有库存量与库存标准量进行对比，直观地展现两者的差距。

步骤二：插入图表。选择库存数量所对应的相关数据，点击菜单栏中的“插入”，选择二维柱形图后单击即可。

步骤三：调整图表。选中图表中水平轴标签，点击鼠标右键，单击“选择数据”选项，选择水平(分类)轴标签下的“编辑”并确定，即可修改水平轴数据指标的标签。

步骤四：选择数据指标。进入编辑页面后，根据步骤二的数据，选择相应的水平轴数据指标项；点击“确定”，在“选择数据源”页面确认数据指标无误后即可。

步骤五：图表完善。按照实际情况修改图表的标题，调整图表的大小。

请扫描二维码学习商品库存数量图表制作。

6-3-4　商品库存数量图表制作

（二）商品库存结构图表制作演示

步骤一：确定图表类型。与库存数量图表的制作步骤相似，库存结构图表的制作也是先确定合适的图表类型。商品库存结构即不同种类商品的库存量占比，而饼状图可以很好地显示整体比例，因此选择饼状图。

步骤二：插入图表。选择库存结构所对应的相关数据，点击菜单栏中的插入，选择二维饼图。

步骤三：调整图表。为了让不同类型隐形眼镜所对应的库存结构在图表中更加直观地显示，可以修改图表数据的分类标签。

选择需要调整的数据指标，单击鼠标右键后再单击“选择数据”选项，即可看到图表调整页面，单击水平（分类）轴标签类目下的“编辑”，根据上一步骤选择的数据，选择对应的数据指标，确认无误后点击“确定”。

请扫描二维码学习商品库存结构图表制作。

6-3-5　商品库存结构图表制作

任务评价

通过完成本任务的学习，请根据表 6-3-6 对所学内容进行自检。

表 6-3-6　操作评价表

序号	鉴定评分点	分值	评分
1	能够明确报表的目的并确定相应的数据指标	20	
2	能够根据报表数据指标制作相应的数据报表	30	
3	能够将数据表格转化为图表形式	20	
4	能够运营数据化思维解决网店供应链问题	30	

知识延伸

(1) 供应链电子商务。

(2) 供应链采购。

(3) 供应链物流、仓储。

以上知识延伸内容的学习，请扫描二维码。

知识延伸

任务拓展训练

淘宝店铺商品供应链数据报表制作训练　请根据本任务所学知识，制作一份针对淘宝店铺某商品的采购数据报表。根据采购数据报表框架，收集该商品一个月内的相关数据。根据报表中的数据指标，用生意参谋进行数据的采集，最后将数据报表转化成合适的图表进行展现。

模块二　数据处理

项目七　数据描述性分析

项目说明

数据报表的描述性分析是对报表中所有变量进行统计性描述，得到反映客观现象的各种数量特征的一种分析方法，主要包括数据对比分析、趋势分析、离散程度分析、数据分布以及一些基本的统计图形，描述性分析是对数据进行进一步分析的基础。

本项目重点介绍销售数据对比分析、趋势预测分析以及其他分析方法。

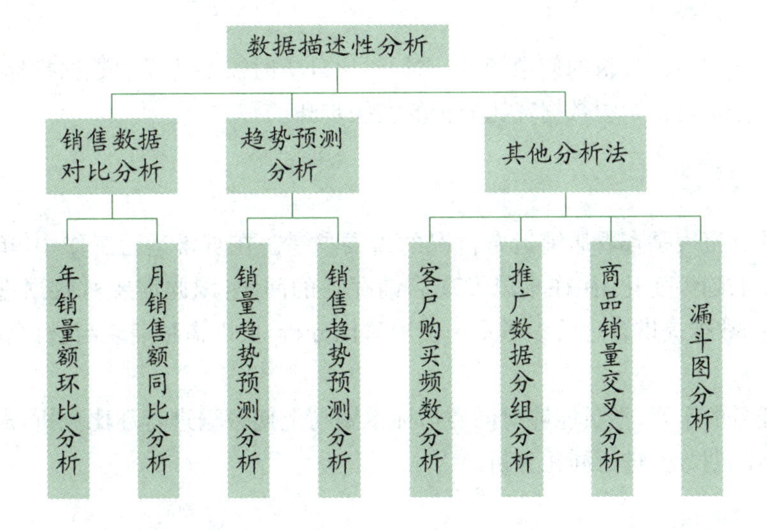

任务1 销售数据对比分析

学习目标

1. 熟悉对比分析常用场景。
2. 了解对比分析的方法及区别。
3. 掌握环比分析操作方法。
4. 掌握同比分析操作方法。
5. 培养平衡性、相关性等科学辩证的数据分析思维。

任务描述

本任务介绍对比分析的使用场景、进行对比分析时需要选择的数据指标，以及年销售数据同比分析与月销售数据环比分析的实操步骤。

任务分析

销售数据报表是查看店铺运营情况的重要参考。在日常运营工作中，单独观察店铺销售数据的趋势变化，往往难以发现店铺存在的问题，因此需要对数据进行对比分析，为孤立的数据提供合理的参考系。使用对比分析，可以清晰展现与被比较数据间的差距。

通过任务的学习，学员能够对同类指标本期与上期数据进行环比分析，对本期同类指标与往年同期数据进行同比分析。

任务准备

任务准备

为了更好地达到实训目的，需要做如下准备：

(1) 准备两个在淘系、京东平台分别运营良好的店铺账号。

(2) 提前准备好素材表格。

(3) 确保电脑等设备能正常使用。

(4) 确保网络正常且稳定。

任务实施

一、认识对比分析

对比分析法也叫比较分析法，是将两个或两个以上有关联的指标进行对比，从数量上展示和说明这几个指标的规模大小、速度快慢、关系亲疏、水平高低等情况。例如，针对店铺销售数据指标，可选择本月销售额与上月销售额做对比分析，从而获得本月销售额的增长趋势。

使用对比分析，可以直观地看到被比较指标之间的差异或变动，并以数据量化的方式呈现被比较指标之间的差距。

（一）使用场景

1. 竞争对手对比　店铺运营人员可将店铺数据指标与竞争对手数据指标进行行业上的对比，可通过了解竞争店铺的商品发展策略及推广策略，对比店铺自身情况，采取合理措施，以达到店铺优化和提升的效果。

2. 目标与结果对比　通过对比目标值与实际完成值，可分析出两者之间的差距。例如，将店铺每月预估销售额与实际销售额进行对比，可得出店铺在实际运营过程中的差异项，并总结造成差异的原因，以指导后续优化。

3. 不同时期对比　针对同一指标在不同时期的数据对比，例如，对比店铺 2018 年、2019 年及 2020 年的销售额，可了解该数据在 3 年里的变化。

4. 活动效果对比　针对店铺的某项数据指标，在活动开展的前后进行对比，能够反映活动产生的效果。例如，对比一场营销活动前后店铺访客数的变化，可看出活动的开展是否为店铺带来了足够的流量。

（二）注意事项

在进行店铺数据的对比分析时，需要选择具有可比性的多个数据指标，才能得出有效的分析结果，若所选数据指标不具有可比性，如将客单价与客服响应时长进行比较，那么最终结果将毫无意义。此外，对比分析还需要遵循以下原则：指标类型一致，指标的计量单位一致，指标的计算方式一致，指标的内涵及延伸可比，指标的时间范围可比，指标的整体性质可比。

二、对比分析方法

对比分析方法主要有同比分析法与环比分析法。

1. 同比分析法　是指将同类指标本期与往年同期数据进行比较，常用来比较本期与上年同期数据。例如，2020 年 5 月份同比 2019 年 5 月份或者 2020 年第三季度同比 2019 年第三季度。

2. 环比分析法　是指将同类数据指标本期与上期进行比较，常用来比较同年不同时期的数据。例如，2020 年 2 月份环比 2020 年 1 月份或者 2020 年第三季度环比 2020

年第二季度。

三、年销售数据同比分析

同比增长率一般是指和去年同期相比较的增长率。同比增长和上一时期、上一年度或历史相比的增长(幅度)。例如,本期2月份同比去年2月份,本期6月份同比去年6月份等。其计算公式为:

同比增长率=(当年的指标值－去年同期的值)/去年同期的值×100%。

步骤一:打开年销售数据报表。

步骤二:点击“插入”→“数据透视图”,点击“数据透视图和数据透视表”。

步骤三:在弹出的对话框中,点击“数据来源”,选择整个表格中的所有数据,点击“确认”。

步骤四:弹出数据透视图及数据透视表的初始框架,在数据透视图字段出现“时间”及“销售额(单位:万)”两个复选框。

步骤五:勾选“时间”后,出现“季度”及“年”的复选框,最终勾选“销售额”“季度”及“年”,即可得到数据透视图及数据透视表。

步骤六:将“年”这一字段拖拽至“图例(系列)”行。

步骤七:右击2019年中的任意一个数据指标,在弹出的对话框中点击“值显示方式”→“差异百分比”。

步骤八:基本字段选择“年”,基本项选择“上一个”,点击“确定”。

步骤九:将“销售额”字段拖拽至“值”,须强调求和而非求平均。

步骤十:右击销售额列中任意一个数值,在“值显示方式”中选择“差异”。

步骤十一:基本字段选择“年”,基本项选择“上一个”,点击“确定”。

步骤十二:修改表头名称,即可得到最终数据表格。

经过以上操作,可得到该店铺2019年各季度的同比增长值及同比增长率。

请扫描二维码学习具体操作。

7-1-1 具体操作

四、月销售数据环比分析

通过店铺数据的环比分析,可消除因店铺年报周期过长而造成的时效上的误差。

环比分析即与上一统计段比较,例如2020年5月份数据与2020年4月份数据比较。

环比增长率=(本期数－上期数)/上期数×100%。反映本期比上期增长了多少。

例如,某公司2021年全年主营业务收入为100万元,2021年中期主营业务收入为40万元,两者相减,得到下半年主营业务收入为60万元,环比增长率=(60－40)/40×100%=50%,便得出该公司报告期主营业务收入环比大幅上升50%的结论。

操作步骤

步骤一:打开月销售数据报表。

步骤二：点击“插入”→“数据透视图”，点击“数据透视图和数据透视表”。

步骤三：在弹出的对话框中，点击数据来源，选择表格中全年所有月份的数据，点击“确认”。

步骤四：弹出数据透视图及数据透视表的初始框架，在数据透视图字段出现“时间”及“销售额(单位：万)”两个复选框，勾选“时间”后，出现“季度”及“年”的复选框，最终勾选“销售额”“季度”及“年”，即可得到数据透视图及数据透视表。

步骤五：右击数据透视表中的任意一个数据指标，在弹出的对话框中“值显示方式—差异百分比”。

步骤六：基本字段选择“月”，基本项选择“上一个”，点击“确定”。

步骤七：经过以上操作可得到该店铺各月的环比增长率图及环比增长率表，店铺运营人员可根据两个图表对店铺数据进行分析。例如，6 月份环比增长率为负值，针对此现象，可重点分析店铺在当月决策上是否出现了问题，以及导致店铺销售额出现负增长的原因，并及时做好调整。

请扫描二维码学习具体操作。

7-1-2 具体操作

任务评价

通过完成本任务的操作，请根据表 7-1-1 对所学内容进行自检。

表 7-1-1 操作评价表

序号	鉴定评分点	分值	评分
1	能够根据报表的主题，选择相应的数据指标	20	
2	能够根据报表数据指标制作数据表格	20	
3	能够独立将数据表格转化成数据透视图表	30	
4	能够客观、辩证地分析网店销售数据	30	

知识延伸

(1) 描述性数据分析。

(2) 同比分析与环比分析。

以上知识延伸内容的学习，请扫描二维码。

知识延伸

任务拓展训练

月销售数据报表对比分析图制作训练　请根据本任务所学知识，从素材库中下载同比素材表与环比素材表，并分别制作两份报表的同比与环比分析图，得出分析结果。

任务2 趋势预测分析

学习目标

1. 熟悉趋势分析方法应用场景。
2. 了解趋势分析的方法及其区别。
3. 掌握图表趋势预测法的操作方法。
4. 掌握时间序列预测法的操作方法。
5. 培养严谨细致、精益求精的数据分析从业人员基本素质。

任务描述

本任务主要介绍趋势预测法的两种分析方法及操作步骤，通过本任务的学习，学员能够对店铺相关数据进行图表预测法分析，并学会使用时间序列预测法进行分析。

任务分析

预测未来销量与销售额是店铺运营工作中非常重要的一项工作，通过预估未来的销售情况，对店铺运营做出适当调整，以降低成本，减少损失，达到规避风险的目的。

任务准备

任务准备

为了更好地达到实训目的，需要做如下准备。

(1) 提前下载好素材表格。

(2) 确保电脑等设备能正常使用。

(3) 确保网络正常且稳定。

任务实施

一、认识趋势预测分析

趋势预测分析是趋势分析法中专门对数据进行预测的一种分析方法，是在已有数

据的基础上，利用科学的方法和手段来对未来一定时期内的市场需求、发展趋势和影响因素的变化做出判断，进而为营销提供决策服务。在电商企业的经营过程中，商家通常使用图表趋势预测法与时间序列预测法来预测商品销量和销售额，从而调整销售策略。

简单的数据趋势图并不是趋势分析，趋势分析更需要明确数据的变化，分析数据变化背后的原因。通常，可以归纳为外部和内部两种原因。

(一) 使用场景

1. 店铺收益情况预测　在电商行业，商家往往需要根据店铺历史收益情况来预测未来某个时间的收益状况。例如，根据以往的销售额预测未来时间的销售额或者未来利润等。

2. 市场发展规律预测　趋势预测分析法也常常用来预测市场的发展规律，发展规律预测主要是通过市场相关数据，推理预估市场发展的未来方向，发现市场发展的事态规律，进行总结，从而得出经验。商家运营店铺的前提是需要对自身所处行业进行评估，收集行业历史数据，对行业未来的发展情况进行预测分析，从而根据行情调整战略。

(二) 注意事项

趋势预测分析需要大量的信息数据储备，数据必须是真实可靠的，各种数据之间有关联。根据数据的变化状态以及相互之间的关联，推导出数据的变化趋势。预测出结果后，还需根据结果反向推导，可以利用推导出的数据构建模型，进行统计验证和客观性评估，对取得的预测结果进行评价，以判断预测结果的可信程度以及是否切合实际。

二、趋势预测分析方法

趋势预测分析方法可以分为图表趋势预测法和时间序列预测法。

(一) 图表趋势预测法

图表趋势预测法是指使用 Excel 制作散点图或者折线图，观察图表形状趋势并且添加适当类型的趋势线，同时利用趋势线外推或回归方程计算预测值，基本流程为：制作图表→添加趋势线→计算预测值。

1. 认识 6 种趋势线　在图表趋势预测法中，最重要的是添加合适的趋势线，趋势线是利用回归分析方法添加的、依据过去数据走势生成的线，回归分析是确定两种或两种以上变量间相互依赖的定量关系的一种统计分析方法。通过回归分析，可以使趋势线延伸至事实数据之外，从而预测未来值。

选择合适的趋势线类型是提升趋势线的拟合程度，提高预测分析准确性的关键。在 Excel 图表中，趋势线的类型主要有 6 种，具体为：

(1) 线性趋势线：适用于增长或降低的速度比较平稳、关系稳定、数据点构成近乎直线的预测，如某企业的产量与电量数据。

(2) 指数趋势线：适用于增长得越来越快或降低得越来越快的数据集合，数据点构成趋势为曲线的预测。需要注意的是，如果数据值中含有零或负值，则不能使用指数趋势线。

(3) 对数趋势线：适用于增长或降低幅度一开始比较大，逐渐趋于平缓的数据集合，如人的年龄与身高数据。

(4) 多项式趋势线：适用于增长或降低且波动较大的数据集合，它可用于分析大量数据的偏差。多项式的阶数可由数据波动的次数或曲线中拐点（峰和谷）的个数确定。二阶多项式趋势线通常仅有 1 个峰或谷。三阶多项式趋势线通常有 1 个或 2 个峰或谷，四阶通常多达 3 个。

(5) 乘幂趋势线：适用于增长或降低速度持续增加，且增加幅度比较恒定的数据集合。需要注意的是，如果数据中含有零或负值，就不能创建乘幂趋势线。

(6) 移动平均趋势线：用于平滑处理数据中的微小波动，从而更加清晰地显示数据的变化和趋势。移动平均使用特定数目的数据点（由“周期”选项设置），取其平均值，然后将该平均值作为趋势线中的 1 个点。

2. 注意事项　在使用图表趋势预测法时，特定类型的数据具有特定类型的趋势表现，为获得精准的预测，需要为数据选择合适的趋势线，在实际应用时不可凭主观臆断决定趋势线的类型。趋势线的选择主要取决于趋势线的 R 平方值。R 平方值为回归平方和与总离差平方和的比值，其取值范围为 0～1，该比例越趋近于 1，表示该模型越精准，回归拟合效果越显著，一般认为超过 0.8 的模型拟合优度比较高。

在 Excel 中借助趋势线进行趋势预测时，点击显示 R 平方值复选框即可在趋势线的上方出现 R 平方值，根据实际情况选择最优趋势线。例如，如图 7-2-1 所示，两个趋势线分别为多项式趋势线与线性趋势线，对应的 R 平方值分别为 0.977 3 和 0.956 8，多项式趋势线 R 平方值为 0.977 3，更趋近于 1，所以选择多项式趋势线，预测更加精准。

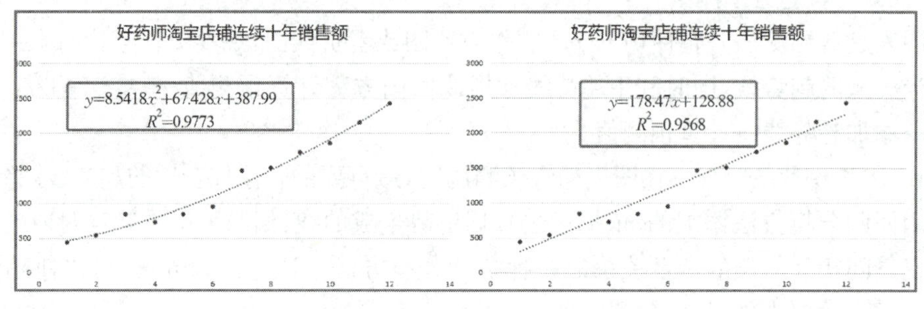

▲ 图 7-2-1　R 平方值对比

(二) 时间序列预测法

时间序列是指将同一统计指标的数值按发生的先后顺序排列而成的数列，这些数列是按时间顺序排列的，时间点之间的间隔是相等的，可以是年、季度、月、周、日或其他时间段。

1. 基本原理　时间序列预测法的基本原理是承认事物发展的延续性，运用过去时间序列的数据进行统计分析，推测出事物的发展趋势。偶然因素影响可能会导致数列

波动的随机性，为了消除随机波动的影响，时间序列预测法利用历史数据进行统计分析，并对数据进行适当处理，预测趋势。

其基本特点有3个：一是假设事物发展趋势会延伸到未来；二是预测所依据的数据具有不规则性；三是不考虑事物发展之间的因果关系。

2. 常用3种方法　时间序列预测方法一般可分为确定性时间序列预测法和随机性时间序列预测法。

确定性时间序列法有移动平均法、指数平滑法、差分指数平滑法、自适应过滤法、直线模型预测法、成长曲线模型预测法和季节波动预测法等。随机性时间序列法是通过建立随机时间序列模型来进行预测，对方法和数据的要求都很高，精度也很高，同时操作难度大，在店铺数据分析时不常用。而在电商行业中，时间通常都是确定的，所以确定性时间序列预测法在店铺数据分析时运用得较多。

在分析店铺数据时，经常用到的时间序列预测法有季节波动法、移动平均法和指数平滑法3种。

(1) 季节波动法：又称为季节周期法、季节指数法或季节变动趋势预测法，是一种对季节波动的时间序列进行预测的方法。季节波动是指某些社会经济现象由于受自然因素、消费习惯或风俗习惯等社会因素的影响，在一年内随着季节的更换而引起的规律性的变动，季节波动法的具体操作步骤：

1) 收集历年(通常至少有3年)各月或各季度的统计数据，作为观察值。

2) 求出各年同月或同季观察值得平均数(用 A 表示)。

3) 求出历年间所有月份或季度的平均值(用 B 表示)。

4) 计算各月或各季度的季节指数，即 $S=A/B$。

5) 根据未来年度的全年趋势预测值，求出各月或各季度的平均趋势预测值，然后乘以相应季节指数，即可得到未来年度内各月和各季度包含季节变动的预测值。

(2) 移动平均法：是指用一组最近的实际数据值来预测未来一期或几期的数值的方法，如预测公司产品的需求量或公司产能等，当产品需求量既不快速增长，也不快速下降，且不存在季节性因素时，移动平均法能有效地消除预测中的随机波动。

(3) 指数平滑法：是指以某种指标的本期实际数和本期预测数为基础，引入一个简化的加权因子即平滑系数，求得平均数的方法。当时间序列相对平稳时，可取较小的平滑系数。当时间序列波动较大时，应取较大的平滑系数，平滑系数的大小以不忽略远期实际值的影响而定，本书不做过多介绍。平滑系数必须大于0且小于1，如0.1、0.4、0.6等。其计算公式为：下期预测数＝本期实际数×平滑系数＋本期预测数×(1－平滑系数)。

例如，某种产品销售量的平滑系数为0.4，2020年的实际销售量为50万件，预测销售量为55万件，则可以算出：2021年的预测销售量＝50×0.34＋55×(1－0.4)＝53万件。

三、图表预测法预测年销售额

好药师某淘宝店铺经过数据收集，统计出了2015—2019年的各年度的总销售额，现需使用图表预测法预测出2020年和2021年的年总销售额，具体操作步骤如下所述。

步骤一：打开Excel“好药师淘宝店铺2010—2019年销售额统计表”。

步骤二：选中“A3：B14”单元格区域。

步骤三：点击上方功能区“插入”选项卡，在命令组选择“图表”。

步骤四：在“图表”命令组中，点击“折线图”，在下拉菜单中选择第一个折线图。

步骤五：修改图表元素，把图表标题修改为“好药师淘宝店铺2010—2019年销售额”。

步骤六：选择图表，插入趋势线，点击上方“设计”选项卡，在“图表布局”命令组中点击“添加图表元素”，在下拉菜单中选择添加“趋势线”，点击“线性”。

步骤七：选中趋势线，单击鼠标右键，在下拉菜单中选择“设置趋势线格式”。

步骤八：在右侧弹出窗口中，选择趋势线选项“大小与属性”，在下拉列表中，勾选“显示公式”与“显示R平方值”。

步骤九：观察折线图走势，发现该折线图增长较快，所以选择多项式趋势线进行线性预测，同时该趋势的R平方值为0.952 9，大于0.8且趋近于1，说明该线性趋势回归模型拟合度高。

步骤十：利用预测公式，计算2020年以及2021年的销售额，因为2020为第11个数据点，所以x取值为11，结合公式$y=8.541\,7x^2+67.43x+387.98$，选中单元格B13，输入公式“=8.541 7×11^2+67.43×11+387.98”，回车确定，保留整数位数，计算得到2020年的预测值为2 163万元。

步骤十一：同理，计算出2021年的预测销售额，约为2 427万元。

请扫描二维码学习具体操作。

7-2-1
图表预测法
预测年销售额

四、时间序列预测法预测各季度销量

收集好药师某淘宝店铺中某药品2015—2019年连续5年的各个季度销量数据，现需使用时间预测法预测2020年的各季度销量，具体操作如下所述。

步骤一：打开Excel表格“好药师淘宝店铺某药品连续五年季度销售统计”。

步骤二：选中单元格B3，在上方编辑栏点击输入“=AVERAGE(B3：B7)”。

步骤三：回车确定，即可算出该店铺2015—2019年第一季度销量平均值。

步骤四：选中单元格B8，鼠标放置单元格右下角等鼠标光标变成“+”时，按住鼠标左键，拖动鼠标至单元格E8，即可算出其余3个季度的均值。

步骤五：选中单元格B9，在编辑栏输入“=AVERAGE(B8：E8)”，回车确定即可得到所有季度平均值。

步骤六：计算季度比率，选中单元格B8，在上方编辑栏中输入“=B8/B9”，回车确

定，即可得到2015—2019年第一季度的平均值与所有季度平均值的比率。

步骤七：同理，计算出其余3个季度的季度比率。

步骤八：制作季度比率图示分析，按住“Ctrl”键分别选择B2～E2和B10～E10。

步骤九：点击选项卡“插入”→“图表”，选择折线图。

步骤十：点击“确定”，即可得到季度比率折线图，修改图示标题。观察季度比率走势图，可以发现第三季度的比率相对高一点，说明第三季度是销售的旺季。

步骤十一：计算各年销售量总计，选中单元格F3，在上方编辑栏输入“=SUM(B3:E3)”，回车确定，得到2015年的年度销量总计。

步骤十二：同理，通过求和公式计算其余各年度销量总计。

步骤十三：计算2020年预测销量，初步预测2020年销量值要在2019年的基础上提高20%，选中单元格F11，在上方编辑栏输入“=F7*1.2”，回车确定，可得到2020年的年销量总计。

步骤十四：预测2020年各季度销量值，选中单元格F2，在上方编辑栏输入“=$F11/4*B10”，回车确定，即可得到2020年的第一季度的销量预测值。

步骤十五：将鼠标放置在B11单元格右下角，待变为“+”形状，拖拽鼠标至E11单元格，可以计算得到2020年其余3个季度的销量预测值。

步骤十六：预测值添加背景色，选中4个预测值，点击开始选项卡中的“字体”，添加背景色。

步骤十七：回车确定，2020年各季度销量预测表就制作完成了，预测2020年各个季度的销量分别为1 125、2 273、4 547和1 145。

请扫描二维码学习具体操作。

7-2-2　时间序列预测法预测各季度销量

任务评价

通过完成本任务的学习，请根据表7-2-1对所学内容进行自检。

表7-2-1　操作评价表

序号	鉴定评分点	分值	评分
1	能够根据报表的主题，选择相应的数据指标	20	
2	能够根据报表数据指标制作成数据表格	30	
3	能够独立将数据表格转化成图表形式	40	
4	能够采用多种、合适的方法预测网店数据变化	10	

知识延伸

知识延伸

(1) Excel图表趋势预测分析。

(2) 利用 Excel 进行预测分析。

以上知识延伸内容的学习，请扫描二维码。

任务拓展训练

趋势预测分析训练　请结合本任务所学知识，从素材库中下载图表趋势预测数据表与时间序列预测数据表，计算出两份报表的预测值。

任务3 其他分析法

学习目标

1. 了解频数分析、分组分析、结构分析、平均分析、交叉分析以及漏斗图分析等6种数据分析方法。

2. 了解不同分析法的区别与特点。

3. 掌握各分析法的适用场景。

4. 掌握各分析法的操作方法。

5. 具备综合分析、把握数据变化主要矛盾的能力。

任务描述

本任务将介绍数据分析方法中的频数分析法、分组分析法、结构分析法、平均分析法以及漏斗图分析法的用法和操作步骤。通过本任务的学习，学员能够更加有效地分析不同类型的店铺运营数据。

任务分析

由于运营数据的指标非常多样化，针对店铺运营中的各项数据，运用不同的分析法对各项数据进行分析。由于单一的数据分析不能得出有效的结论，需要与其他数据分析相结合。因此需要掌握多种数据分析方法，从而更加准确地了解店铺运营情况，及时发现并解决问题。

任务准备

为了更好地达到实训目的，需要做如下准备：

(1) 确保电脑等设备能正常使用。

(2) 提前下载好素材表格。

(3) 确保网络正常且稳定。

任务准备

任务实施

一、其他分析法

常用的其他分析法包括频数分析法、分组分析法、结构分析法、平均分析法、交叉分析法、漏斗图分析法等6种。下面将通过案例的演示与操作来介绍各分析法。

(一) 频数分析法

1. 概念　频数分析法是对变量的情况进行分析，通过频数分析能够了解变量取值的状况及数据的分布特征。频数分析法主要针对分类变量指标，如性别、职业、人数等，从而了解这类指标的频数变化情况。

2. 常用图表　频数分析法中常用的统计图类型有直方图、条形图、饼状图。

7-3-1 常用图表

3. 操作要点　在Excel表格中，频数分析的操作要点包含排序、分组和分组上限。

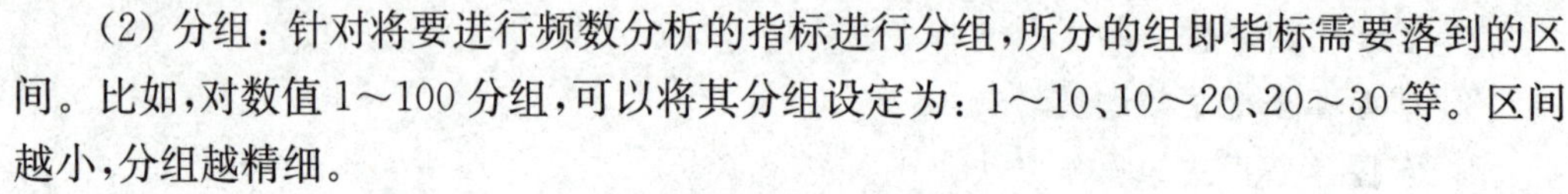

(1) 排序：排序是将原始数据按照数值大小排列，包括从小到大(升序)、从大到小(降序)两种方式。

(2) 分组：针对将要进行频数分析的指标进行分组，所分的组即指标需要落到的区间。比如，对数值1～100分组，可以将其分组设定为：1～10、10～20、20～30等。区间越小，分组越精细。

(3) 分组上限：即Excel在做频数分布表时，该分组频数对应的上限值。当相邻两组的上下限重叠时，分组上限为“分组最大数值－1”，比如分组“90～100”的上限与其相邻分组“100～110”的下限都为100，分组“90～100”的分组上限值为100－1，即99。

(二) 分组分析法

1. 概念　分组分析法是根据分析对象的特征，按照一定的指标，将对象划分为不同类别进行分析的方法，这种分析法能够揭示分析对象内在的联系和规律。分组分析是为了了解指标数据的内在关系，其实现方式是将总体中同一性质的对象合并于同一分组，将总体中不同性质的对象放置在其他分组，再进行对比，得出分析结果。

2. 类型　分组分析法包含了以下3种类型，分别是数量分组分析法、关系分组分析法、质量分析法。

(1) 数量分组分析法：研究总体结构及结构间相互关系的分析方法。比如，计算分类指标占总体的比重，一般占比越大，在总体中越重要，越能够影响甚至决定指标的总体性质。

(2) 关系分组分析法：是指对关系紧密的变量与自变量进行分析，以此得出其依存关系的分析方法。比如，对企业产品的单价、销售额和利润进行分组分析，可以得出三者的关系。一般来说，作为自变量，产品单价的变化会引起销售额、利润这两个变量的变化，产品单价低，则相应的变量数值就高。

(3) 质量分析法：是指将指标内复杂的数据按照质量进行分组，以此找出规律的分析方法，常用来分析行业经济现象的类型特征、相互关系等。

3. 原则　分组分析法遵守无遗漏和排他性两个原则。

(1) 无遗漏原则：是指在分组时，总体中的每一个单位都需要归属于一组，组中应包含所有单位，不能有遗漏。

(2) 排他性原则：是指分组的每一个单位都只能属于一个分组，不能同时属于两个或两个以上的分组。

4. 操作要点　在 Excel 中，频数分析的操作要点包含组数、组限、组距和 VLOOKUP 函数分组。

(1) 组数：即分组的个数。当确定组数时，需要通过总体数据的多少判断，若组数过多，会使数据分布分散；若组数过少，会缺少分析的单位数据，影响最终分析结果。

(2) 组限：即用来表示各组范围的数值，包括各组的上限和下限。注意，在分组时要遵循上组限不在内原则，即每个分组的上限不包含在本组内。

(3) 组距：即一个分组中最大值与最小值的差额，可以根据全部分组的最大值、最小值和组数来计算。计算公式：组距=(最大值−最小值)/组数。

(4) VLOOKUP 函数分组：VLOOKUP 是一个纵向查找函数，其功能是按列查找，最终返回该列所需查询序列对应的值。比如，将需要分组分析的数据排成一列后，VLOOKUP 函数可以快速地将这些数据分配到对应的分组中。

(三) 结构分析法

1. 概念　结构分析法又叫比重分析法，是测定某个指标的各个构成部分在总体中的占比情况并加以分析的方法。该方法能够说明各部分在总体的地位和作用，一般而言，占比越大，重要程度越高，对总体的影响越大。

2. 计算公式　通过结构分析可以了解企业生产经营活动的效果，如分析产品成本结构的变化，可以找到降低成本的途径。计算公式：结构相对占比(比例)=(总体某部分的数值/总体总量)×100%。

(四) 平均分析法

1. 概念与作用　平均分析法是指通过计算平均数的方式，呈现总体在一定时间、特定地点条件下某一分析指标一般水平的方法。

平均分析法的作用有以下 3 点：

(1) 比较同类指标在不同地区、行业、企业的差异。

(2) 比较某些指标在不同单位时间内的情况，以说明其发展规律和趋势。

(3) 分析指标之间的依存关系。

2. 类型　平均分析法主要有数值平均数、位置平均数两种。

数值平均数是最重要的基础性数值之一，其指标主要有算术平均数、调和平均数以及几何平均数；位置平均数的平均指标为众数与中位数。其中最常用到的是算术平均数，即人们经常说到的平均数、平均值。算术平均数的算法可以大致分为简单算数平均数与加权算数平均数两种。

(1) 简单算数平均数：用于计算未分组指标算数平均数，可以直接使用指标各分组数值总和与指标单位个数来计算。

(2) 加权算数平均数：用于计算分组指标算数平均数，需要先将指标各分组数值总和与指标单位个数计算出来，再进行平均数的计算。

3. 算数平均数计算公式　不同的计算方法对应的计算公式不同，按照算数平均数计算方法的分类，可以分为以下两种：

(1) 简单算数平均数的计算公式：简单算数平均数＝指标各单位数值的总和/单位个数。

(2) 加权算数平均数的计算公式：加权算数平均数＝(分组 a 指标总和＋分组 b 指标总和＋分组 c 指标总和＋……)/(分组 a 指标个数＋分组 b 指标个数＋分组 c 指标个数＋……)。

(五) 交叉分析法

1. 含义与用法　交叉分析法也叫立体分析法，通常用来分析某两个变量之间的关系，如产品销量和地区的关系。该分析方法是将两个有关联的变量及其数值同时呈现在一个表格内，然后通过在 Excel 中创建透视表，形成交叉表，在交叉表中可以快速明确两个变量之间的关系。

2. 常见维度　交叉分析从多个维度对数据进行分析，常见的维度有时间、客户、地区以及流量来源。

(1) 时间：是指标数据在不同时间段的变化情况，如产品销量在不同季节的变化情况。

(2) 客户：当客户类型不同时，指标数据的变化情况，如新客户与老客户对产品的购买情况。

(3) 地区：是指标数据在不同地区的变化情况，如产品在不同省份的销量变化情况。

(4) 流量来源：是指标数据在不同流量渠道的变化情况，如某日成交客户来源在微博、直通车等平台的数量变化情况。

(六) 漏斗图分析法

1. 概念　漏斗图分析法是使用漏斗图展示数据分析过程和结果的方法。漏斗图可以提供的信息主要有进入的访问次数、离开的访问次数、离开网站的访问次数、完成的访问次数、每个步骤的访问次数、总转化率以及步骤转化率等。

2. 适用场景　漏斗图分析法适合分析业务周期长、流程规范且环节多的指标，例如网站转化率、销售转化率等。具体适用场景：电子商务网站和 APP、营销推广、CRM(客户关系管理)。

(1) 电子商务网站和 APP：通过漏斗图分析法展现网站或 APP 转化率的变化情况，即客户从进入网站到实现购物的最终转化率。商家或运营人员可以对各个环节的转化情况进行分析，并优化或处理相关问题。

(2) 营销推广：通过漏斗图分析法展现营销各环节的转化情况，包括展现、点击、访

问等指导订单形成过程中所产生的客户流量数据。商家或运营人员可以对各个环节客户数量情况及流失情况进行分析，并及时优化和处理相关问题。

（3）CRM：通过漏斗图分析法展现客户各个阶段的转化情况，包括潜在客户、意向客户、谈判客户、成交客户以及签约客户等。商家或运营人员可以分析客户的转化数据，并进行优化。

3．特点

（1）直观展示问题：漏斗图分析法能够直观地展示业务流程及其相应数据，同时说明数据规律，通过漏斗图分析法，商家或运营人员可以快速发现业务环节中存在的问题，及时进行优化与处理。

（2）实现闭环数据分析：漏斗图能实现完整闭环的数据分析，例如客户浏览企业网站、加入购物车、生成订单、支付订单、完成订单等整个购物环节形成的数据分析。商家或运营人员能够了解整个购物环节中客户人数与占比，以及相应数据的变化情况。

二、客户购买频数分析法实操

下面将以某店铺的客户购买人数为例，演示如何对客户购买频数进行统计，并制作成图表。

步骤一：打开月度客户购买数量的统计表。

步骤二：添加“排序”指标，将购买人数的数值复制到“排序”指标下面。

步骤三：排序全部数据，用点击“排序”中的升序。注意，在这里需要选择“以当前选定区域排序”，否则会对整体图表的数据进行排序。最终得到按升序排序的数据表。

步骤四：添加“分组”与“分组上限”两个指标，并填充对应的数据。

步骤五：在菜单栏中点击“数据”，再点击数据分析，选择“直方图”选项，点击“确定”。在直方图的编辑框中，输入排序后对应的数值区域，接受区域输入分组上限对应的区域。注意，需要选择最下方的“累积百分率”和“图表输出”，否则在最终形成的图表中不会有直方图和累积百分率的计算出现。点击“确定”，得到自动生成的直方图和直方图对应的数据表。

经过以上操作，可以从整体上把控月度客户数量的变化情况，及时调整。

请扫描二维码学习客户购买频数分析法实操。

7-3-2　客户购买频数分析法实操

三、推广数据分组分析实操

以某店铺的销售数据为例。

请扫描二维码学习推广数据分组分析实操。

7-3-3　推广数据分组分析实操

四、商品与销量交叉分析实操

以好药师店铺的透明隐形眼镜与彩色隐形眼镜在不同地区的销量情况为例，请扫描二维码学习商品销量交叉分析实操。

五、支付转化漏斗图分析实操

7-3-4 商品销量交叉分析实操

以某店铺的支付转化为例，请扫描二维码学习支付转化漏斗图分析实操。

任务评价

7-3-5 支付转化漏斗图分析实操

通过完成本任务的操作，请根据表 7-3-1 对所学内容进行自检。

表 7-3-1 操作评价表

序号	鉴定评分点	分值	评分
1	了解各分析法的区别和特点	20	
2	能够根据数据报表选择相应的分析方法	20	
3	掌握各分析法的操作方法	20	
4	能通过多种分析方法发现数据变化的主要因素	40	

知识延伸

知识延伸

(1) 漏斗分析。

(2) 数据基本描述之频数分析。

以上知识延伸内容的学习，请扫描二维码。

拓展训练

任务拓展训练

月销售数据报表对比分析图制作训练　请根据本任务所学知识，从素材库中下载销量数据报表与支付转化数据报表，分别制作两份报表的交叉分析图与漏斗图。

模块三　数据分析与应用

淘宝店铺的运营不是一件简单的事，要想持久经营下去，对店铺的数据分析必不可少。透过数据，可以精准地看到店铺的运营情况，并根据实际情况做出针对性调整。

前面两个模块对数据进行了收集与整理，获得了店铺分析所需要的各项数据指标。如何对数据进行分析，并针对分析的结果进行效果优化，是每个网店运营人员必须掌握的技能，本模块主要介绍数据的分析维度，以及针对数据分析的结果对店铺进行优化的方法。

微课　了解电子商务数据分析

本模块分别以淘系、京东平台为例，分别介绍推广数据、客户数据、销售数据、供应链数据以及市场、竞争对手数据的效果分析与应用。

项目八　推广数据分析与应用

项目说明

通过对店铺推广后的数据进行分析，不断优化推广方式，以实现更好的推广效果，实现投资的最大化，是本项目的主要目的。

商家在付费推广时，可根据具体情况，结合本项目的数据分析思路，优化推广方式，以获得更好的推广效果。

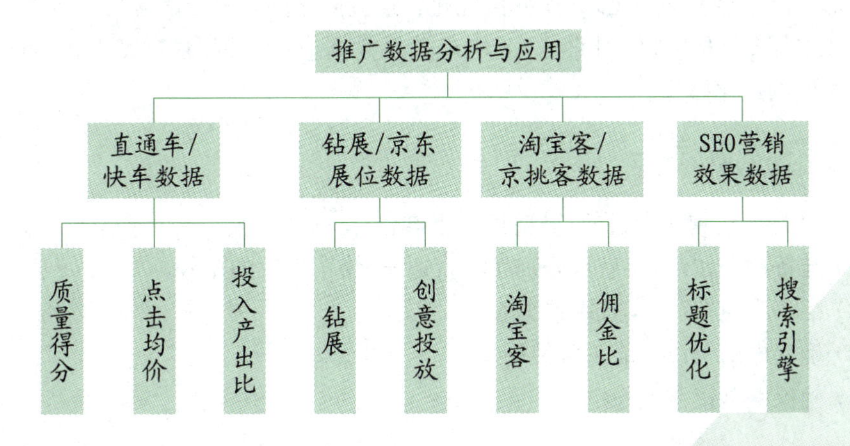

任务1 直通车/快车推广效果分析与应用

学习目标

1. 了解直通车/快车推广效果数据含义。
2. 掌握直通车/快车推广优化方向。
3. 掌握直通车/快车效果数据分析方法。
4. 掌握直通车/快车优化调整思路。
5. 培养精益求精的精神。

任务描述

本任务将介绍淘宝直通车/京东快车(以下统一简称为"直通车"和"快车")在进行效果分析时应该关注哪些数据,如何分析这些数据。通过数据分析找到推广过程中存在的问题,以进一步推广优化。

任务分析

商家在进行了一段时间的直通车/快车推广后,应从哪些维度解析推广效果?通过收集得到的各项数据指标又该如何组合分析,才能更系统、更全面地了解整体推广效果?针对推广中存在的不足,又该如何优化?这些问题困扰着店铺运营人员。

完成本任务,学生能够对直通车/快车效果数据进行分析,并对其中存在的不足提出有针对性的优化操作。

任务准备

任务准备

为了更好地达到实训目的,需要做如下准备:

(1) 准备两个在淘系、京东分别参与直通车/快车推广的账号。

(2) 准备直通车/快车效果数据表。

(3) 确保电脑等设备能正常使用。

(4) 确保网络正常且稳定。

任务实施

一、推广效果数据解读

下面从淘宝直通车以及快车的推广数据入手，介绍付费推广效果数据的解读。

(一) 淘宝直通车推广效果分析数据

通过前面的数据收集任务，我们得到了直通车推广过程中的基础数据，而在进行直通车效果分析时，需要参考的数据指标往往需要通过计算得到。直通车的重要数据指标如下。

(1) 展现量：推广的产品被买家看到的次数。

(2) 点击量：推广的产品被买家点击的次数。

(3) 点击率：点击率=点击量/展现量。

(4) 点击转化率：点击转化率=下单买家数/点击量。

(5) 花费：即在直通车投放的关键词的花费情况。

(6) 平均点击花费：PPC=花费/点击量。

(7) 投产比(ROI)：ROI=成交额/花费。

(8) 收藏率：收藏率=收藏量/点击量。

(9) 加购率：加购率=加购量/点击量。

(10) 总成交笔数：总成交笔数=直接成交笔数+间接成交笔数。

下面具体介绍其中6项指标。

1. *展现量* 商家进行直通车推广时，首先要关注的是直通车展现量，而影响直通车展现量最关键的因素即关键词质量分。关键词质量分是商家进行直通车推广时的一项重要数据指标，关键词的正确与否直接关系到进入店铺的人群是否精准，以及点击率及转化率等数据，因此要针对单个关键词带来的展现量、点击量及点击率等数据进行分析。

2. *点击率* 点击率是直通车的发动机，是一个产品在直通车展示过程中，点击量与展现量的比值。点击率是直通车效果最重要的考核指标，有展现无点击，即为无效推广。

3. *点击转化率* 点击转化率是直通车的“油箱”，决定了直通车能够开“多久”“跑多远”。直通车的点击转化率越高，商品成交量越大，商家的收益提高之后，才能有更多资金继续投入直通车，形成良性循环。反之，则寸步难行。

4. *平均点击花费(PPC)* 淘宝直通车PPC的含义是点击付费广告，Pick(挑选)+Promote(提升)+Ctr(点击率)。在整个淘宝直通车的推广过程中，按买家的点击次数去重之后进行计费，PPC的高低会直接影响整体推广的花费，对ROI产生直接影响。

PPC反映商家获取流量的代价高低，PPC越高，代表商家在推广过程中要消耗的成本越多，PPC和点击转化率共同构成ROI的左膀右臂。

5. 收藏加购率　收藏加购率体现了产品被买家喜爱的程度，收藏加购率越高说明店铺的产品越受买家的青睐，越能够留住买家，便有更大的成交概率。

6. 总成交笔数　总成交笔数包括直接成交笔数与间接成交笔数。买家搜索关键词之后，通过直通车的展示进行了商品的购买，计为直接成交；买家通过关键词搜索，看到直通车展示的商品，虽然没有直接下单，但是进入店铺之后购买了其他产品，计为间接成交。直接成交与间接成交都可计为直通车的推广效果。

（二）京东快车推广效果分析思路

请扫描二维码学习京东快车推广效果分析思路。

8-1-1 京东快车推广效果分析思路

二、推广优化方向

无论是淘宝直通车还是快车，商家往往需要对主图、关键词及出价等进行针对性的优化，以提高整体 ROI。由于直通车与快车是相似的推广方式，因此在推广优化方向上有着共通之处。

（一）优化推广创意图

在进行直通车/快车推广时，若产品所有关键词的点击率都不高，则需要优化商品创意图。优化创意图首先要进行的是测图，即建立一个新的推广计划，3～5 个单元，每个单元中的关键词、关键词出价、圈定人群、投放地域、投放时间段都相同，控制单一变量为不同的创意图。推广一段时间后，留下点击率较高的图片作为后续直通车推广的创意图。

在优化创意图时，可参考以下几个方向：

1. 差异化——聚焦买家目光　差异化是为了尽量全面地表达自身店铺产品的优势和卖点。在琳琅满目的搜索结果中，要能抓住消费者眼球，提高商品的点击率，须通过商品主图差异化展示。

2. 突出卖点——勾起点击欲望　在设计直通车/快车主图时，最重要的是把握产品的核心卖点，让用户能第一时间感觉到产品的价值。

3. 文案促销——击穿买家欲望　根据买家的从众和淘实惠的心理，卖家可在直通车/快车广告图中放入文案爆点，营造销售氛围。如降价、促销、销量及抢购信息等。

以上是针对商家在进行直通车/快车推广时，采用的商品创意图优化方案。通过优化创意图，可在一定程度上提高买家的点击率。

（二）优化关键词

在进行推广方案的优化时，除了要提高主图的点击率外，还要优化关键词，以提高展现量，降低推广成本，提高整体 ROI。

对于同一款产品，在进行直通车/快车推广时，对于不同的关键词有着不同的展现量及点击率，可根据关键词的不同效果有针对性地优化，具体可从以下几个方面入手：

1. 关键词定向精准度　关键词的定向精准度影响着点击率，分为人群精准度及地域精准度。例如，当店铺对西洋参片进行推广时，若将人群定位为初高中学生群体，其

效果肯定不如将人群定位为中老年群体。关键词人群定位和地域定位可由商家自行设置，如图 8-1-1 所示。

▲ 图 8-1-1　设置投放人群

2. 关键词的排名　关键词的排名影响着直通车的展现量，商家可以通过提高关键词的出价来提升关键词的排名，从而获得更多的展现量。

3. 关键词的相关性　关键词与产品的相关性同样影响着产品的点击率。例如，当直通车推广的商品是西洋参时，若选定关键词为“东北”，由于两者的相关性较低，导致推广过程中仅有展现量而无点击量。

在进行直通车推广时，可能出现的关键词效果及优化措施如下：

(1) 展现量高、点击率低的关键词：展现量高说明关键词的搜索热度高，而导致点击率低的原因可能有多种，例如，主图的吸引力不够、投放人群不精准等。对于这类关键词，商家需要先分析导致点击率低的原因，可通过调整商品主图、投放人群及地域等，使投放更加精准，以提高关键词的点击率。

(2) 展现量低、点击率高的关键词：点击率高说明关键词带来的效果可观，针对展现量低的问题，可适当提高出价，提高展现量，在推广过程中便能获得更多点击量。

(3) 展现量高、点击率高的关键词：这类关键词是商家后期需要重点培养的关键词，针对这类关键词，可以小幅度提高出价，继续保持流量增长，增加投放时间，以此提升该关键词质量分。

(4) 展现量低、点击率低的关键词：对于这类关键词，可直接删除，减少成本。

三、推广效果数据分析与优化实操

(一) 推广效果数据分析实操

由于京东快车与淘宝直通车属于同一类推广方式，因此在进行京东快车数据分析时，可参考淘宝直通车的分析思路。下面以淘宝直通车为例，进行数据分析演示。店铺对西洋参进行了直通车投放。

打开直通车效果数据报表，为了更好地展示演示效果，这里只保留了分析过程需要的基础数据，如表 8-1-1 所示。

表 8-1-1　直通车推广数据

日期	点击量	展现量	点击率	点击转化率	ROI
5月16日	181	3 094	5.85%	0.00%	0
5月17日	189	4 713	4.01%	1.06%	11.34
5月18日	201	5 874	3.42%	0.50%	6.83
5月19日	178	3 654	4.87%	1.12%	12.54
5月20日	16	1 132	1.41%	0.00%	0

在 5 天的数据中，首先找到无转化的数据，即 5 月 16 日与 5 月 20 日。

1. 5 月 16 日数据分析　排除无影响数据指标，5 月 16 日当天的展现量与其他时间段相比，处于正常水平，点击率处于较高水平，因此，排除由于关键词不准确而导致的无转化。同时，商品详情页、价格、主图及描述等影响转化率的商品因素在选定的时间内均未做修改，故排除因商品本身因素造成的无转化。下面分析直通车的投放地域效果和有影响数据指标。

如表 8-1-2 所示，查看地域推广效果数据，店铺在 5 月 16 日当天投放了 3 个区域，均未有成交。

表 8-1-2　5 月 16 日地域推广效果

省市	展现量	点击量	点击率	花费/元	平均点击花费/元	总成交数
青海	1 274	71	5.57%	8.86	0.12	0
甘肃	671	33	4.92%	29.65	0.90	0
贵州	1 149	87	7.57%	29.48	0.34	0

如表 8-1-3 所示，5 月 17 日加投了河南及内蒙古两个区域，当天总成交 11 笔，其中河南、内蒙古两区域共计 10 笔。因此，可以判定 5 月 16 日当天无成交的原因为直通车区域投放不准确。

8-1-2　5月20日数据分析

表 8-1-3　5 月 17 日地域推广效果

省市	展现量	点击量	点击率	花费/元	平均点击花费/元	总成交数
青海	1 026	48	4.68%	31.35	0.65	1
甘肃	876	25	2.85%	20.34	0.81	0
贵州	1 111	55	5.47%	39.60	0.72	0
河南	694	29	4.18%	14.62	0.50	6
内蒙古	1 006	32	3.18%	27.93	0.87	4

2. 5 月 20 日数据分析　5 月 20 日数据分析学习，请扫描二维码完成。

(二) 直通车推广优化实操

分析完直通车数据之后，下面对淘宝直通车进行针对性优化，如图 8-1-2 所示。

1. 优化投放区域　首先，针对 5 月 16 日由于地域设置不合理而导致无成交的状况，调整直通车计划，关闭无成交及成交较少的区域投放。在所有投放区域中，取消勾选不需要投放的区域，同时可新增有潜力的区域。通过不断筛选，最终保留推广效果好的区域进行投放，如图 8-1-2 所示。

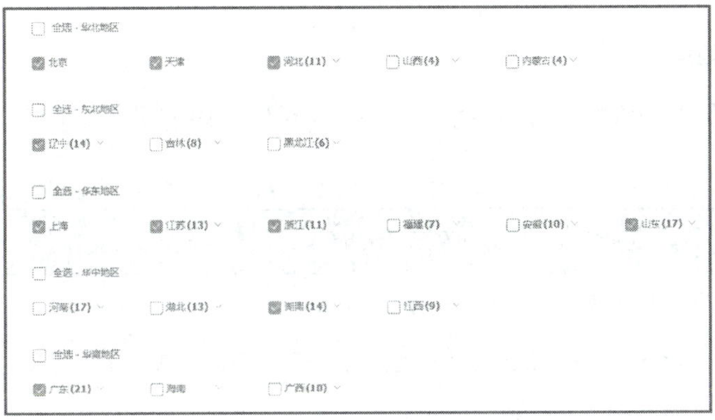

全选 - 华北地区
北京　天津　河北(11)　山西(4)　内蒙古(4)
全选 - 东北地区
辽宁(14)　吉林(8)　黑龙江(6)
全选 - 华东地区
上海　江苏(13)　浙江(11)　福建(7)　安徽(10)　山东(17)
全选 - 华中地区
河南(17)　湖北(13)　湖南(14)　江西(9)
全选 - 华南地区
广东(21)　海南　广西(18)

▲ 图 8-1-2　投放地域调整

2. 优化关键词　表 8-1-4 所示为 5 月 20 日的关键词数据情况，接下来将针对这份数据进行关键词的调整操作。

表 8-1-4　5 月 20 日关键词数据

关键词	质量分	出价/元	展现量	点击量	点击率
西洋参	9	1.79	576	12	2.08%
九州	6	1.31	15	0	0.00%
切片	5	1.5	142	2	1.41%
东北	5	0.91	356	0	0.00%
吉林	7	0.7	13	0	0.00%
参片	8	1.02	5	2	40.00%
人参片	8	1.12	7	2	28.57%

首先，对于展现量高、点击率低的关键词，如“东北”，可直接删除。而对于“西洋参”这一关键词，不可以直接删除，可先对商品主图进行优化，新建一个计划单元进行测图。一段时间后，若该关键词点击率依然处于较低水平，再更换或者删除。

其次，对于展现量低、点击率高的关键词，如“参片”“人参片”，打开推广计划详情页，如图 8-1-3 所示，可查看关键词的质量分及修改关键词的出价，这里我们需要提高这两个关键词价格，以获得更多的展现量和点击量。

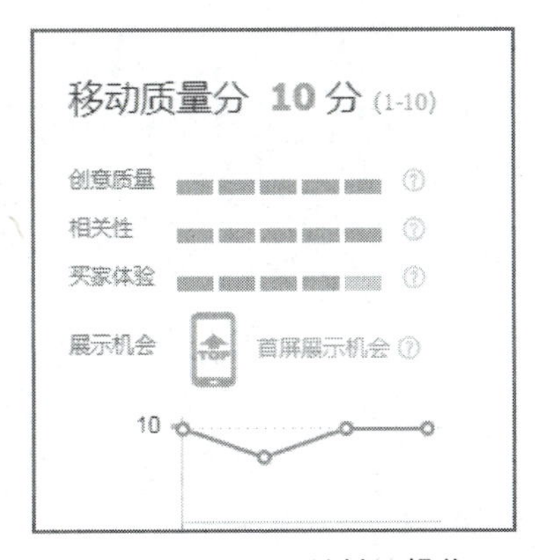

▲ 图 8-1-3　关键词操作

任务评价

通过完成本任务的操作，请根据表 8-1-5 对所学内容进行自检。

表 8-1-5 直通车/快车推广效果分析与优化操作评价表

序号	鉴定评分点	分值	评分
1	能够根据数据报表分析出推广中存在的问题	20	
2	能够根据存在的问题，提出有针对性并且可行的直通车/快车优化建议	30	
3	能够根据优化建议进行优化	30	
4	能够通过直通车和京东快车的推广操作，不断优化数据，精益求精	20	

知识延伸

知识延伸

(1) 直通车推广技巧：分析好数据事半功倍。

(2) 直通车运营：从 4 个方面来分析直通车该如何进行推广。

(3) 京东快车报表，你真的看懂了吗？

以上知识延伸内容的学习，请扫描二维码。

任务拓展训练

1. 淘宝直通车推广效果数据分析训练　请从任务准备中下载淘宝直通车数据报表，并对该报表的数据进行直通车推广效果的分析与优化，最后完成分析与优化报告。

2. 京东快车推广效果数据分析训练　请从任务准备中下载京东快车数据报表，计算出表格中的空白数据，并针对该报表中的关键词数据，提出可行的优化建议。最后分析与优化报告。

任务2 钻展/京东展位推广效果分析与应用

学习目标

1. 熟悉推广数据效果解读维度。
2. 熟悉钻展/京东展位推广优化方向。
3. 掌握钻展/京东展位效果数据分析方法。
4. 掌握钻展/京东展位优化调整方法。
5. 增加发散思维能力。

任务描述

本任务将介绍钻展和京东展位在进行效果分析时，首先应该关注哪些数据，针对这些数据该如何分析。通过数据找到推广过程中存在的问题，并进行优化。

任务分析

通过前面课程的学习，已经掌握了商家在进行钻展/京东展位时，应该收集哪些数据指标，以及相应数据指标的含义。因此在本次任务中，着重介绍在进行钻展/京东展位效果数据分析时，应该重点关注的指标以及相应指标的计算方式，并通过具体的数据分析演示，介绍钻展/京东展位推广时该如何进行效果分析以及分析之后的优化操作。

任务准备

任务准备

为了更好地达到实训目的，需要做如下准备：

(1) 准备两个在淘系、京东分别参与钻展/京东展位推广的账号。

(2) 确保电脑等设备能正常使用。

(3) 确保网络正常且稳定。

(4) 提前下载好钻展推广/京东展位推广的数据。

任务实施

一、推广效果数据解读

当店铺参与店铺广告位的付费推广之后，须了解推广效果的数据及解析维度，本节以钻展推广引流为例，介绍钻展推广效果数据。

（一）淘宝钻展推广效果数据分析维度

在分析钻展推广效果时，首先需要分析的是整体数据走势，通过前面的数据收集任务，可以得到钻展推广过程中的 4 个基础数据报表，分别是账户整体报表、展示网络报表、视频网络报表以及明星店铺报表。其中，账户报表和展示报表最为关键，包含消耗、展现量、点击量、收藏宝贝量、收藏店铺量、添加购物车量、成交订单量、成交订单金额、点击率、点击单价、点击转化率、投资回报率等数据指标。

在这些数据中，对钻展效果分析非常重要的指标分别是展现量、消耗、点击量、点击率以及成交总金额。

（1）展现量：推广的产品被买家看到的次数。

（2）消耗：按千次展现收费的消耗费用。

（3）点击率：点击率＝点击量/展现量。

（4）点击量：买家通过钻展广告点击广告进入店铺的次数。

（5）成交总金额：买家通过钻展进入店铺购买成交总金额。

下面介绍这 5 项指标是如何影响店铺运营的。

1. 展现量和消耗　钻展的展现量与商家的消耗预算是息息相关的。展现量和消耗是分析商家出价设置、预算设置以及人群定向设置的重要分析指标。

2. 点击量和点击率　点击量与点击率是评价商家钻展广告位的图片创意与活动策划效果的重要指标。如果点击量与点击率过低的话，说明需要优化调整钻展计划中的定向设置。

3. 成交总金额　成交总金额是最能体现钻展活动推广成功与否的标准，如果存在高点击率和点击量，但是最终没有成交，成交总金额偏低，说明店铺的产品价格、详情页、客户服务等可能存在不同程度的问题，所以商家需及时发现并加以改善。

8-2-1
京东展位推广效果数据分析维度

（二）京东展位推广效果数据分析维度

请扫描二维码学习京东展位推广效果数据分析维度。

二、推广优化方向

（一）素材优化

优化图片素材时，要改善整体的视觉及色调、文案内容，图 8-2-1 所示为广告位创意图片。同时，图片素材要根据钻展点击率的高低不断调整、优化，所以创意图片一定要有吸引顾客眼球的地方，比如突出产品的特点、价格。

创意图片设计可以从 3 个方面考虑，分别是主题、图文和背景色调。

1. 主题　创意图片的设置一定要能够突出主题，并且选择的素材要清晰美观，细节明确，只有主题明确的创意图片才能定位精确人群，吸引流量。

2. 图文　文字精简，能够表达出想表达的意思即可。同时文案设计可以是用户熟悉的风格，也可以存在反差，这样可以吸引买家，提高点击率。

3. 背景色调　创意图片的背景色选择与文案产品图对比度较高的颜色，不要选择相似的色调，相似的颜色很容易和页面上其他内容融为一体，很难引起买家的注意。选择差异性较大的颜色，创意图片自成一块，更容易吸引买家的眼球，如图 8-2-2 所示。

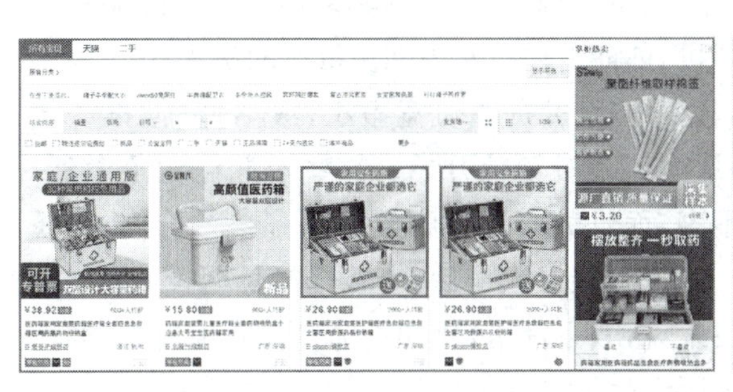

▲ 图 8-2-1　广告位创意图

▲ 图 8-2-2　优质图文

(二) 定向设置优化

钻展投放的目的主要有 4 个，分别是测款、店铺日常流量补充、活动期抢流量和维护老客户，目的决定了定向人群的选择。从精准度方面考虑，店铺定向的流量精准性高于人群定向，人群定向高于通投，商家可以通过店铺和兴趣点来精准定位需要的人群。流量需求不一样，投放的策略也有所不同，流量小的卖家可以选择所在类目下风格相同、客单价接近的店铺。

因此，商家应该做多计划、多时段、多人群和店铺的定向投放，生意参谋定向人群有多种方式，商家需要根据实际情况，合理选择定向方式，如图 8-2-3 所示。

(三) 出价定价设置优化

钻展出价有 2 种情况：一是出价高，二是出价低。

1. 出价高　出价高说明能得到优先展现推广的机会更多，但是成本预算也会增加，中小卖家如果资金不够雄厚是无法持续高价开通钻展引流的。

2. 出价低　出价低虽然成本消耗小，但是会导致排名降低，展现机会减少，预算消耗不完，推广效果不佳。因此，在出价的问题上不能太高，否则买到的展现量越少，点击成本越高，但也不能太低，否则就没展现量，所以商家需要根据展现量随时调整竞价设置，如图 8-2-4 所示。

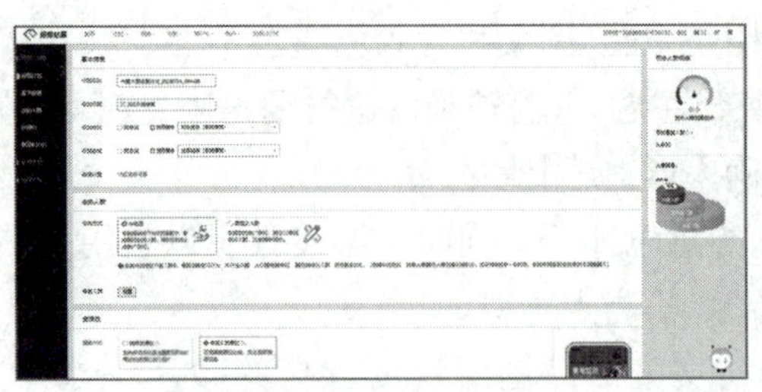

▲ 图8－2－3　定向设置

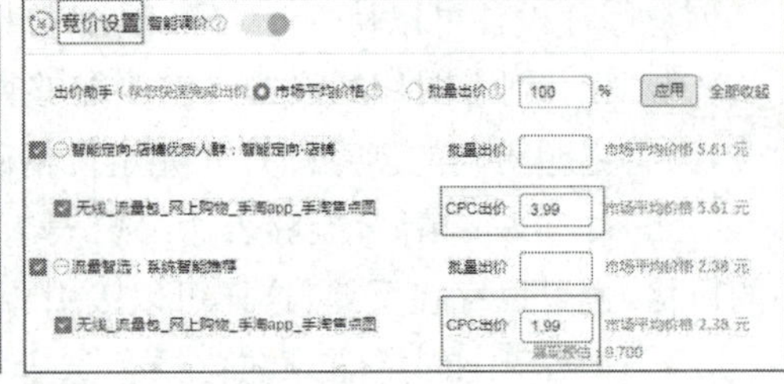

▲ 图8－2－4　竞价设置

(四) 资源位设置优化

虽然钻展资源位较多，但大型卖家真正竞争资源位的不是很多，所以对于经验不足的商家来说，直接选择无线端首焦位置即可，前期专注投站内和流量大的资源位。很多中小卖家喜欢找流量小的资源位起步，以为小流量资源位竞争小、成本低，但推广效果达不到预期，所以钻展推广前期最好从大流量资源位开始。这些资源位竞争激烈、流量多，平均点击率高，但实际成本并不高，而且大资源位的数据更有参考价值，方便分析。小流量资源位只适合在大流量资源位测试好人群后，直接选择长期投放。

还有一些站外的资源，对于某些类目来说，效果尚可，比如首饰、食品、保健品、酒类等，可以选择尝试站外投放。图 8－2－5 所示为新浪官网的淘宝广告位。

除了以上广告位，商家还可以选择其他一些广告位，例如一些有权限设置要求的广告位，它们的竞争不激烈，访客精准度却是一样的，这些都可以小预算地投放。图 8－2－6 所示为天猫 PC 端首页钻展位置。

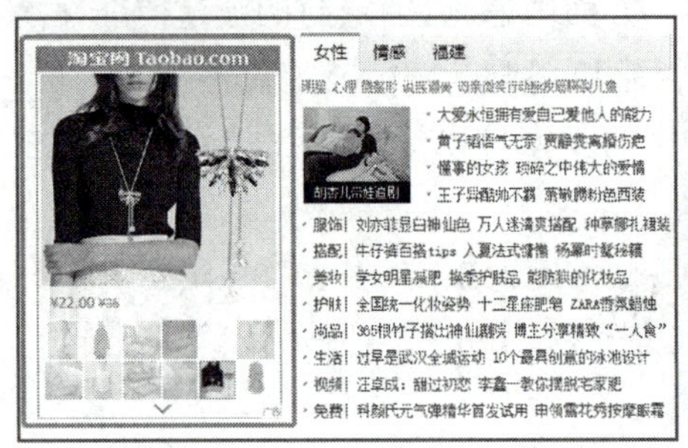

▲ 图8－2－5　新浪官网淘宝钻展位置

▲ 图8－2－6　天猫 PC 端首页钻展位置

(五) 落地页设置优化

对于落地页商家，一般店铺首页是首选，其他活动页是次选，需要根据定向人群和投放目的来确定。与钻展不同的是，直通车买家都是目的性明确地进行购物搜索，而从钻展广告吸引来的用户，不一定是带有店铺产品的购买需求的，点击钻展图片可能只是一时的兴趣，所以商家要在落地页上下大功夫，激发用户的购买欲望，比如清仓、活动大降价、免费试用、马上涨价、年度新品上架等词汇，吸引买家，让他们尽快下单。图 8－2－7 所示的落地页的商品活动就有亲子节价位的折扣促销活动。

因此在钻展流量落地页的设置上，需要根据投放的位置和活动的内容进行选择，可以导入自定义的活动页面，也可以导入店铺首页。用户每一个操作都是有行为成本的，存在跳失率的，如果买家在落地页没有满足的需求，只有通过二次点击才能完成对接需求的话，就会产生跳失率，这对于流量的利用率有很大的影响，所以要尽量保持买家在浏览中需求的关联性。

(六) 投放设置优化

高级设置优化可以针对地域进行设置，优化投放时段和投放方式，如图 8－2－8 所示。

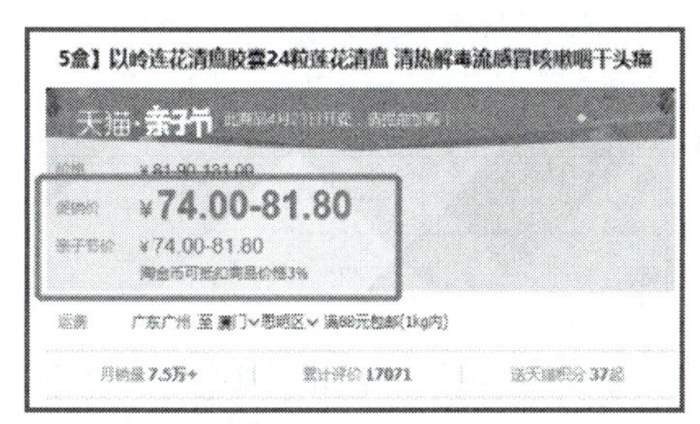

▲ 图 8－2－7　落地页折扣信息

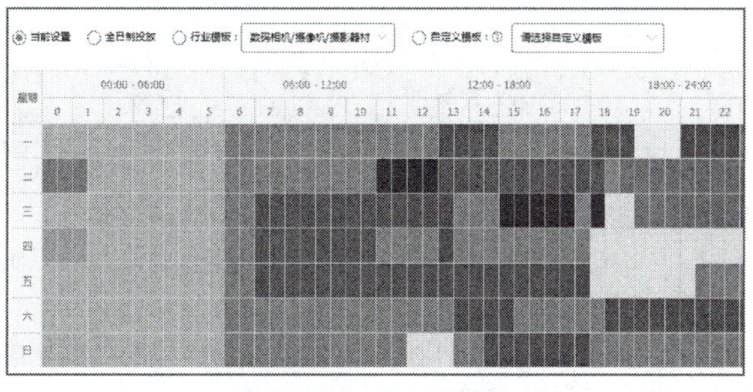

▲ 图 8－2－8　高级设置

1. 地域设置　如果产品展现量没有问题，点击量却不高的话，那么商家需要重新进行地域设置。商家可以先查看自己的直通车是怎么设置的，一般是先去掉自己不想投放的地域，但如果投放的人群是店铺自身的精准人群，那么地域可以全打开。

2. 时段设置　在进行时段设置时，建议新手卖家投放有客服值班的时段，以及商家能实时监控钻展数据的时段。时段设置和地域设置都可以保存为模板，下次新建计划时可直接调用，不用重新勾选。

3. 投放方式　在选择投放方式时，商家刚开始尝试钻展的话，一般都选用“均匀投放”，创建计划的日预算是 300 元，时段设置里选了 10 个小时，那么系统就会尽量让每个小时都消耗 30 元左右。而如果选择的是“尽快投放”的方式且刚好有合适的流量，那么这 300 元很快就会消耗完，可能是几分钟，也可能是几个小时。新手开钻展先从“均匀投放”开始，但在后期日常投放时，“尽快投放”效果要好于“均匀投放”。

三、推广效果分析与优化实操

掌握了淘宝钻展推广数据指标及京东展位数据分析思路之后，下面通过数据报表，对推广效果展开分析。因京东展位与淘宝钻展属于同一类推广方式。因此，在分析京东展位数据时，可参考淘宝钻展的分析思路，本节以淘宝钻展为例。

(一) 淘宝钻展推广效果分析实操

1. 案例 1　本案例的产品是濞通膏，店铺是新开商城，刚尝试投放钻展，每日预算为 300 元，投放广告位在无线端搜索结果页首焦右下图位置，如图 8－2－9 所示。

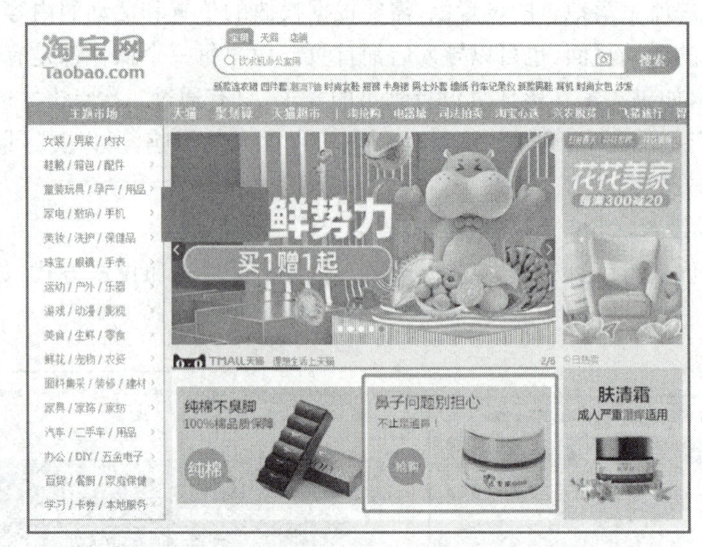

▲ 图8-2-9　案例图1

如表8-2-1所示，通过查看钻展推广数据账户报表，发现该产品的展现量少，消耗少，初次判断是选择的展示位流量足够，但是人群和店铺定向价格偏低，需要查看定向数据是否存在设置问题。

表8-2-1　钻展推广数据报表

日期	计划名称	展示位	PV展现量	点击量	点击率	每千次展现出价/元	每次点击价格/元	消耗
3月31日	濞通膏65火爆促销晚上	无线端搜索结果页首焦右下图位置	592	3	0.51%	1.49	0.29	0.88
3月31日	濞通膏65火爆促销白天	无线端搜索结果页首焦右下图位置	1 097	2	0.18%	1.31	0.72	1.44
4月1日	濞通膏65火爆促销包邮	无线端搜索结果页首焦右下图位置	595	0	0.00%	1.38	0.00	0.82
4月2日	濞通膏65火爆促销包邮	无线端搜索结果页首焦右下图位置	2 035	3	0.15%	1.73	1.17	3.52

如表8-2-2所示，通过查看定向数据报表，发现定向数据的浏览量非常低，底价和定向出价都偏低，导致点击率较低。

表8-2-2　计划投放定向数据报表

类型	内容	浏览量	展现量	点击量	点击率	消耗/元	每千次展现出价/元	每次点击价格/元
店铺	店铺	2035	3019	3	0.10%	3.59	1.19	1.20
群体	医用+日常护理+浙江沪	560	763	1	0.13%	0.50	0.65	0.50
店铺	店铺	537	537	1	0.19%	0.42	0.79	0.42

通过上述判断，可以对该钻展计划进行优化：一是根据广告位的情况提高出价，特别是提高点击量相对较高的定向计划的出价；二是优化素材图片，设计更加精美的广告位图片来吸引人群，提高点击率，实现转化。优化钻展素材可以使用钻展创意模板。

2. 案例 2 和案例 3　相关内容请扫描二维码学习。

8-2-2　案例 2 和案例 3

(二) 淘宝钻展推广效果分析

针对案例 1 的问题进行优化实操，分两个方面：一是根据广告位的情况提高出价；二是优化素材图片，使用钻展创意图片模板制作创意图片。

1. 优化一：提高出价

步骤一：登录千牛平台，输入卖家账号，进入首页。

步骤二：在首页左侧找到“营销中心”，点击“我要推广”。

步骤三：进入推广首页，点击“钻石展位”入口。

步骤四：进入钻展主页，点击上方“计划”。

步骤五：然后在右侧选择“单品推广”。

步骤六：选择之前需要修改的“计划”，点击“进入”。

步骤七：进入计划中之后，点击“定向”。

步骤八：在“定向”板块中，点击“价格”，就可以修改出价。

请扫描二维码学习提高出价实操。

8-2-3　提高出价实操

2. 使用创意模板设置创意图片　创意模板针对钻展 15 个一级类目，一个尺寸可定制 600 多个创意模板，核心覆盖站内外重要尺寸；创意模板智能推荐支持深度自定义。

步骤一：进入钻展首页，点击上方“创意”，选择“创意模板库”。

步骤二：进入创意模板库，系统会根据店铺类目、大盘历史投放数据分析，按照点击率高、效果最佳的模板进行智能排序，将最符合自身店铺的优质模板推荐给卖家，卖家只要直接选择制作即可。

步骤三：编辑素材，进行背景色、文案、图片、标识四大元素替换，其中文案可以选择系统默认的文案；完成制作，上传创意图片，等待审核即可。

请扫描二维码学习使用创意模板设置创意图片实操。

8-2-4　使用创意模板设置创意图片

任务评价

完成本任务后，请对照表 8-2-3 检查自己是否掌握了所学内容。

表 8-2-3　市场行业数据收集操作评价表

序号	鉴定评分点	分值	评分
1	能够通过数据报表分析钻展/京东展位的推广效果	20	
2	根据数据表分析出的问题，提出有针对性并且可行的优化建议	30	
3	能够实际操作对推广方案的优化	30	
4	能够通过从 6 个方向优化推广方案的训练，提高发散思维的能力	20	

知识延伸

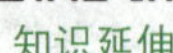

(1) 钻展优化实操技巧。

(2) 京东展位单品投放强势来袭,让 ROI 飙升至 83?

(3) 钻展五部曲之一:从零开始学智钻,它远比你想的简单。

以上知识延伸内容的学习,请扫描二维码。

任务拓展训练

1. 淘系平台钻展推广效果分析优化训练　请从任务准备中下载淘宝钻展推广数据报表,并对该报表的数据进行钻展推广效果分析,编写优化方案报告。

2. 京东平台京东展位推广效果分析优化训练　请从任务准备中下载京东展位推广数据报表,并对该报表的数据进行京东展位推广效果分析,编写优化方案报告。

任务3 淘宝客/京挑客推广效果分析与应用

学习目标

1. 熟悉淘宝客/京挑客推广效果数据解读的维度。
2. 熟悉淘宝客/京挑客推广优化方向。
3. 掌握淘宝客/京挑客效果数据分析方法。
4. 掌握淘宝客/京挑客推广效果优化实操。
5. 强化数据资源的保护和开发意识。

任务描述

本任务介绍淘宝客/京挑客在进行效果分析时，首先应该关注哪些数据，针对这些数据该如何进行分析。学员须根据任务准备中的淘宝客/京挑客推广数据实训报表，分析其中的问题并且提出可行的优化方案。

任务分析

淘宝客/京挑客是根据成交量来收取佣金的，而且成本比较低，所以很受中小型商家的青睐。但是也有不少商家发现，即便通过淘宝客/京挑客的推广，效果却一点也不显著，是什么原因呢？在本任务中，将着重介绍在分析淘宝客/京挑客推广效果数据时，应该重点关注的指标，并通过具体的数据分析，介绍淘宝客/京挑客推广时容易出现的问题以及分析之后的优化操作。

任务准备

任务准备

为了更好地达到实训目的，需要做如下准备：

（1）准备两个在淘系、京东平台分别参与了淘宝客/京挑客推广的账号。

（2）准备好淘宝/京东需要分析的推广效果数据报表。

（3）确保电脑等设备能正常使用。

（4）确保网络正常且稳定。

任务实施

一、推广效果数据解读

随着人们网络购物需求日益旺盛，线上网店越来越多，淘宝客/京挑客这种推广方式为众多商家所用，商家通过使用淘宝客/京挑客可以让店铺的商品被更多人知道。商家使用付费推广后要如何分析推广效果，下面从淘宝客/京挑客入手，介绍推广效果数据的分析维度。

(一) 淘宝客推广效果数据分析维度

淘宝客是指利用互联网帮助淘宝商家推广商品并按照成交效果收取佣金的个人或集体。商家分析淘宝客的推广效果数据主要包括点击数、佣金比例、结算金额和引入付款金额。

1. 点击数　淘宝客效果报表的点击数是指通过淘宝客带来了多少流量。消费者点击一次或者页面跳转一次就算一个点击数，所以淘宝客报表的点击数就是页面浏览量。比如，一个淘客吸引一位消费者到店铺里，该消费者点击浏览了 10 个宝贝，那这个淘客带来的点击数是 10，是按 PV(页面浏览量)来计算的，如图 8-3-1 所示。

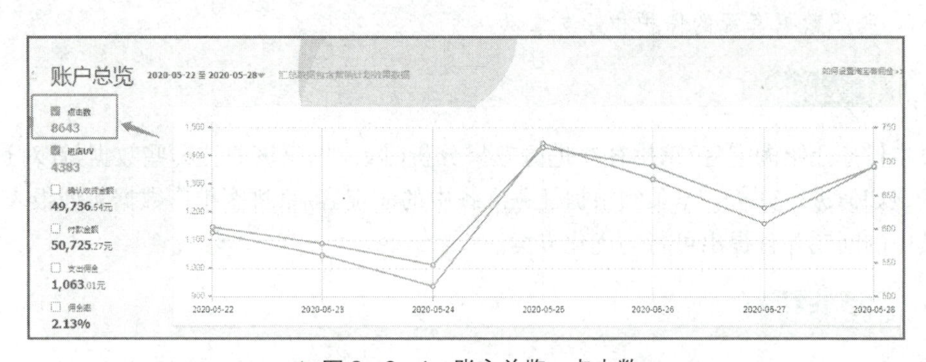

▲图 8-3-1　账户总览—点击数

2. 佣金比例　淘宝客的佣金是淘宝商家为推广商品而付出的推广费，佣金比例是由商家发布推广商品时预先在 1.5%～50%范围内设定的。如果消费者通过淘宝客推广的链接购买了商品且未产生退款，则在订单整个流程结束后，淘宝客推广系统会按照佣金比例结算佣金给淘客。比如，商家发布推广商品时设置的佣金比例为 5%，成交商品的结算金额为 100 元(含运费)，那么淘客成功推广这一单商品所得的佣金为 5 元。

3. 结算金额　结算金额是指商家通过淘宝客推广，交易成功的实际金额，是消费者确认收货行为的统计，是消费者确认收货且满 15 天没有退款的成交额。结算金额是淘客为淘宝店铺引入的销售额，是真正通过淘客所成交的金额，是一个落地的数据。

4. 引入付款金额　引入付款金额是消费者通过淘宝客链接进入店铺拍下商品并付

款的实际金额，这个金额是消费者还没有确认收货或者退货的金额。

引入付款金额是实际付款但是不一定确认收货的金额，与结算金额相比，引入付款金额更可以反映实时的推广效果。

(二) 京挑客推广效果数据分析维度

请扫描二维码学习京挑客推广效果数据分析维度。

8-3-1 京挑客推广效果数据分析维度

二、推广优化方向

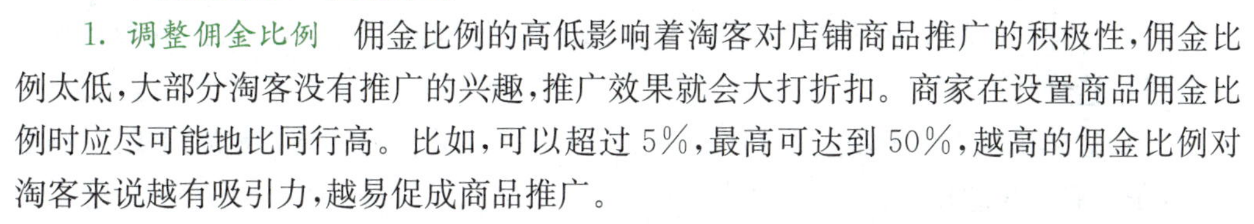

(一) 淘宝客推广优化方向

1. 调整佣金比例　佣金比例的高低影响着淘客对店铺商品推广的积极性，佣金比例太低，大部分淘客没有推广的兴趣，推广效果就会大打折扣。商家在设置商品佣金比例时应尽可能地比同行高。比如，可以超过 5%，最高可达到 50%，越高的佣金比例对淘客来说越有吸引力，越易促成商品推广。

需要注意的是，淘宝客佣金比例设置得太高是有风险的。佣金比例设置得越高，淘客的佣金也就越高，店铺的利润就会越少，甚至亏本。因此，淘宝客佣金比例要设置得合理。

2. 挑选合适的推广商品　商家在进行淘宝客推广时要选择合适的商品，才能为店铺带来较高的转化率，起到更好的推广效果。比如，在换季时，商家可根据当下消费者购买的需求调整淘宝客上推广的商品，推广一段时间后根据推广效果再适当调整商品。

3. 优化标题　商家需要给商品设置合适的标题，用标题突出需要传达的商品价值，比如这件商品正在促销，或者有赠品，应该在标题中体现。在同样的佣金比例下，不同的标题，展现量会有所不同，这就是标题优化的重要性。标题优化后设定一个时间段，注意商品流量、转化、收藏等各项数据指标的收集与分析，然后，与之前的数据对比，来印证标题优化效果的好坏。

4. 优化详情页　一个好的商品详情页能吸引很多消费者，可以提高店铺的转化率，把流量变成销量，为店铺带来更好的效益。优化商品的详情页可以从以下 4 个方面入手。

(1) 商品属性：完整的商品属性，可以让消费者更细致地了解商品，真实不虚夸的描述，能让消费者在阅读详情页的过程中逐渐建立信任感。

(2) 商品质量描述：用符合商品属性的文字来描述，并搭配图片，以强调商品质量优势。也可以加入商品的视频描述，具体说明商品的性能和使用等情况。

(3) 物流和包装：建议加上包装材料的配图，通过简单的画面，让消费者更放心。同时对合作的快递公司、发货时间、运送区域及到达时间等要分条做好说明。

(4) 售后服务：消费者在购买商品时，还会关心商家的售后服务。即购买商品后如果商品出问题，能通过什么方式来解决。商家需要把售后服务尽量描述清楚，如退换货须知、退换货的流程等。

5. 商品评价和问大家　商品评价主要包括“图文评价”“文字评价”“追评”等几种；而“问大家”是消费者之间互相交流的平台。商家要重视这2个板块，不定期检查优化，有恶意评价或与宝贝无关的问题须及时处理，以提高商品的转化率。比如，商家可以设置几个热度极高的问题，找已买过的消费者跟评，积累点赞数，提高热度。

6. 设置额外奖励　店铺有时会遇到没有淘客帮助推广商品的情况，商家为达到更好的推广效果，需要更多的优秀淘客帮助店铺推广商品。商家可以在佣金之外为淘客设置额外的奖励计划，以提高淘客的推广积极性，同时可以吸引其他淘客的注意，增强淘客推广店铺商品的动力。额外奖励可以分为4类。

(1) 针对全店的奖励计划，即通用奖励计划：只要符合奖励制度，大部分淘客都可以获得这笔奖励。

(2) 建立在通用奖励制度之上的额外奖励：这类奖励需要达到一定的门槛，对淘客来说，是他们奋斗的目标。

(3) 针对店铺活动的额外奖励：当店铺有大型活动的时候，可以设置相应的奖励来吸引淘客，并且及时公布奖励结果。

(4) 针对单品的额外奖励：如果想通过淘客打造爆款，可以单独制订该爆款的高额奖励计划。

奖励制度是可以改变的，当店铺的规模不断扩大，可以相应调整奖励，至于是提高还是降低，取决于店铺商家。

8-3-2 京挑客推广优化方向

(二) 京挑客推广优化方向

请扫描二维码学习京挑客推广优化方向。

三、推广效果数据分析与优化实操

(一) 推广效果数据分析实操

1. 淘宝客推广效果数据分析　以该店铺中维生素C泡腾片(以下简称维C片)的淘宝客推广数据为例，进行推广效果的数据分析演示。

下面将根据维C片最近一天的淘宝客推广数据，对推广效果进行分析。如表8-3-1所示的商品同时参与了3个淘宝客计划，分别是通用计划、定向计划以及如意投计划。

表8-3-1　淘宝客推广效果数据

计划名称	产品类型	结算佣金/元	结算金额/元	平均佣金比率	点击数	引入付款笔数	引入付款金额/元	点击转化率
通用计划	淘宝客	9.675	645	1.50%	436	78	831.54	17.88%
定向计划	淘宝客	25.9	518	5.00%	375	46	678.42	12.26%
如意投计划	如意投	16.56	276	6.00%	125	9	217.35	7.20%

(1) 通用计划为默认计划，所有淘宝客都能参加，主推30款商品，不能删除但可以修改。

(2) 定向计划是商家为淘宝客中某一个细分群体设置的推广计划，可以让淘宝客在

阿里妈妈前台看到推广并吸引淘宝客参加。

(3) 如意投计划是帮助商家快速提升流量、按成交付费的精准推广营销服务，展示位置包括淘宝特卖、中小合作媒体的橱窗推荐以及热卖单品等。

从以上数据可以看出，维C片所参与的如意投计划推广效果不佳，当日点击125次，引入付款9笔，相较于同时段其他推广计划，数据并不乐观。

推广商品的点击数高低与该商品的佣金比例、商品主图息息相关，佣金比例较低，淘客推广的积极性不高。同时，商品主图影响着商品的点击量，商品主图不好，推广效果直线下降。

因此，分析当日淘宝客的推广优化需要从如意投计划着手，优化维C片的佣金比例以及商品主图，整体的点击量提高之后，如意投计划的推广效果才能逐渐突显。

2. 京挑客推广效果数据分析　详见二维码。

8-3-3　京挑客推广效果数据分析

(二) 推广效果优化实操

1. 淘宝客推广计划优化实操　通过以上数据分析可知，本案例产品需要优化如意投计划的佣金比例以及商品主图。

(1) 优化商品主图：在调整商品佣金比例之前，需要先优化商品的主图。优质的商品主图可以吸引消费者点击，刺激消费者的购买欲望，从而促成购买的转化。

例如，维C片主图的主题非常明确，可以使消费者直观地了解这款商品的外观、价格、活动时间以及优惠力度等重要信息。

(2) 优化佣金比例：商家可以先观察该类目的平均佣金比例，重点观察同行的数据，然后把如意投计划的佣金设置为通用计划佣金的两倍；如果通用佣金比例过低，可以在比例的基础上加10%。比如，原来的佣金比例是6%，尝试将其调整为16%。调整完成后，开始数据的监测。商家可以制订一个简易的统计点击数的报表，每一天需要导出这些数据来进行分析，该提高还是降低佣金比例。只有通过不断地测试及调整，才能找到最合适的佣金比例，如表8-3-2所示。

表8-3-2　如意投计划商品点击量报表

日期	商品名称	佣金比例	点击量
7-11	维生素C泡腾片	6%	37
7-12	维生素C泡腾片	10%	45
7-13	维生素C泡腾片	10%	56

8-3-4　京挑客推广计划优化实操

2. 京挑客推广计划优化实操　详见二维码。

任务评价

完成本任务后，请对照表8-3-3检查自己的掌握情况。

表8-3-3　淘宝客/京挑客推广效果分析与应用操作评价表

序号	鉴定评分点	分值	评分
1	根据下载好的淘宝客/京挑客推广效果数据报表，分析推广中存在的问题	20	
2	根据数据表分析出的问题，提出有针对性并且可行的淘宝客/京挑客优化建议	30	
3	能根据优化建议，独立进行淘宝客/京挑客推广效果优化的操作	30	
4	能够通过下载、分析和优化数据报表，强化数据资源保护和开发意识	20	

知识延伸

知识延伸

(1) 京挑客选品及推广渠道。

(2) 新手淘宝客做单品有哪些推广技巧?

(3) 新手如何快速做好淘宝客推广？有哪些技巧？分享4个学习方法。

以上知识延伸内容的学习，可扫描二维码。

任务拓展训练

1. 淘宝客推广效果分析与应用训练　请从任务准备中下载淘宝客数据报表，并对该报表的数据进行淘宝客推广效果的分析与优化，最后将完成的分析与优化报告文档提交给老师。

2. 京挑客推广效果分析与应用训练　请从任务准备中下载京挑客数据报表，并对该报表的数据进行京挑客推广效果的分析与优化，最后将完成的分析与优化报告文档提交给老师。

任务4 SEO营销效果分析与应用

学习目标

1. 熟悉淘系/京东SEO营销效果分析指标。
2. 掌握淘系/京东平台SEO优化与应用。
3. 掌握SEO数据分析方法和优化方法或实操步骤。
4. 提高用矛盾的观点去解决实际问题的能力。

任务描述

本任务主要学习SEO(搜索引擎优化)营销效果分析指标的解读,其中包含淘系、京东平台的指标,如产品标题、系统机制、店铺动态评分、宝贝人气值等数据;学习SEO的优化方向,其中包含产品标题优化、系统机制优化以及上下架时间优化。根据SEO分析与优化实操的内容,下载京东钙片产品的热门关键词数据报表,进行标题分析,排出前20个产品关键词的搜索指数、成交单量、全网商品数、竞争力和成交力,最后制成Excel表格,并优化标题。

任务分析

目前,无论是淘系平台还是京东平台,任务品类都有大量的商品。为了让优质的商品精准地展现给潜在用户,各平台需要将宝贝按照一定的规则进行分类排序,使用户能够找到适合自己的产品。

通过前面任务的学习可知,手淘或京东等搜索是站内重要流量来源渠道之一。通过优化这一渠道的引流推广,可以为店铺带来源源不断的免费流量。

想要做好搜索优化,首先要在了解搜索引擎工作原理的前提下,去研究相应的排名规律并有针对性地进行优化,从而使目标宝贝在买家搜索目标关键词时,出现在宝贝排名的首页甚至前几名,最终达到引流的目的。如此,卖家才能赚得可观的利润。

任务准备

任务准备

为了更好地达到实训目的,需要做如下准备:

(1) 准备两个在淘系、京东分别运营良好的店铺账号。

(2) 下载好淘宝/京东产品热门关键词数据报表。

(3) 确保账号已开通京东商智高级版。

(4) 确保电脑等设备能正常使用。

(5) 确保网络正常且稳定。

任务实施

一、SEO 营销效果分析指标解读

(一) 淘宝 SEO 指标解读

淘宝 SEO 就是淘宝搜索引擎优化，即通过各种优化技术手段，最大限度地获取淘宝站内的免费流量，从而达到销售的最终目的。

淘宝搜索十大模型，分别为：商业规则、个性化模型、人气模型、服务模型、买家模型、价格模型、文本模型、时间模型、类目模型、反作弊模型。

在本任务中，我们需要重点分析以下 4 点。

1. 产品标题 产品标题是由与产品相关性高的关键词组成的，关键词的好坏需要通过搜索人气、全网商品数、成交单量指数、成交力、竞争力等数据进行分析。

(1) 搜索人气：关键词的搜索人气值。

(2) 全网商品数：关键词所包含的全网商品数。

(3) 成交单量指数：通过关键词所产生的成交单量。

(4) 成交力：成交力=成交单量指数/搜索指数。

(5) 竞争力：竞争力=全网商品数/搜索指数。

标题优化就是对店铺宝贝的标题进行规则化的优化，使之能够在众多同类产品中排名靠前，增加曝光率、点击量，以提升转化率的过程。产品标题优化是 SEO 营销的主要方法，一般分为 3 步：找词、选词和组词。

找词的途径主要有以下几种：

(1) 自然搜索下拉框“你是不是想找”：在淘宝首页搜索关键词时，系统会有相关下拉词出现，这些词都是热搜词，可以考虑在自己的产品标题中添加，如图 8-4-1 所示。

(2) 淘宝热搜排行榜：在淘宝输入关键词查询产品时，系统会做一些推荐，我们一般会按照搜索量和相关度选择，如图 8-4-2 所示。

(3) 生意参谋：订购生意参谋后，可以利用选词助手帮助我们确定比较好的标题，如图 8-4-3 所示。

(4) 第三方软件：能直观地呈现产品关键词热度排行，可以利用这些词并结合产品属性组合新的标题，如图 8-4-4 所示。

(5) 直通车 TOP20W 词：是淘宝官方选取的淘宝网搜索靠前的 20 万关键词，这些热销、热搜关键词是直通车后台中展现量与搜索量靠前的一些关键词组合。卖家不仅

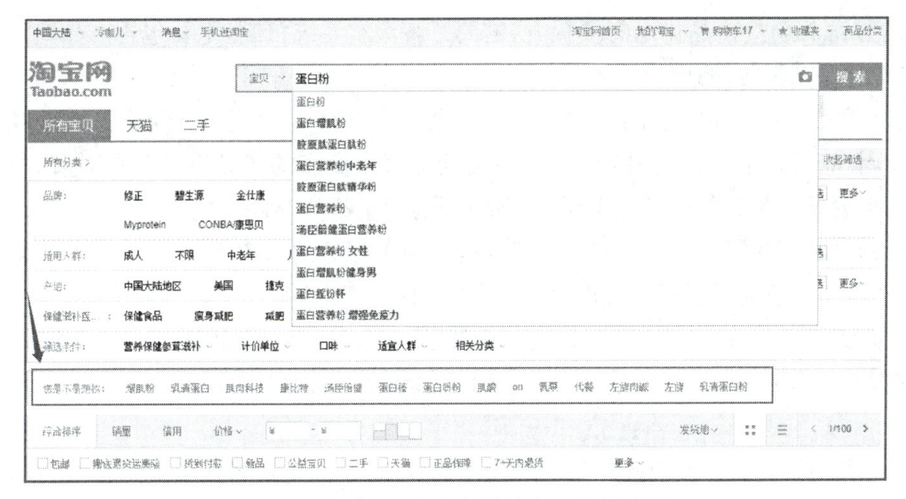

▲ 图 8－4－1　淘宝自然搜索下拉框选词

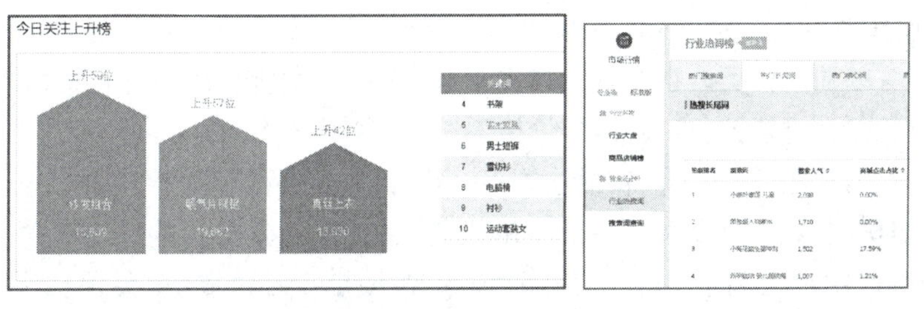

▲ 图 8－4－2　淘宝热搜词排行榜　▲ 图 8－4－3　生意参谋热门长尾词

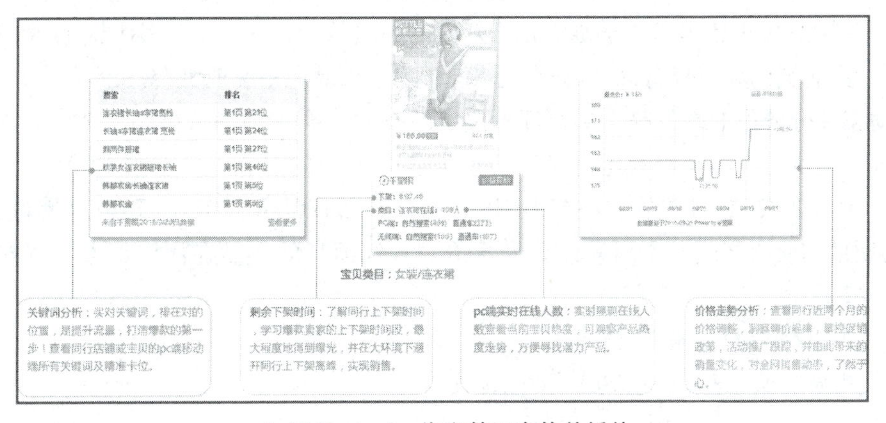

▲ 图 8－4－4　淘宝第三方软件插件

可以将这些词应用到自己的日常推广中，还能发现每个月的流量趋势，是商家迅速提升店铺流量的必备武器。

TOP20W 词适合淘宝天猫卖家在宝贝标题优化和淘宝直通车选词时使用，同时也适合独立 B2C 电商网站的商家做 SEO 优化及推广操作时使用。

2. 系统机制　产品排名想要提升,需要了解淘宝系统机制,主要包含产品上下架时间、消费者保障服务、橱窗推荐。

(1) 产品上下架时间:淘宝的商品上架之后,不会一直处于上架状态,而是以7天为一个周期,重新上下架。因为系统机制需要让每个商家的产品得到公平展现,所以平台对于接近下架时间的产品会给予更高的权重,权重越高,排名就会越靠前。

店铺里的产品需要错开时间上下架,这是为了保证每天都有产品下架。除了上述操作,还需与竞争对手错开上传时间,这样可以提高产品的转化率。

(2) 消费者保障服务:产品参加的保障服务越多,保证金交得越多,店铺的竞争力就越强,就能吸引更多的消费者。同时,也可提升客户的信任度、产品流量及转化率。

(3) 橱窗推荐:会带来额外流量的展示推荐,对于宝贝排名的影响是橱窗位有流量加权,橱窗产品排名优先于非橱窗产品。如果淘宝店铺的两个商品是一样的权重,在橱窗位的那款产品会被淘宝系统优先抽取到前面。

(4) 反作弊机制:淘宝根据商家的作弊数据,对商家实施不同程度的处罚,包括商品处罚、商家处罚两大类。在严重的情况下,整个商家的所有商品都将被限制展示,具体包括虚假交易,重复铺货,换宝贝,价格不符,邮费不符,SKU价格作弊,广告商品,标题滥用关键词,标题、图片、价格、描述等不一致,错放类目和属性等10种。

反作弊机制属于SEO淘宝系统基础机制,系统首先会检索类目与属性是否正确,其次会排查该宝贝是否有作弊行为,若该模型下宝贝无异常,就会评估下一个搜索模型。

3. 动态评分　淘系平台的动态评分包含“描述相符”“服务态度”“物流服务”,提高动态评分能提升商品排名。例如,相同关键词的同款药品出售,一家店铺的动态评分低,另一家店铺的动态评分高,那自然是高者胜出,获得优先展现机会。

动态评分分值的高低是由买家评价决定的,3个评分的最高分都是5.0分。然后根据买家的评价与产品销量的比值计算店铺动态评分分值。

4. 产品人气值　产品的受欢迎程度直接反映了产品人气值,主要通过销量、转化率、收藏量和回头客这4个因素计算人气值。人气值高的产品在淘宝搜索人气排名中有优先权。

(二) 京东SEO指标解读

请扫描二维码学习京东SEO指标解读。

8-4-1　京东SEO指标解读

二、SEO优化方向

(一) 产品标题优化

1. 数据获取　标题关键词优化的思路就是将标题拆分成多个关键词,然后分析一段时间内的不同关键词数据,找出不理想的关键字/词并将其替换。

2. 关键词数据处理　通过生意参谋等数据工具导出数据后,将数据用Excel办公

软件整理成如表 8-4-1 所示的表格。

表 8-4-1 关键词数据处理表

关键词	展现量	点击量	销量	点击率	转化率
关键词1					
关键词2					
关键词3					
关键词4					
关键词5					

3. *从不同维度分析关键词数据* 根据以上整理好的数据表格，分析每一个关键词/字的流量情况和转化情况。

关键词数据分析的核心在于宝贝的定位，如果是引流款宝贝，那么将标题中流量特别低的关键词替换掉；如果宝贝的重点是销量，那么着重去看不同关键词的转化率和销量，将分值较低的关键词替换掉。

4. *关键词替换方法* 通过前面的分析，已经找到了需要更换的关键词，但是换成什么关键词比较好呢？这就需要结合宝贝的属性和图片来分析。

方法：利用生意参谋的选词助手搜索与需要替换掉的关键词关联的热词，再结合宝贝的属性描述和图片进行关联热词的筛选。将筛选出来的候选关键词整理到 Excel 表格中，并将候选关键词依次与主要关键词搭配进行数据分析。选取每一组排名靠前的关键词数据，进行关键词组合倍数计算，倍数越大代表竞争力越强（倍数＝搜索指数/宝贝数），选择倍数大的那个关键词进行替换。

（二）系统机制优化

针对前面讲到的反作弊模型的 10 种情况，依次检查店内是否有涉嫌反作弊行为的宝贝出现，有的话及时修改和调整。

特别注意检查 SKU 价格作弊、标题关键词滥用，标题、图片、价格、描述不一致这 3 个问题。因为这 3 个问题也许不是卖家刻意为之的，而是在宝贝运营过程中不细致或者对规则不了解导致的。

（三）上下架时间优化

1. *淘宝搜索引擎更新周期* 淘宝搜索引擎的更新周期基本上是 15 分钟/次，而在 19:30—23:30 是每 30 分钟更新一次。

2. *宝贝上下架时间分析* 宝贝上下架时间的分析是一个逻辑严谨且有先后顺序的流程，如图 8-4-5 所示。

首先，要分析宝贝的上下架大致时间段：使用生意参谋查看宝贝的成交量和热卖宝贝，以确定下架时间段。使用生意参谋了解买家在什么时间段购物，买家的数量又是多少，以此来确定宝贝上下架的大致时间段。

其次，在生意参谋的市场分析中输入主要竞争关键词来查看宝贝的销量和人气，找出和自己店铺同款的宝贝，有针对性地避开竞品的下架时间，避免宝贝同质化。同时还

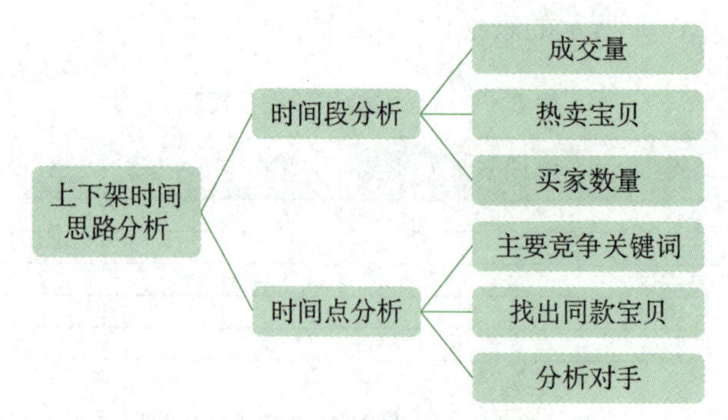

▲ 图 8-4-5 宝贝上下架时间分析

可以分析竞争对手的数据，忽略一般对手，避开厉害对手。

（四）上下架时间的优化方法

1. 基础做法

方法：将宝贝平均分配在每天的流量高峰期内。

适合店铺：刚起步卖家、宝贝数量较多卖家。

使用工具：生意参谋。

设置目的：此时间段为淘宝网买家人数最高峰，买家在此时间段设置店铺主打款可以增加宝贝的曝光量和展现量，引流概率较大。把其余宝贝分配于其他访客高峰时间段，多宝贝多次高峰时间段展示，更大效率地提升店铺宝贝曝光量。

2. 精准做法

方法：有选择性地将宝贝分配在每天的成交高峰期内。

适合店铺：有一定基础的卖家，宝贝数量不多。

使用工具：生意参谋。

设置目的：此时间段为淘宝网成交量高峰期，同时，转化率和销量也最高。买家此时间段购买宝贝的概率最大，适合宝贝数量不多的卖家，把宝贝每隔 15 分钟以上进行分段上下架，进而精准地让每一款宝贝都产生曝光和转化。

3. 参考法

方法：参考其他宝贝的上下架时间，设置自己的宝贝上下架时间。将每天要下架的宝贝平均分配到高流量时间段。

适合店铺：有一定基础的卖家，想打造销量宝贝。

使用工具：Unix 时间戳(Unix timestamp)转换工具。

设置目的：选择这个上下架时间是根据自己店铺的宝贝来决定的。若发现同类宝贝的销量火爆，而我们的宝贝质量、品质、品牌和口碑都比对方好，就可以参考竞品上下架时间，安排自己的宝贝在同一时间点上下架。

4. 差异分配法

方法：重点品类在重点时间段下架；也可以采取错峰竞争或迎峰竞争策略；或将相互竞争的宝贝分时段上架；而同类宝贝可细分上下架时间；或者将产品标签化，分成热

销款、一般款、滞销款，从而细分上下架时间。

适合店铺：有一定基础的卖家。

使用工具：生意参谋/逐鹿工具箱。

设置目的：上下架时间的设置决定了店铺能否更多地引进免费流量，从而提升店铺宝贝销量和人气。店铺宝贝上下架时间必须根据店铺以及宝贝的情况进行合理的计划和分配，这样就可以让自家店铺的宝贝排在首页，获得更多流量。

三、SEO 分析与优化实操

淘宝 SEO 营销效果分析和优化与京东 SEO 类似，这里不再赘述。而是从京东平台学习 SEO 分析与优化实操的方法，因此下面我们重点介绍京东商品标题的数据分析与优化实操方法。

(一) SEO 分析实操

以好药师店铺的产品为例，进行数据分析演示：运用京东商智工具将店铺产品维生素 C 片，进行标题关键词数据导出。

下面根据产品维生素 C 的标题"维生素 C 好药师牌维生素 C 橘子味 120 片维生素 C"，找出最近 7 天的关键词指标，如搜索指数、搜索点击数、成交单量数、成交转化率、全网商品数、竞争力和成交力的数据，如表 8－4－2 所示。

表 8－4－2 产品标题的关键词数据表

关键词	搜索指数	成交单量数	全网商品数	竞争力	成交力
维生素C	965 104	82 473	17 412	0.0 180 416	0.0 8545 504
咀嚼片	342 468	10 635	19 543	0.0 570 652	0.031 054
泡腾片	221 169	42 912	24 120	0.1 090 569	0.1 9402 357
维生素C片	106 613	12 052	12 301	0.1 153 799	0.1 1304 438
维生素C咀嚼片	59 068	10 310	3 751	0.0 635 031	0.1 7454 459
维生素C泡腾片	50 153	9 836	2 800	0.0 558 292	0.1 9611 987
维生素C含片	46 033	7 613	2 413	0.0 524 189	0.1 6538 136
补充维生素C	44 292	187	3 402	0.0 768 085	0.0 0422 198
成人维生素C	43 072	1 035	5 519	0.1 281 343	0.0 2402 953
维生素C橘子味	35 117	263	257	0.0 073 184	0.0 0748 925

通过数据分析并优化商品的关键词，商家可以对标题中关键词指标的竞争力和成交力进行分析和优化，从而达到提高 SEO 效果的目的。

通过以上数据我们可以发现以下问题：

(1) 在标题中，"维生素 C"这个关键词反复出现 3 次，虽然该关键词的搜索指数为 965 104，搜索热度极高，但是重复堆砌相同关键词是无法带动产品排名的，需要替换成其他搜索热度较高的关键词。

(2) 标题中的"好药师"品牌并未放置在最前面，这会影响关键词权重，使排名得不到提升，我们需要从买家的角度思考，搜索该产品时，能找到符合内容的意向性关键词，如"补充维生素 C""成人维生素 C"这类搜索热度适中且带有意向性的关键词。

(3) 关键词"维生素 C 橘子味"的搜索指数为 35 117，成交单量为 263，全网商品数为257,数据表明该关键词的搜索权重低,成交单量低,导致商品成交力下降,因此要替换该关键词。

(4) 关键词“维生素C咀嚼片”与产品属性相关性高,数据表明该关键词的搜索指数为58 068,竞争力为0.06,排在关键词的数据表格中间,成交力为0.17,排在前三,证明该关键词的搜索权重高,成交力较大,竞争力较小,是可以放在标题中使用的,但商家并未将其放置标题中,因此商家要优化替换原有标题的关键词。

注意:对商品信息进行优化后,若商品还是没有达到比较好的竞争力,那么可以考虑选择其他竞争力更好的关键词,通过不断地调整、监控、优化来提高标题效果。

(二) SEO优化实操

学习了SEO优化技巧之后,接下来以京东好药师店铺的维生素C产品为例,利用现有标题,提取数据及其关键词、搜索指数、搜索点击指数、成交单量、成交转化率、竞争力和成交力制成表格分析标题并优化,如表8-4-3所示。

表8-4-3　产品关键词数据表

关键词	搜索指数	搜索点击指数	成交单量	成交转化率	全网商品数	竞争力	成交力
维生素C	121 018	1 650 351	82 473	12.20%	18 314	0.15 133 286	0.2 220 606
维生素C 好药师牌	37 210	18 767	10 635	4.25%	1 137	0.0 305 563	0.1 069 111
维生素C橘子味	48 963	25 576	42 912	22.51%	298	0.00 608 623	0.0 069 444
维生素C咀嚼片	68 754	361 116	12 052	9.52%	3 954	0.05 750 938	0.3 280 783
维生素C片	65 305	536 587	10 310	13.63%	12 487	0.19 121 047	1.2 111 542
维生素C泡腾泡片	57 554	92 261	3 989	3.01%	577	0.01 002 537	0.1 446 478
维生素C儿童	57 161	54 110	1 987	8.24%	4 315	0.07 548 853	2.1 716 155

已知好药师店铺的维生素C产品的类目属于“医疗保健—营养健康—增强免疫”,且目前该产品标题为“维生素C好药师牌维生素C橘子味120片维生素C”。

依据上述内容,分析标题目前存在的问题:

(1) 未出现属性相关性强的关键词“维生素C咀嚼片”。

(2) 反复出现堆砌词“维生素C”。

(3) 发现成交力最低的关键词是“维生素C橘子味”。

(4) 品牌词并未在标题最前面,缺失意向关键词。

通过京东商智后台的“行业”板块,在“热门关键词”中下载近7天APP“医疗保健—营养健康—增强免疫”类目的数据,如表8-4-4所示。

表8-4-4　商智行业板块—增强免疫类目的热门关键词报表

关键词	搜索指数	搜索点击指数	成交单量	成交转化率	全网商品数	竞争力	成交力
维生素c	965 104	1 650 351	82 473	12.20%	18 314	0.01 897 619	0.2 220 606
维生素c片美白	342 468	18 767	10 635	4.25%	1 137	0.00 332 002	0.1 069 111
维生素c泡腾片	221 169	25 576	42 912	22.51%	298	0.00 134 739	0.0 069 444
维生素c橘子味	106 613	361 116	12 052	9.52%	3 954	0.03 708 741	0.3 280 783
维生素c儿童	59 068	536 587	10 310	13.63%	12 487	0.21 140 042	1.2 111 542
维生素c咀嚼片	50 153	92 261	3 989	3.01%	577	0.0 115 048	0.1 446 478
补充维生素c	46 033	54 110	1 987	8.24%	4 315	0.0 937 371	2.1 716 155
成人维生素c	44 292	111 916	833	2.69%	2 501	0.05 646 618	3.002 401
维生素C胶囊	43 072	48 492	2 586	10.71%	17 141	0.39 796 155	6.6 283 836
维生素C药片	35 117	13 131	3 570	8.11%	12	0.00 034 171	0.0 033 613
维生素C片美白	32 176	22 111	2 374	1.89%	716	0.02 225 261	0.3 016 007

步骤一：下载的报表经过筛选后留下核心数据“搜索指数”“成交单量数”“全网商品数”。

步骤二：通过竞争力和成交力的公式计算其数值。

步骤三：在增强免疫类目中筛选出竞争力数值小和成交力数值大且搜索指数高的前 10 名关键词，最后优化标题。

步骤四：依据组词逻辑公式“促销词/品牌词＋主关键词 A＋意向关键词 B＋属性热词＋意向关键词 C＋型号词”，且结合好药师店铺的产品规格“120 片 2 瓶”选择关键词。为了保证关键词的高权重，需用空格隔开选定好的关键词组。

最终优化后的标题：

“好药师维生素 C 橘子味 120 片 2 瓶补充 VC 成人维生素 C 咀嚼片 非泡腾片”。

SEO 优化实操请扫描二维码。

8-4-2　SEO 优化实操

任务评价

通过完成本任务的学习，请根据表 8-4-5 对所学内容自检。

表 8-4-5　SEO 营销效果分析与优化操作评价表

序号	鉴定评分点	分值	评分
1	根据标题分析存在的问题	20	
2	根据存在的问题，提出有效优化方法	30	
3	根据优化建议进行标题优化且能独立操作	30	
4	能够通过关键词的管理，提升对事物的主要矛盾和矛盾的主要方面的认识	20	

知识延伸

知识延伸

(1) 淘宝 SEO。

(2) 京东组标题实操演示。

(3) 京东平台商品标题关键词分析。

(4) 淘宝商品 SEO 案例分析与优化实操。

以上知识延伸内容的学习，请扫描二维码。

任务拓展训练

京东店铺标题数据优化训练　根据本任务所学知识，从任务准备中下载京东钙片产品的热门关键词数据报表。对京东同类的钙片产品进行标题分析，排出前 20 名产品关键词的搜索指数、成交单量、全网商品数、竞争力和成交力，最后制成 Excel 表格，并对标题进行优化操作。

模块三　数据分析与应用

党的二十大指出，要建设现代化产业体系，要加快建设网络强国、数字中国。加快发展数字经济，促进数字经济和实体经济深度融合，打造具有国际竞争力的数字产业集群。

微课　电子商务客户数据分析及数据分析的主要内容

项目九　客户数据分析与应用

项目说明

客户数据的收集对于任何商家都是极为重要的，掌握客户数据，才能准确地做出决策，更有针对性地展开各类营销活动，维护客户的黏性，降低商家的营销成本，同时，可系统地分析客户数据，对其中出现的问题进行调整，以最低的成本来达到最优的效果。

本项目将分别以店铺客户用户画像、店铺客户生命周期以及店铺老客营销效果为例，系统地讲解客户数据分析与应用的流程与方法。

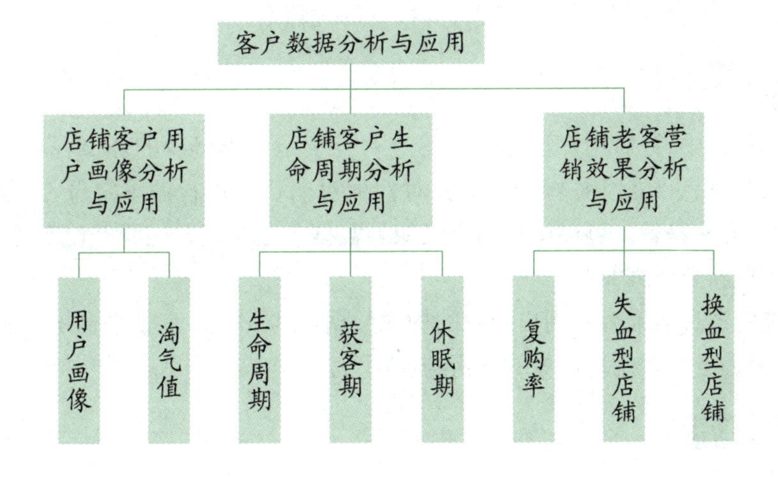

任务1 店铺客户用户画像分析与应用

学习目标

1. 熟悉各平台用户画像数据来源途径与查询工具。
2. 掌握各平台用户画像数据查询的操作步骤，能够独立完成操作。
3. 掌握各平台用户画像数据收集与记录的方法，能够独立整理基本用户画像记录表。
4. 掌握用户画像数据的分析与应用方法。
5. 强化协调发展的新理念。

任务描述

本任务将从用户画像数据的来源方式、查询工具等方面来掌握用户画像的数据结构，通过用户的时段分布、地域分布、特征分布、行为分布等，对用户数据进行分析与应用，掌握店铺淘气值、消费层级、关键词等数据的优化方法。

任务分析

在店铺运营中，针对用户画像的数据进行分析是必不可少的环节，只有准确分析、研判用户数据信息，构建用户画像，有针对性地对消费者进行需求定位，才能锁定消费者，更好地提升交易量。可以构建用户画像的数据包括访问时间、淘气值、地域分布、消费层级、性别、新老访客等。

本任务将通过店铺客户用户画像的构成数据，学习淘系、京东平台用户画像数据的收集方式，掌握各平台用户画像的分析与应用方法。

任务准备

任务准备

为了更好地达到实训效果，需要做如下准备：

(1) 准备两个在淘系、京东平台分别运营良好的店铺账号。

(2) 确保电脑等设备可以正常使用。

(3) 确保网络正常且稳定。

（4）提前准备好淘宝、京东数据。

任务实施

一、用户画像数据分析指标解读

各平台的用户画像都是由多种数据类型构成的，准确地找到用户画像数据来源与构成才能使用户画像更准确，后期进行分析与应用时才能达到更好的优化效果。下面介绍淘系、京东平台的用户画像数据结构。

（一）淘系平台用户画像数据结构

淘宝会根据商家的用户数据范围，给其分配相应的访问流量，如果某一数据或某部分数据与原本的店铺商品定位不符，此时分配过来的访问流量的转化率就会降低，继而再次影响用户数据，造成恶性循环。因此，掌握用户画像的数据结构是非常必要的。

影响淘系平台用户画像数据的原因主要有时段分布、地域分布、特征分布、行为分布，其中特征分布包括淘气值分布、消费层级、性别、新老访客等，行为分布包括来源关键词 TOP5、浏览量分布等。

（1）时段分布：消费者进行访问与下单的时间范围。

（2）地域分布：访问店铺消费者所属的地域。

（3）淘气值分布：基于用户过去 12 个月在淘宝的“购买、互动、信誉”等行为，综合计算的一个分值。

（4）消费层级：根据所在行业来访者购物价格偏向计算所得。

（5）性别：根据各种信息识别得出的访客性别。

（6）新老访客：6 天内访问店铺后再次到访的记为老访客，否则为新访客。

（7）来源关键词：访客通过搜索这些关键词后访问店铺内的页面，计算下单买家，归属于最近搜索并下单商品的关键词。

（8）浏览量分布：访客在店内的浏览量分布。

下面针对时段分布、地域分布、特征分布、行为分布展开具体论述。

1. 时段分布　无论访客在哪一个时间段访问，都可以在时段分布上体现出来，这是用户画像数据结构的组成部分之一。可以在用户画像中访客访问高峰时段上下架产品，这时非常容易获取更多的流量，进而提升权重，对店铺的运营产生积极的效果，如图 9-1-1 所示。

2. 地域分布　地域分布模块包含两类数据，一种是访客数占比排行，另一种是下单买家数排行。可以从地域分布中查看访问店铺、购买商品的消费者来源地，构建用户画像，从而更好地开展具有针对性的推广与营销，提升流量和转化率，如图 9-1-2 所示。

动画　客户特征分析

3. 特征分布　特征分布包括淘气值分布、消费层级、性别、新老访客。

（1）淘气值分布：淘气值是淘宝通过量化分数，刺激消费者持续购买的手段，它继承了之前的信誉评级，评级高的用户可以享受更多的特权，如提前退款等。淘气值越

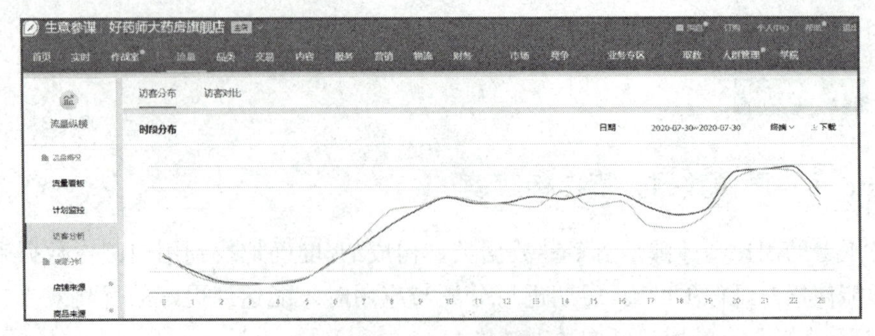

▲ 图 9－1－1　时段分布

地域分布　日期　2020-05-28~2020-05-28　所有终端　下载

访客数占比排行TOP10　下单买家数排行TOP10

地域	访客数	下单转化率
北京市	2,331	10.77%
广东省	2,311	5.45%
山东省	1,837	5.12%
河北省	1,743	6.08%
湖北省	1,691	6.51%
江苏省	1,668	6.71%
浙江省	1,490	6.38%
河南省	1,397	4.08%
辽宁省	978	4.09%
上海市	865	7.63%

▲ 图 9－1－2　地域分布

高，获得的特权就越多。

淘气值的获取方法是基于用户在过去 12 个月在淘宝产生购买、互动、信誉等行为而进行综合计算的一个分值，每月 8 号自动更新，淘气值越高，转化率越高，而用户淘气值累积为 1 000 分时，即可成为超级会员；淘气值超过 2 500 分的会员才有机会获得阿里黑卡俱乐部的邀请，成为 APASS 会员。

淘气值是淘宝十分重要的信用计分方式，也是用户画像中最重要的数据信息，如图 9－1－3 所示。

(2) 消费层级：即消费金额级别，不同的客单价会被系统自动级别划分，通过这一用户画像数据信息，可以更好地定位消费者的消费层级，是店铺商品价格设定非常重要的依据，如图 9－1－4 所示。

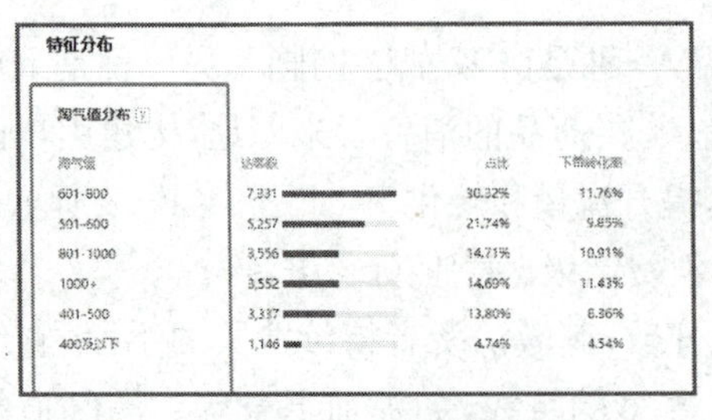

特征分布

淘气值分布

淘气值	访客数	占比	下单转化率
601-800	7,331	30.32%	11.76%
501-600	5,257	21.74%	9.85%
801-1000	3,556	14.71%	10.91%
1000+	3,552	14.69%	11.43%
401-500	3,337	13.80%	8.36%
400及以下	1,146	4.74%	4.54%

▲ 图 9－1－3　淘气值分布

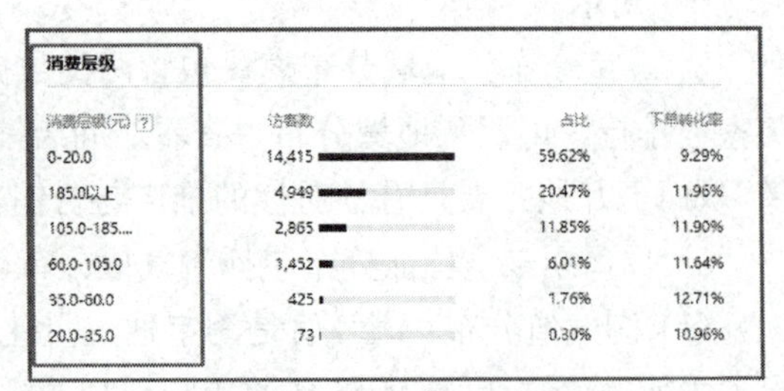

消费层级

消费层级(元)	访客数	占比	下单转化率
0-20.0	14,415	59.62%	9.29%
185.0以上	4,949	20.47%	11.96%
105.0-185....	2,865	11.85%	11.90%
60.0-105.0	1,452	6.01%	11.64%
35.0-60.0	425	1.76%	12.71%
20.0-35.0	73	0.30%	10.96%

▲ 图 9－1－4　消费层级

（3）性别：性别数据记录着进店访问的用户性别信息，同时可以查看不同性别的下单转化率。在制作商品主图及详情图、设计店铺整体风格时，也可根据这一用户信息设计不同的版式，如图 9－1－5 所示。

（4）新老访客：一般来说，老访客的转化率会较高，因为老顾客已经使用过该店铺的商品，对店铺的信任度较高；新老访客也是构成用户画像的数据之一，如图 9－1－6 所示。

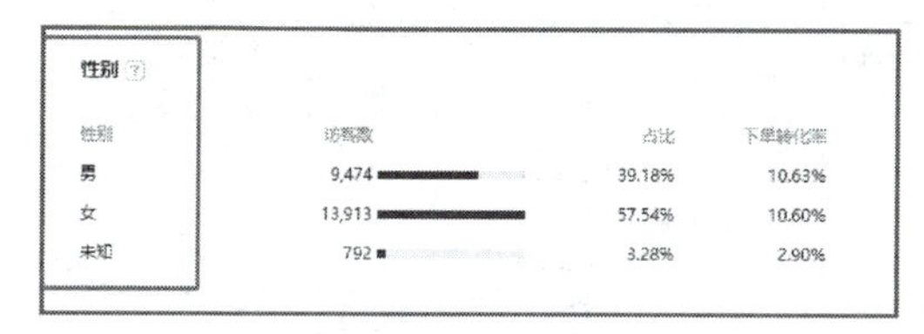

性别 ?

性别	访客数	占比	下单转化率
男	9,474	39.18%	10.63%
女	13,913	57.54%	10.60%
未知	792	3.28%	2.90%

▲ 图 9－1－5　性别

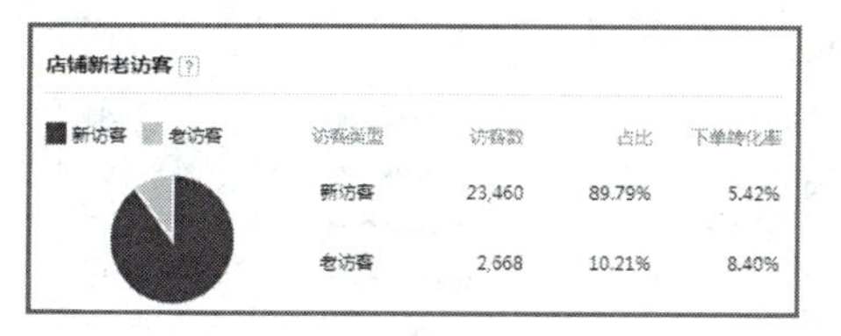

店铺新老访客 ?

新访客　老访客

访客类型	访客数	占比	下单转化率
新访客	23,460	89.79%	5.42%
老访客	2,668	10.21%	8.40%

▲ 图 9－1－6　新老访客

4. 行为分布　包括来源关键词 TOP5、浏览量分布。

微课　客户行为分析

（1）来源关键词 TOP5：来源关键词即访客通过搜索这些关键词后，访问店铺的页面。通过计算来掌握近期被搜索次数最高的 5 个关键词。通过这部分用户画像信息，可以掌握消费者偏爱的搜索词，通过调整商品名称来获得更高的流量。

（2）浏览量分布：消费者在店内浏览时，淘宝平台会对用户偏爱的浏览信息进行统计，形成浏览量分布数据。

（二）京东平台用户画像数据结构

请扫描二维码学习京东平台用户画像数据结构。

9－1－1　京东平台用户画像数据结构

二、用户画像数据结构优化方向

用户画像数据可以更智能地帮助用户从海量的商品中找到符合需求的商品，帮助用户快速完成购买行为。同样，这类算法对商家的流量分配也是有影响的，通过计算用户的基本信息与店铺的关联程度来匹配。下面介绍淘系平台与京东平台店铺用户画像结构优化的方向。

（一）淘系平台用户画像结构优化方向

淘系平台店铺用户画像结构的优化方向主要为交易属性的优化，而淘系平台对用户画像影响最大的交易属性是淘气值分布及消费层级。

1. 淘气值分布调整优化　淘气值是用户近一年在淘宝进行购买、互动等行为后，经系统综合计算得出的分值，分值越高，用户质量越高，在所有淘系用户数据指标中占据着核心位置。商家可以从店铺淘气值分布情况来大致判断店铺人群属于哪一类，一般来说，淘气值在 800 分以上都是极其优质的用户人群。

是否淘气值分布越高越好呢？这取决于店铺的定位，如果店铺主营中端产品，淘气值分布多在 600～800。那么推广时圈定 1 000 以上淘气值人群并不会提高转化，所以在进行推广等活动时，一定要观察、分析商家后台的人群，研判自身店铺淘气值水平，同时综合其他数据，合理营销才能达到推广效果最优，如图 9－1－7 所示。

2. 消费层级调整优化　客单价就是访客下单购买的价位，即访客的消费层级。如果店铺商品定价为 100 元，但进店的客户的访问流量消费层级为 0～20 元，那么客户可能会喜欢该商品，但觉得价格太高，超出了预算，转化率就会较低。访客分析中的消费层级与客单价越相符，转换率越高，如图 9－1－8 所示。

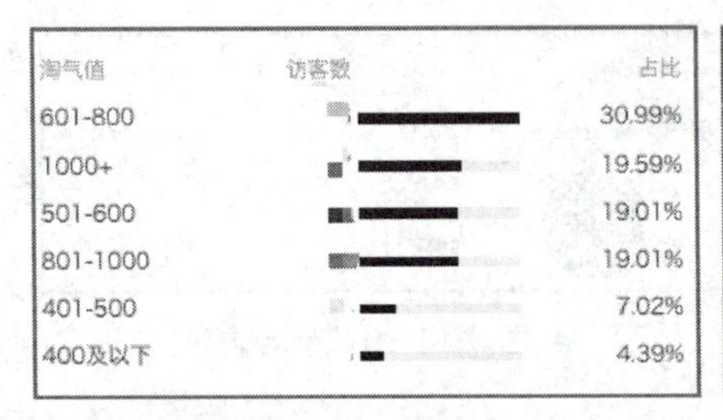

淘气值	访客数	占比
601-800		30.99%
1000+		19.59%
501-600		19.01%
801-1000		19.01%
401-500		7.02%
400及以下		4.39%

▲ 图 9－1－7　淘气值分布

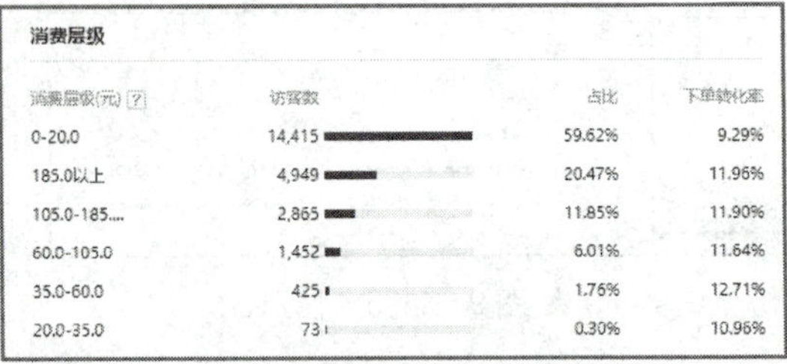

消费层级

消费层级(元)	访客数	占比	下单转化率
0-20.0	14,415	59.62%	9.29%
185.0以上	4,949	20.47%	11.96%
105.0-185....	2,865	11.85%	11.90%
60.0-105.0	1,452	6.01%	11.64%
35.0-60.0	425	1.76%	12.71%
20.0-35.0	73	0.30%	10.96%

▲ 图 9－1－8　消费层级

9－1－2　京东平台用户画像结构优化方向

(二) 京东平台用户画像结构优化方向

请扫描二维码学习京东平台用户画像结构优化方向。

三、用户画像结构分析与优化实操

(一) 淘系平台数据分析与优化

1. 分析实操　本任务以好药师天猫店铺用户数据为例，进行用户画像的数据分析实操。

打开该店铺的用户数据，如表 9－1－1 所示。通过表格可以看出，在 4 月 18 日和 4 月 19 日，商品转化率突然降低，同时淘气值分布均在 400 以下，消费层级下降为 0～20，用户性别多数为未知。下面我们将展开数据分析，查找导致这种现象的原因。

表 9－1－1　用户画像数据

日期	转化率	淘气值分布	消费层级/岁	性别		
2020－4－15	4.95%	601～800	40～75	女 71%	男 28%	未知 1%
2020－4－16	4.82%	601～800	40～75	女 64%	男 34%	未知 2%
2020－4－17	4.01%	601～800	40～75	女 70%	男 30%	未知 0%
2020－4－18	0.50%	400 以下	0～20	女 12%	男 10%	未知 78%
2020－4－19	0.71%	400 以下	0～20	女 8%	男 11%	未知 81%

(1) 消费层级：店铺多数的商品价格在 45～70 元，18 日前的消费层级也符合这一价格区间，但在 18 日后，引入的顾客消费层级多在 0～20 元，与店铺商品定位的 40～75 元不符，这就导致了转化率下降。

(2) 淘气值分布：不难发现，进店用户的淘气值分布从 601～800 为主突然变成了

400 以下为主，这一现象经常发生在刷单或低价销售后。如果是低价销售，那么用户数据除了淘气值与消费层级降低之外，其他属性不会发生太多改变，性别数据基本会与之前的数据保持一致；而如果是刷单所致，那么引进的人群淘气值基本都在 400 以下，会打乱原本的人群标签，导致店铺得不到合适的流量分配，转化率降低。刷单引进的用户消费层级属性在 0～20 岁，性别多为未知，与表格数据相符。

综上所述，本次店铺转化率降低主要是由于商家进行了刷单操作，导致引进了大量低淘气值、低消费层级的垃圾用户，使用户画像发生改变，淘宝分配大量不符合店铺定位的用户，最终导致转化率突然降低。

2. 优化实操

(1) 停止低价格范围的刷单：针对分析的店铺问题，首先要做的就是停止刷单，继续刷单只会引进更多低质量用户，导致店铺用户画像偏差更大，进入越刷单，转化率越低的境地。

(2) 调整定位：其次，可以通过直通车定向引流，逐步树立品牌形象，还可以利用钻展获得更多展现，同时减少价格处于 0～20 元商品的展现量，增加符合店铺价格定位的 40～75 元的商品展现量，逐渐调整用户画像定位，提升来店访客质量，提高转化率。

(二) 京东平台数据分析与优化

京东平台数据分析与优化请扫描二维码学习。

9-1-3 京东平台数据分析与优化

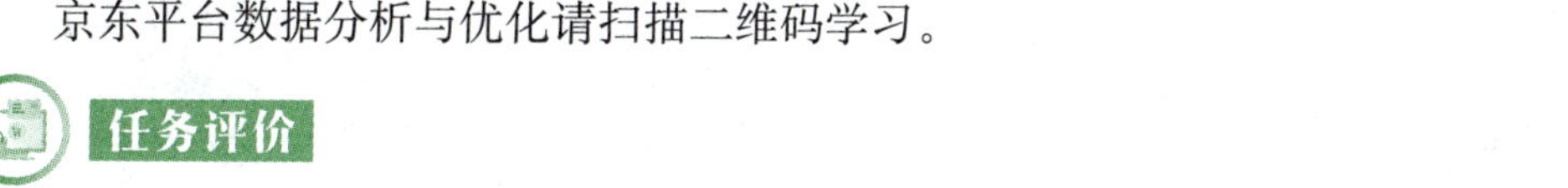

任务评价

通过完成本任务的操作，根据表 9-1-2 检查与评估学习成果。

表 9-1-2　用户画像分析与应用评价表

序号	鉴定评分点	分值	评分
1	能够根据用户画像数据，找出其中存在的问题	20	
2	能够对用户画像数据中存在的问题，提出具有针对性并切实可行的优化方案	30	
3	能够根据优化方案进行优化，并独立完成操作	30	
4	能够通过用户画像数据结构优化训练，强化协调发展的意识和能力	20	

知识延伸

知识延伸

(1) 用户画像数据查询与记录。

(2) 如何构建用户画像？

(3) 用户画像：美妆成分党究竟是怎样一个群体？

以上知识延伸内容的学习，请扫描二维码。

任务拓展训练

1. 淘系店铺用户画像分析与应用训练　请根据用户画像训练数据，运用本任务的分析方法，对用户画像数据进行准确分析与应用。

2. 京东店铺用户画像分析与应用训练　运用本任务的方法，添加标题使用场景，并尽可能地降低标题文案重复率，完成店铺用户画像的分析与应用。

任务 店铺客户生命周期分析与应用

学习目标

1. 了解店铺客户生命周期的概念。
2. 掌握客户生命周期效果分析方法。
3. 掌握客户生命周期优化方向。
4. 掌握客户生命周期优化调整思路。
5. 牢固树立动态发展的观点。

任务描述

本任务将介绍店铺客户生命周期的概念与优化方法。在进行店铺客户生命周期分析时,首先要注意哪些内容?针对这些内容该如何进行操作?通过发现店铺客户生命周期中存在的问题,提出优化策略。

任务分析

店铺在管理客户关系时,往往会因为不知道如何维护客户关系而导致客户流失。本任务将带你走进客户的生命周期,认识店铺客户生命周期的各个不同阶段,以及在面对各个阶段出现的问题时,如何应对。

任务准备

为了更好地达到实训目的,需要做如下准备:

(1) 准备正在运营并且有一定规模的店铺。

(2) 确保电脑等设备能正常使用。

(3) 确保网络正常且稳定。

任务实施

一、店铺客户生命周期解读

客户是店铺中重要的资源之一，具有价值与生命周期的特点。店铺与客户在准备建立关系到成功建立到最后终止关系的过程，称为客户生命周期，也称为客户关系生命周期。客户生命周期会随着时间的变化而变化，图 9-2-1 主要描述了客户关系在各个不同阶段的特征。

一般来说，客户关系发展可分为“五阶段”，是研究客户生命周期的基础。

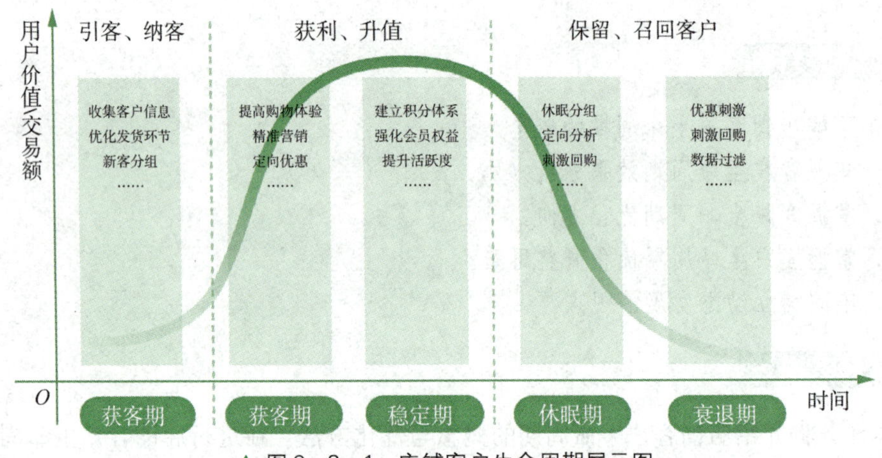

▲ 图 9-2-1　店铺客户生命周期展示图

微课　客户生命周期的阶段

1. 获客期　获客期是获取客户关系资源的引入期。对于店铺和消费者来说，这个阶段相互了解不足，客户是否有购买意向与店铺是否值得信任是建立客户关系的关键。不确定性是这个时期最大的特点，评估对方的潜在价值和降低不确定性是这个阶段的中心目标。店铺的主要任务就是吸引客户，并以各种方式增加客户对店铺的熟悉度，从而建立客户关系。对于大多数消费者来说，产品信息的吸引度或者相应的折扣优惠力度越大，它们的关注度就越高，因此，前期推广十分重要。

2. 成长期　成长期是客户关系快速发展的阶段。客户能进入这个阶段说明双方已经建立了一定的信任。在这一阶段，店铺与客户获得的回报与收益日渐增多，双方相互依赖的程度更加深入，并逐渐意识到对方能为自己提供满意的价值。因此双方愿意继续保持这种长期关系。店铺在这个阶段的中心任务就是要提高客户满意度，留住客户，提升客户价值并巩固与客户之间的纽带关系，提升客户的复购率。

3. 稳定期　稳定期是客户关系的成熟期和理想阶段，是客户关系管理的立项阶段，也可以说是客户关系的生效期或者爆发期，店铺与客户基本上都对对方提供的价值感到满意。在这个阶段，双方处于相对稳定的时期，也是整个关系发展水平的最高点。此时的店铺投入较少，客户为店铺提供了一定的收益，双方的交易量处于较高的水平。

这个阶段的主要目的就是提高客户满意度，尽量维持稳定期的长度，保持长期稳定的利润来源。店铺也应为老客户提供专享优惠以及令人满意的服务，在打造客户的归属感的同时也为店铺获取相应的收益，维持店铺的运营。

4. 休眠期　休眠期是客户关系开始衰退的阶段。在发现客户关系衰退的迹象时，就应该尽早判断客户关系是否值得维持，并采取相应的回复策略或终止策略。店铺可以通过与客户保持高质量的互动，知晓客户流失的主要原因，了解店铺在经营管理过程中产生的问题并及时采取补救措施。对于有价值的客户应及时挽留，而对尽了极大努力仍无法挽回或价值不大的客户群体，则应该果断放弃。

5. 衰退期　衰退期是指客户关系发生反向发展的流失期。引起关系退化的原因有很多，例如，客户对店铺不满意或者发现了更适合的店铺，或需求发生了变化等。在市场竞争激烈的当下，店铺应该努力维护好客户关系，提高客户的满意度以及忠诚度。没有商家能保证自己的客户完全不会流失，所以一旦出现客户数量或质量下降时，店铺就需要及时地进行新客户的开发或改善经营策略。

二、店铺客户生命周期发展的不同模式

微课　客户生命周期各阶段、变量的变化

客户生命周期指的是客户从入店开始，到与店铺建立交易关系的过程，并随着时间变化的发展轨迹。对于店铺来说，通过时间维度对客户进行精准营销，在合适的时间推送合适的营销信息，可以有效降低成本，提升成交量，从而获取最大的利益。

(一) 店铺客户生命周期发展各阶段相关变量的变化情况

随着客户关系的发展，不同阶段对店铺的影响也不同，其影响主要有成交量、价格、成本、间接效益、成交额与利润等，如表 9-2-1 所示。

表 9-2-1　店铺客户生命周期发展各阶段相关变量的变化情况

变量	获客期	成长期	稳定期	休眠期	衰退期
成交量	总体很小	快速增长	最大并稳定	回落	下降
价格	较低	有上升趋势	价格持续上升	开始下降	稳定略微下降
成本	最高	明显降低	持续降低	回升	稳定略微提升
间接效益	没有	后期有并扩大	持续扩大	缩小	近乎没有
成交额	很少	快速上升	稳定	开始下降	很少
利润	很小甚至负利润	快速上升	持续上升	开始下降	很小甚至负利润

1. 成交量　成交量是一项反映供应与需求的指标，是指在一个时间段内某项交易成功的数量。从表 9-2-1 可以看出，在获客期，成交量总体很小，在这个阶段，客户都是正在进入我们店铺的状态，故成交量比较小。到了成长期，成交量快速增长，这说明客户已经跟店铺建立了交易关系。稳定期是成交量最大并且稳定的一段时期，对于客户来说，店铺能够满足自己的要求；对店铺来说，则是能获取更多的利益。休眠期的到

来，意味着客户开始或者已经不跟店铺发生交易关系。衰退期则加剧了成交量的下降幅度，这时客户已经开始大量流失了。

2. 价格　价格是商品在交换时的价值，在获客期，为了能够吸引更多的客户，店铺通常会做一些促销活动，如满减、打折促销等，目的就是最大限度地吸引客户并转化为自己的定向客户。在客户已经跟店铺建立交易关系时，商品的价格会呈现上升的趋势，客户对店铺已经有一定的信任，店铺会衡量之前投入的成本，适时地提高价格，这在成长期后期最为明显。稳定期价格会持续上升，使获利最大化，但是价格的提升并不是没有限制的，关键取决于店铺的增值能力，对客户有一定价值的产品，客户才会购买。随着部分客户的流失，在休眠期，店铺商品的价格会开始下降，以换取老客的再次消费。在衰退期，店铺商品价格会较为稳定，甚至还会有所下降，一方面是因为前期投入的成本较高，另一方面是为了维持店铺的正常运行，需要适当地降低价格以吸收新客户，以形成良性循环。

3. 成本　成本是生产或销售产品所需的经济价值。获客期的成本是最高的，不止商品本身的成本，还有宣传推广的费用，但是只要能够达到引流的目的就足够了。在成长期，由于价格的提升，相对成本会随之降低，但是成本不会无限制地降低，到了稳定期，成本会在一段时间内持续降低，直到最低值。在休眠期，成本会有所回升，但是一般低于考察期。店铺需衡量客户的价值，从而决定是否采取相应的措施以促进消费。衰退期成本较为稳定，一方面是为了止损，另一方面是为了纳入新客户，相应地会增加投入成本。

4. 间接效益　间接效益又称外部效益，是指由于该商品的引入，但没有直接产生效益，而是对其他商品产生效益。间接效益在获客期以及衰退期是基本没有影响的，在成长期后期，间接效益开始有所体现。客户不仅局限于单一商品的消费，也开始消费其他商品。稳定期是间接效益最为明显地展示的阶段，客户对店铺提供的价值感到满意，促使效益持续扩大。从休眠期开始，间接效益不断减小，但退化速度跟客户与店铺的关系相关，如客户传递坏的口碑，则会有负的间接效益。

5. 成交额　成交额是指已完成订单的交易金额。在获客期与衰退期一致的较少。这两个阶段的客户较少，一个是吸引客户的阶段，一个是客户流失的阶段，客户量较少，因此成交额也不高。随着客户跟店铺建立交易关系，成长期的成交额也快速上升，特别是在成长期后期，接近最高水平。稳定期是客户与店铺关系最紧密的阶段，这时的成交额稳定在高水平。而成交额在达到最高水平之后，随着休眠期的到来，客户开始流失，成交额开始下降。

6. 利润　利润是店铺盈利的成果。同样的，获客期与衰退期客户少，因为投入大，导致店铺利润很少，甚至接近负利润。客户与店铺建立关系后，店铺的利润快速上升，特别是到了成长期后期，接近最高水平。稳定期前期的利润持续上升，但在后期减缓，最后稳定在高水平上。而休眠期的利润则随着客户的流失开始下降。

(二) 交易额和利润在店铺客户生命周期各阶段的变化趋势

从图 9-2-2 可以看出,整体的交易额呈上升的趋势。由于交易量的增加和价格的提升,这 3 个阶段的交易额依次增加,其中交易量增加是交易额增加的主要原因。

而从图 9-2-3 可以看出,获客期、成长期、稳定期 3 个阶段的利润呈上升的趋势。利润是价格与成本的差价(亦可称为基本利润)。获客期的利润很小,几乎没有。而到了成长期与稳定期,交易量的增加带动了利润的提升。

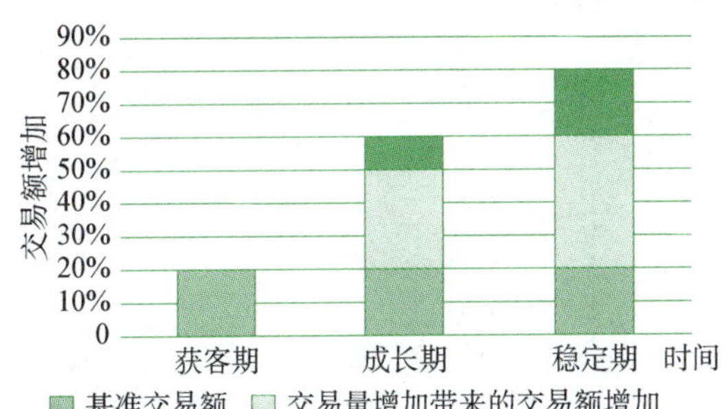

▲ 图 9-2-2　各阶段交易额来源与变化的示意图

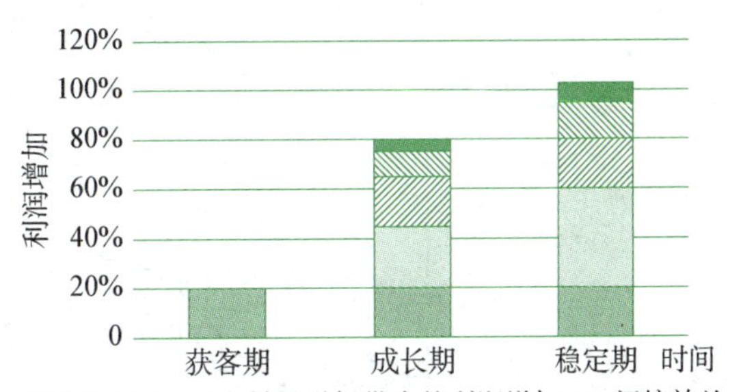

▲ 图 9-2-3　各阶段利润来源与变化的示意图

除此之外,价格的提升、成本的降低和间接效益也给店铺带来大量的收益,无论是单项利润的增加还是整体的利润增加,稳定期的利润都要大于成长期。通过对图表利润与交易额的分析,它们在生命周期各阶段的变化趋势归纳如下:店铺客户关系水平越高,交易额越大;在获客期,交易额总体很小而且上升的速度较慢;在成长期,交易额会直线上升,到后期接近最大;到了稳定期,交易额达到最大,并且持续一段时间,到休眠期和衰退期则会下降。

利润亦是如此,客户关系水平越高,客户给店铺带来的利润越大。获客期的利润较低,而成长期的利润则会随着客户关系的不断深入而持续增大,直到稳定期的到来,利润还会持续增大,但是提升速度会比成长期慢,到了后期,利润会达到最大,之后开始下降。

(三) 客户生命周期曲线的不同模式类型

图 9-2-4 所示是客户生命周期曲线。图中有两条曲线,分别代表“交易额”与“利润”,客户生命周期曲线描绘了交易额与利润在各个阶段的变化趋势。在获客期,交易额与利润都处于较低的水平,而在成长期则快速上升,在稳定期持续上升,但上升速度较慢,到后期达到最大值,休眠期开始回落,衰退期下降到最低值,交易额与利润曲线整体呈现倒“U”的形状。交易额曲线可以看作狭义的客户生命周期曲线,一般使用交易额曲线代表客户生命周期曲线。

微课　客户生命周期发展的主要模式

在店铺运营中,会发现现实情况并不会完全按照图 9-2-4 所示的客户生命周期曲线发展,现实情况的背离意味着客户生命周期的发展会有其他不同模式,不同的模式会给店铺带来不同的交易额与利润。图 9-2-5 所示是几种常见的生命周期曲线。

1. 早期流产型　这种模式是指客户关系没能越过获客期就直接流产了，主要是因为客户认为店铺达不到自己的预期要求，或者在接触的过程中发现该店铺无法在后期的交易中提供令人满意的服务或产品，抑或是店铺认为客户没有足够的开发价值，不应当建立长期的合作关系。

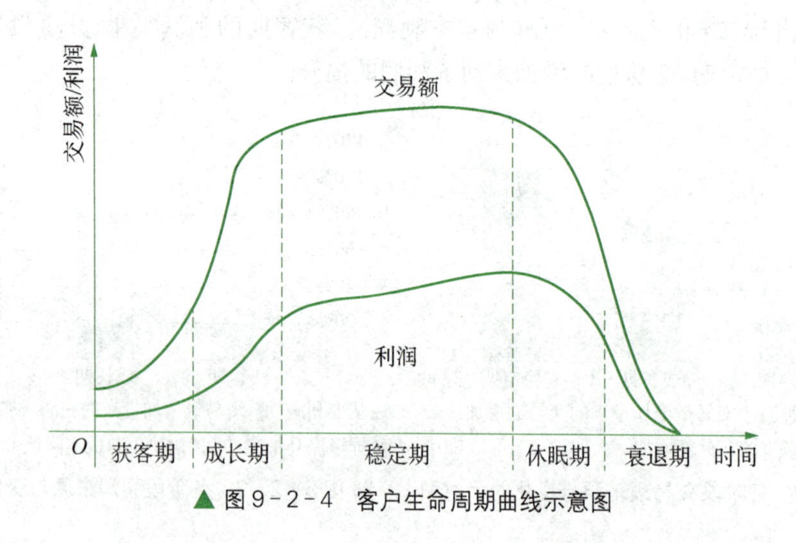

▲图 9-2-4　客户生命周期曲线示意图

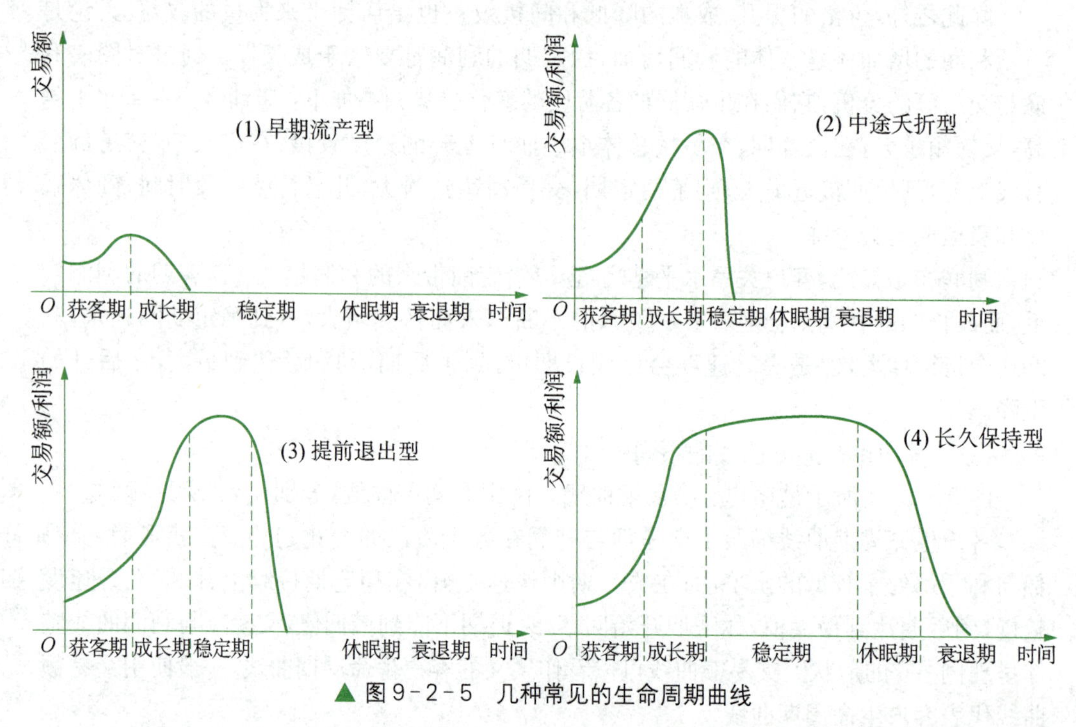

▲图 9-2-5　几种常见的生命周期曲线

2. 中途夭折型　从获客期进入成长期，说明客户已经和店铺建立了初期的交易关系，并对店铺提供的价值感到满意，彼此建立了一定的信任感，均有建立长期关系的意图。这种模式的形成主要是因为店铺由于自身竞争力的限制或者对客户真正的需求不

是很了解,无法像预期一样给客户带来不断提升的价值,导致客户中途退出。

3. 提前退出型 在这种模式,客户关系度过了获客期与成长期,到了稳定期,无法持续保持就在稳定期初期退出了,造成这个问题出现的主要原因是:①店铺缺乏持续提供创新价值的能力;②客户与店铺发现双方的关系或者获得的收益不对等。

对等双赢才是关系可持续发展的基础,因此如果其中一方出现这种情况,则会动摇双方的关系并产生裂痕。

4. 长久保持型 这种模式是指客户关系进入稳定期并在稳定期长时间保持,这也是典型店铺最理想化的模式。能获得这种理想模式主要是因为:第一,店铺所能提供给客户的价值是所有竞争对手中最高的,客户认同店铺所提供的价值;第二,双方在现阶段可获得不错的收益,并对当前的关系高度认同,对等双赢可使双方关系走得更远。

三、客户生命周期数据分析与优化实操

(一) 客户生命周期数据分析实操

了解了店铺客户生命周期的概念与模式之后,接下来我们将通过一个案例来对某店铺生命周期进行分析,图 9-2-6 是该店铺的客户生命周期展示图。

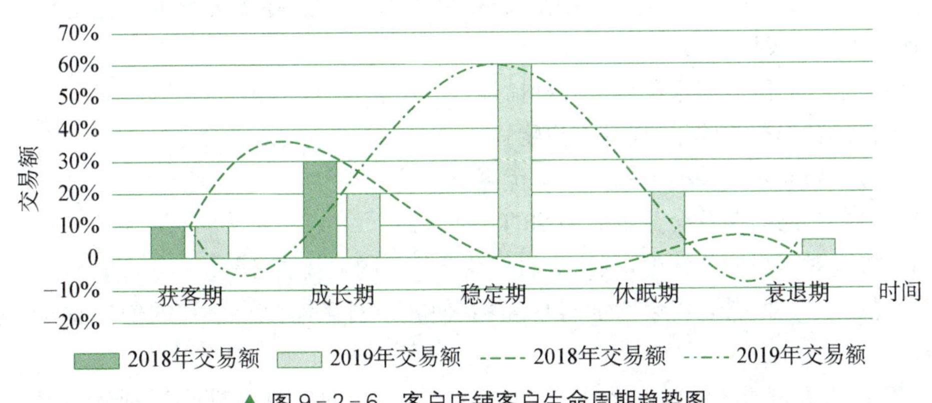

▲ 图 9-2-6 客户店铺客户生命周期趋势图

从图 9-2-6 可以看出,该店铺 2018 年的客户生命周期曲线发展得并不顺利,属于上文所述的“早期流产型”,这种模式是指客户关系没能越过获客期就直接流产了。主要是因为客户认为店铺达不到自己的预期,或者在接触的过程中,发现该店铺无法在后期的交易过程中提供令人满意的服务或产品。另一个原因是店铺认为客户没有足够的开发价值,不应当建立长期的合作关系。

图中 2019 年的客户生命周期发展趋势明显比 2018 年好,客户能从获客期进入成长期,说明客户已经跟店铺建立了初期交易关系,并对双方提供的价值感到满意,彼此建立了一定的信任感,有建立长期关系的意图。虽然店铺能够给客户带来一定的价值,但是由于自身竞争力的限制或者对客户真正的需求不是很了解,店铺无法像预期一样给客户带来不断提升的价值,导致客户的中途退出,形成了中途夭折型的发展趋势。

通过分析可以得知，店铺在 2018 年就出现了类似无法提供有价值的服务或产品等问题，导致了客户的流失。之后店铺采取了一系列措施来补救，并在 2019 年实施，使得店铺在获客期以及成长期的发展达到了预期的效果。但是店铺在稳定期发生极大的转折，这个问题应该如何补救？以及 2018 年采取了什么补救措施？

（二）客户生命周期优化实操

针对该店 2018 年以及 2019 年出现的问题，结合客户生命周期的概念以及相关知识点，对出现的问题以及补救措施做以下分析：

(1) 店铺在 2018 年出现了“早期流产型”模式，说明店铺在一开始就无法为客户提供有价值的产品或服务。面对这种情况，在获取新客户的阶段，客服环节要注重客户信息的收集和完善，做好首次购买客户的催付，提升订单的支付率；优化发货环节(催付—发货—到达—签收—好评)，提升发货流程的客户体验；做好新客分组及精准营销服务，促使客户二次购买。

(2) 2019 年，店铺客户生命周期发展在获客期与成长期均未出现“早期流产”现象，说明 2018 年的补救措施仍在产生影响，但在稳定期内，前期发展得比较顺利，呈现持续上升的趋势，直到后期直线下落。造成这种现象的原因是店铺自身竞争力的限制，对客户的真正的需求了解不深，无法给用户带来持续性的价值，导致客户的中途退出，形成了中途夭折型的发展趋势。

针对这个问题，可以采取以下几种措施。

1) 搭建客户权益体系，提升客户购物体验。

2) 做到新老客户精准营销及定向优惠。

3) 做好产品周期及会员生命周期的关怀营销。

4) 提升对客户的关怀度，例如节假日及会员日的关怀服务等。

通过以上 4 种措施，可以增加客户黏性，使客户对店铺建立一定的信任感，提高回购率。

(3) 除了案例所述的问题之外，店铺在客户关系发展后期可能会遇到其他问题，比如店铺后续服务不到位或者客户对店铺提供的后续价值感到不满意等，这均可能导致客户流失。针对这类问题，可以采取以下措施：

1) 面对休眠期客户流失的问题，可以采取休眠分组，找出高价值及低价值的休眠客户，进行分析，然后针对不同休眠组用户采取激活措施，借助优惠券及活动的方式唤醒客户。定期开展定向优惠活动，刺激休眠客户回购；利用数据过滤，删除无法激活的客户，降低营销成本，从源头上做好客户的服务及营销工作，从而降低休眠率。

2) 对于店铺的忠诚客户，我们应当建立积分体系、强化会员权益；同时，建立品牌数据中心，打造品牌体系；挖掘重点粉丝客户，建立客户口碑传播渠道；并通过组织客户活动等措施和方法，提升粉丝客户的活跃度。

只有提高新老客户购物体验、唤醒和挽回休眠和流失的客户、维护忠诚客户，才能保证店铺客户生命周期持续、健康地循环运转。

任务评价

通过完成本任务的学习，请根据表 9-2-2 对所学内容进行自检。

表 9-2-2　店铺客户生命周期任务评价表

序号	鉴定评分点	分值	评分
1	能够根据柱状图发现存在的问题	30	
2	能够根据存在的问题，提出有针对性并且可行的优化建议	50	
3	能够通过对客户生命周期效果优化牢固树立动态发展的观点	20	

知识延伸

知识延伸

(1) 客户生命周期分析：分析客户群体的分类。

(2) 客户关系管理：分析客户生命周期阶段与模式。

以上知识延伸内容的学习，请扫描二维码。

任务拓展训练

店铺客户关系生命周期分析训练　根据图 9-2-7 店铺交易额树状图，分析该店铺客户生命周期处于哪种模式，并指出存在的问题，分析并优化。

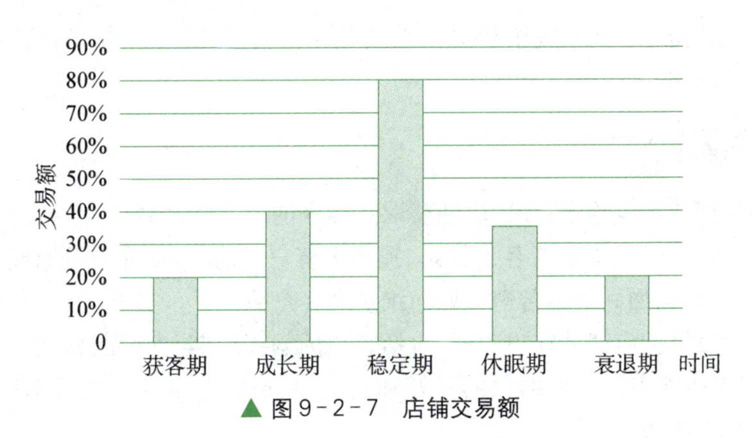

▲ 图 9-2-7　店铺交易额

任务3 店铺老客营销效果分析与应用

学习目标

1. 了解老客营销的重要性。
2. 掌握老客营销效果分析维度。
3. 掌握老客营销技巧。
4. 能够通过数据分析结果对老客营销方法进行优化。
5. 牢固树立服务意识。

任务描述

本任务从数据分析的角度解读老客营销效果。根据数据反映的问题,对营销手段进行有针对性的调整。

任务分析

随着电商行业竞争趋于稳定,店铺获取新客户的成本越来越高,新客户很难再出现爆发式的增长,因此,维护好老客户关系、提高老客户复购率,便成为商家极力想要做好的事情。那么,如何做好老客营销?如何维护老客户呢?

本任务通过解读店铺的客户数据,包括客户的购买周期、支付能力、购买习惯、商品偏好等,帮助商家更好地了解客户的喜好和行为,从而制订更有效的营销策略,提升店铺的客户转化及销售额。

任务准备

任务准备

为了更好地达到实训目的,需要做如下准备:

(1) 准备在淘系、京东平台上有一定运营周期的账号。

(2) 提前准备好6个月内老客成交数据报表。

(3) 确保电脑等设备能正常使用。

(4) 确保网络正常且稳定。

一、老客营销效果数据解读

微课　客户细分方法与模型

商家在进行老客户的营销时，往往面对着大量的客户数据却无从下手，容易导致商家对老客营销的效果把控不到位。商家在分析老客户数据时，应从哪些维度展开？

（一）新老客户成交占比数据

分析老客户的营销数据，首先需要观察的是近期店铺新老客户的成交数占比。通过分析新老客户成交占比趋势，可将店铺分为以下 3 种类型：

1. 失血型　失血型店铺如图 9－3－1 所示，在统计时间内，店铺的总成交趋势趋于稳定，老客营销效果显著，老客户的增长趋势不断上升，而新客户的增长趋势却不断下降。此现象会导致后期店铺无法引进足够多的新客户，而老客户在老客营销结束后会不断减少，最终店铺由于没有“新鲜血液”的注入，老客户无法长时间维持店铺成交量，导致店铺整体成交趋势不断走下坡路。

2. 健康型　健康型店铺如图 9－3－2 所示，在统计时间内老客户复购不断增长，新客户成交量不断增长，店铺整体成交量呈增长态势。

3. 换血型　换血型店铺如图 9－3－3 所示，新客户成交量不断增长，而老客户的成

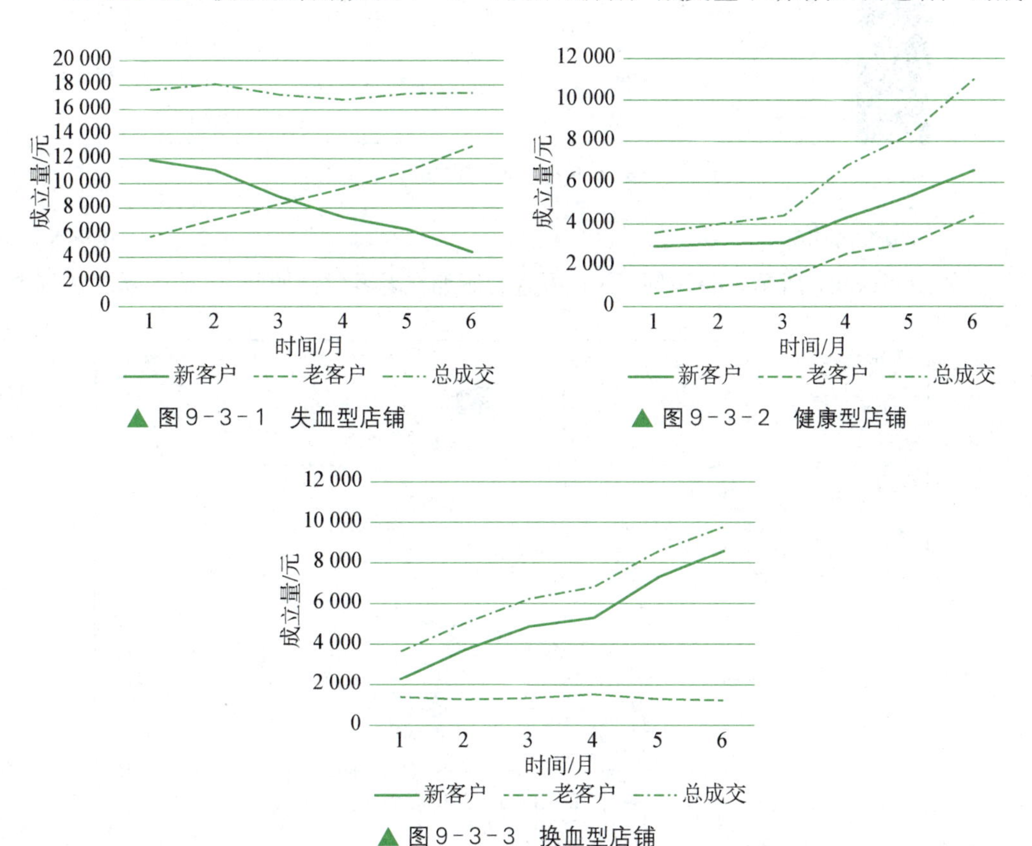

▲ 图 9－3－1　失血型店铺

▲ 图 9－3－2　健康型店铺

▲ 图 9－3－3　换血型店铺

交量处于平稳或下降状态。老客营销效果不足,却意外引爆了新客户的增长。店铺的流量依靠新客户的支持,在老客户的转化上存在不足,即店铺的复购率不足。这种类型的店铺需要考虑老客营销的策略是否出现了问题。

(二) 店铺粉丝数据

微课　客户忠诚度的定义、分类与测量标准

在店铺 CRM(客户管理系统)后台可查看店铺的粉丝数据,粉丝数据也是店铺在进行老客营销时需要观察的数据。店铺在进行了一段时间的老客营销之后,粉丝增长情况如何?在购买的用户中新增了多少粉丝?在店铺粉丝中又有多少粉丝有复购行为?

如图 9-3-4 所示,在店铺 CRM 的客户分析中,可查看店铺的粉丝数及新增粉丝数。店铺在进行老客营销时,粉丝数上涨幅度越大,则说明老客营销效果越好,客户黏性越强。

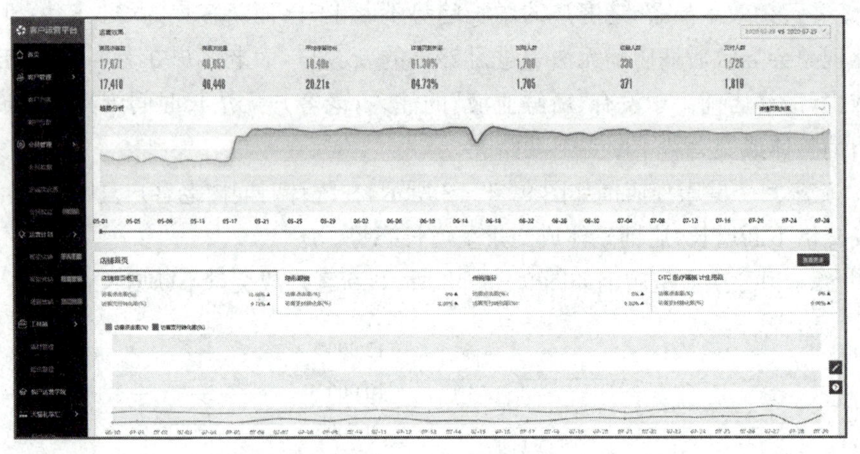

▲ 图 9-3-4　客户分析

(三) 访问关键词

如图 9-3-5 所示,在 CRM 页面,可查看店铺在老客营销期间,店铺的新老访客占

特征分布　　日期　2020-05-28~2020-05-28　所有终端

淘气值分布

淘气值	访客数	占比	下单转化率
601-800	7,815	29.91%	5.77%
501-600	5,524	21.14%	5.39%
1000+	4,199	16.07%	7.45%
801-1000	3,909	14.96%	7.04%
401-500	3,504	13.41%	3.94%
400及以下	1,177	4.50%	1.78%

消费层级

消费层级(元)	访客数	占比	下单转化率
0-20.0	16,394	62.74%	4.92%
180.0以上	5,342	20.45%	7.53%
100.0-180....	2,665	10.20%	6.94%
60.0-100.0	1,255	4.80%	5.82%
35.0-60.0	395	1.51%	6.33%
20.0-35.0	77	0.29%	6.49%

性别

性别	访客数	占比	下单转化率
男	10,119	38.73%	6.21%
女	15,213	58.22%	5.61%
未知	796	3.05%	1.88%

店铺新老访客

■新访客 ■老访客

访客类型	访客数	占比	下单转化率
新访客	23,460	89.79%	5.42%
老访客	2,668	10.21%	8.40%

▲ 图 9-3-5　CRM 界面

比数据，及客户来源关键词的 TOP5，也就是客户通过搜索哪些关键词进入店铺。若客户搜索的关键词主要是产品词，则说明店铺缺乏品牌影响力，间接反映了店铺的回头率较低，须加强品牌在客户心中的地位。

二、老客营销策略

老客营销不仅能为店铺带来直接的经济效益，更重要的是，老客户的口碑传播可以为店铺带来新的客户群体。老客户的忠诚度高、消费能力强、营销成本低、转介绍能力强，因此把老客户变成粉丝，才是商家营销的重心。

针对老客户展开营销，一般可以有以下几种方式：

(一) 完善的会员体系

维护老客户需要有完善的店铺会员体系，在设置会员体系时可以从等级、积分出发。

1. 等级体系　设计会员的等级划分，需要遵从二八原则。从普通用户中提取会员后，根据以往成交金额占比，设置会员等级门槛，如图 9－3－6 所示。比如，满足客单价排名前 20％的人群为黄金会员，再根据黄金会员中客单价前 20％划分出更高级的会员。

日期	成交客户ID	成交金额/元	成交笔数
5月19日	779555	5678	95
5月19日	735715	4355	[illegible]
5月19日	724755	3462	58
5月19日	757635	3245	54

排序

▲ 图 9－3－6　店铺成交数据表

划分会员等级时，需要引导普通会员转到更高的会员等级上，通过设置专属权益，促进会员升级。一般，可将会员划分为 4 个等级：白银会员、黄金会员、铂金会员、钻石会员。

2. 积分体系　在老客营销策略中，最常见的行为是将客户的消费金额与会员积分捆绑，从而提升客户的消费欲望，获取更多积分。同时，积分也可反作用于老客户的消费行为，让老客户提前消费或提升品牌的黏性。如图 9－3－7 所示，客户通过购买商品可获得天猫积分，天猫积分同时可作为下一次消费的抵扣。

▲ 图 9－3－7　天猫积分

对于消费者而言，店铺积分更像是一种关联消费，也是一种以“价格＋积分”购买产品的投资行为，店铺积分代表的是可替代的、直观的利益（如商品、礼品等）。

同时，积分体系还可以提高会员的放弃成本，当会员清楚地了解积分在本店的价值后，他们不会轻易放弃即将到手的积分，转而选择其他店铺购买。

(二) 定期店内活动

1. 店铺会员日　如图 9－3－8 所示，店铺定期举行会员日营销活动，针对会员设置专属优惠，一方面可以提高店铺会员及粉丝的黏性，另一方面可以吸引更多客户加入店铺会员。当店铺针对老客户举行专场活动时，往往能让老客户产生被重视的好感，进而成为店铺的忠实粉丝。

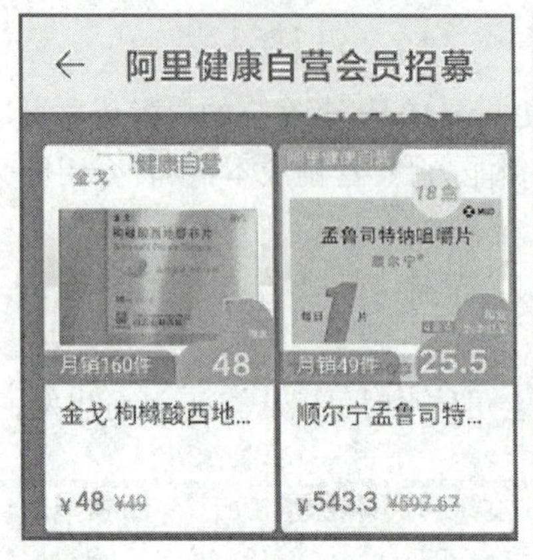

▲ 图 9-3-8　店铺会员日活动

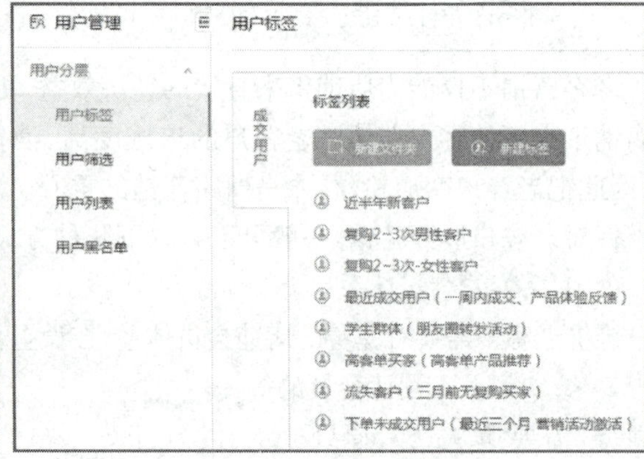

▲ 图 9-3-9　筛选标签用户

2. 上新优惠活动　如图 9-3-9 所示，在 CRM 客户端，点击"用户管理"，进入页面后可从成交次数、下单金额、下单时间等维度筛选用户。筛选出店铺新品针对的客户群体后，推送优惠活动。

3. 短信邮件推送　短信营销是网店在进行老客营销时一个必不可少的手段，当店铺有新品或限量商品促销时，可提前短信通知店铺老会员，一方面可以唤醒部分休眠客户，另一方面可以吸引老会员进店购买，大大提升店铺销售额。

三、推广效果数据分析与优化实操

表 9-3-1 是店铺在 7 月进行了 7 天的老客营销后的新老客户占比报表。

表 9-3-1　店铺新老客户成交占比报表

统计日期	新增店铺收藏人数	访客数	新访客数	老访客数	老访客数占比	支付买家数	新买家数	老买家数	老买家占比
7月1日	6 592	138 791	56 282	82 509	59.45%	2 317	1 048	1 269	54.77%
7月2日	6 239	156 722	89 432	67 290	42.94%	2 561	1 409	1 152	44.98%
7月3日	5 722	172 849	121 928	50 921	29.46%	2 865	1 962	903	31.52%
7月4日	4 850	210 232	169 828	40 404	19.22%	3 277	2 492	785	23.95%
7月5日	3 394	228 549	192 833	35 716	15.63%	3 492	2 861	631	18.07%
7月6日	2 313	253 790	219 304	34 486	13.59%	4 920	4 292	628	12.76%
7月7日	2 209	271 892	241 812	30 080	11.06%	5 271	4 692	579	10.98%

(一) 老客营销效果数据分析实操

1. 新老客户成交占比数据分析　首先需要查看老客营销期间的新老客户占比情况,店铺不断有新客户的注入,而老客户却在不断流失,属于换血型店铺。此时应该抓住新客户的流量,不断使新客户转化成老客户,提升复购率。

其次,分析新老客户转化率。先在表格中添加新客户转化率及老客户转化率数据序列。新客户转化率=(新买家数/新访客数)×100%,老客户转化率=(老买家数/老访客数)×100%。在K3单元格输入公式“=H3/D3”,点击“确定”,即可得到新客户转化率,在L3单元格输入公式“=I3/E3”,点击“确定”,即可得到老客户转化率,如图9-3-10所示。

店铺新老客户占比报表

统计日期	新增店铺收藏人数	访客数	新访客数	老访客数	老访客数占比	支付买家数	新买家数	老买家数	老买家占比	新客户转化率	老客户转化率
7月1日	6 592	138 791	56 282	82 509	59.45%	2 317	1 048	1 269	54.77%	1.86%	=I3/E3
7月2日	6 239	156 722	89 432	67 290	42.94%	2 561	1 409	1 152	44.98%		
7月3日	5 722	172 849	121 928	50 921	29.46%	2 865	1 962	903	31.52%		
7月4日	4 850	210 232	169 828	40 404	19.22%	3 277	2 492	785	23.95%		
7月5日	3 394	228 549	192 833	35 716	15.63%	3 492	2 861	631	18.07%		
7月6日	2 313	253 790	219 304	34 486	13.59%	4 920	4 292	628	12.76%		
7月7日	2 209	271 892	241 812	30 080	11.06%	5 271	4 692	579	10.98%		

▲ 图9-3-10　输入公式

拖动下拉手柄,自动计算表格中剩余空行,结果如表9-3-2所示。

表9-3-2　新老客户转化率

统计日期	新增店铺收藏人数	访客数	新访客数	老访客数	老访客数占比	支付买家数	新买家数	老买家数	老买家占比	新客户转化率	老客户转化率
7月1日	6 592	138 791	56 282	82 509	59.45%	2 317	1 048	1 269	54.77%	1.86%	1.54%
7月2日	6 239	156 722	89 432	67 290	42.94%	2 561	1 409	1 152	44.98%	1.58%	1.71%
7月3日	5 722	172 849	121 928	50 921	29.46%	2 865	1 962	903	31.52%	1.61%	1.77%
7月4日	4 850	210 232	169 828	40 404	19.22%	3 277	2 492	785	23.95%	1.47%	1.94%
7月5日	3 394	228 549	192 833	35 716	15.63%	3 492	2 861	631	18.07%	1.48%	1.77%
7月6日	2 313	253 790	219 304	34 486	13.59%	4 920	4 292	628	12.76%	1.96%	1.82%
7月7日	2 209	271 892	241 812	30 080	11.06%	5 271	4 692	579	10.98%	1.94%	1.92%

结合老访客数占比情况,发现店铺在进行老客营销时,老客户回访量较少,同时新客户转化率也很低,说明店铺不仅在老客转化上出现了问题,而且在新客引流上也存在不足。店铺运营者应先写老客复购的对策,再写新客转化的对策。

2. 店铺粉丝数据　如表9-3-2所示,在店铺进行老客营销期间,店铺新增收藏人数在日益减少,说明进店客户的收藏关注意识薄弱,或者店铺内未设置收藏关注引导,导致许多访客进入店铺未关注、未购买,这批流失客户是商家需要重点关注的客

户群体。商家需要思考如何将访客转化成下单客户或者店铺粉丝，让客户在购买的同时，关注收藏店铺，让关注了店铺的客户能定期或一段时间后回到店铺内选购商品。

（二）老客营销优化实操

1. 复购提醒　本次实操以“好药师店铺”为例，针对店铺近期复购率低的情况，商家可设置复购提醒，精选店铺内复购率最高的商品，并设置专属优惠，通过消息盒子推送给老客户，具体流程：高复购商品→设置优惠券→消息盒子推送→客户点击选购。

通过复购提醒，可提升客户的回购频率，降低客户流失率，并且提升品牌在客户心中的存在感。

经过筛选，最终选定了店铺中复购率最高的万通筋骨贴，作为本次吸引老客复购的主要商品，并针对老客户设置专属优惠。

针对店铺老客户，可以选择自定义营销工具、智能复购提醒或优惠券关怀，提醒老客户复购，如图 9-3-11 所示。

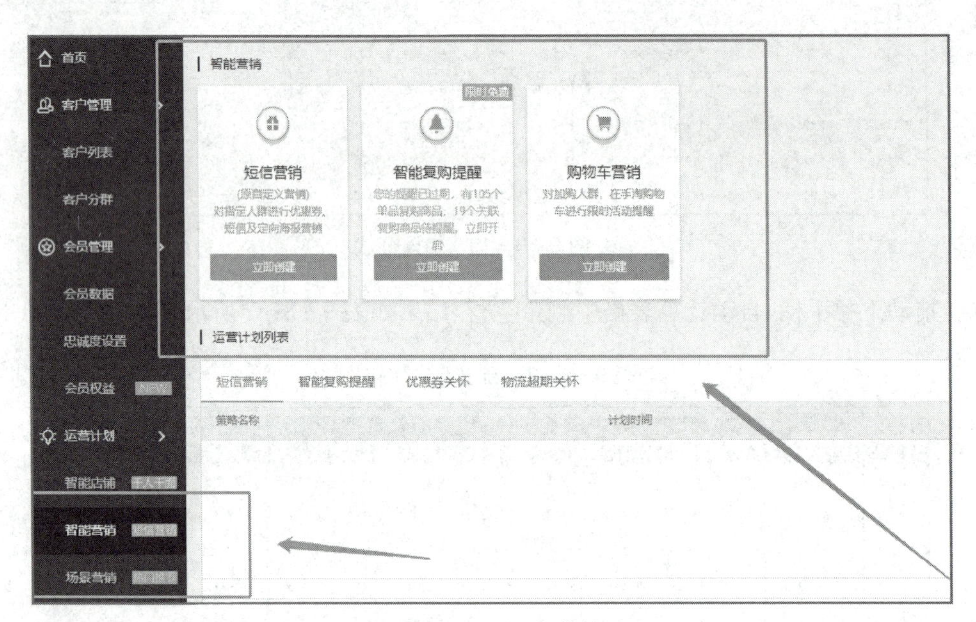

▲ 图 9-3-11　老客营销工具

在店铺 CRM 中，筛选出未复购用户及休眠客户，发送优惠促销广告。

店铺在设置了复购提醒之后，最终转化效果：吸引了 17 214 人进店，最终下单人数为 4 829。

2. 提升店铺粉丝数　针对店铺收藏人数不足，商家可通过设置收藏送现金券或者送积分、关注领取优惠券等，将店铺访客转化为潜在客户，增大客户下单概率。

针对店铺粉丝无转化的情况，商家可在店铺微淘中发送产品推广和上新广告，如图 9-3-12 所示。微淘就像是微信朋友圈，当关注了店铺的客户在逛微淘时，会看到店铺

推送的产品广告，便能提高客户下单的概率。

另一方面，微淘也是加深品牌在客户心中地位的有利手段，当客户在逛淘宝、逛微淘时，不断刷到店铺推送的广告，久而久之，在客户心中便能产生持久的印象，当客户有需求时，便能回到店铺购买。

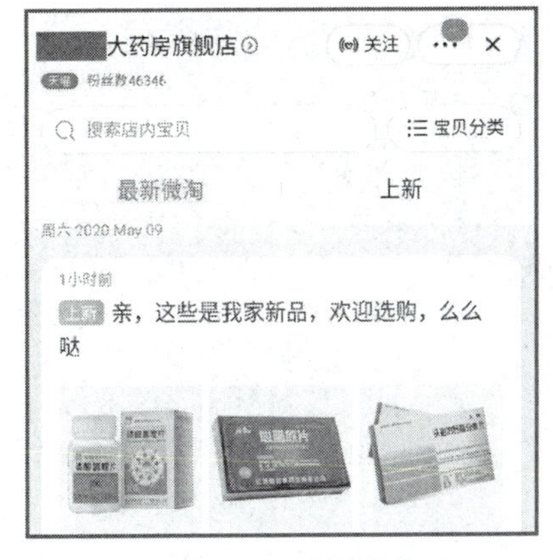

▲ 图 9-3-12　店铺微淘页面

任务评价

通过完成本任务的操作，请根据表 9-3-3 对所学内容进行自检。

表 9-3-3　老客营销效果分析与优化操作评价表

序号	鉴定评分点	分值	评分
1	能够根据数据报表，分析出老客营销存在的问题	20	
2	能够根据存在的问题，提出有针对性并且可行的优化建议	30	
3	能够根据优化建议进行优化并独立操作	30	
4	能够通过对老客户的营销和管理，牢固树立服务客户的意识	20	

知识延伸

知识延伸

(1) 如何做好老客营销？如何让店铺老客占比达到 77%？

(2) 如何做会员营销？

(3) 如何利用四大策略有效提升产品复购率？

以上知识延伸内容的学习，请扫描二维码。

任务拓展训练

老客营销效果数据分析训练　请从任务准备中下载店铺近 7 天老客营销效果数据报表，分析老客营销效果并进行优化，最后将完成的分析与优化报告文档提交给老师。

模块三　数据分析与应用

项目十　销售数据分析与应用

项目说明

做电商运营,数据非常重要。特别是销售,要懂得从一堆数据指标中看出问题,并分析原因,最终优化数据,提升销售额。

本项目分别介绍电商运营中关联销售数据和活动销售数据的分析与应用。

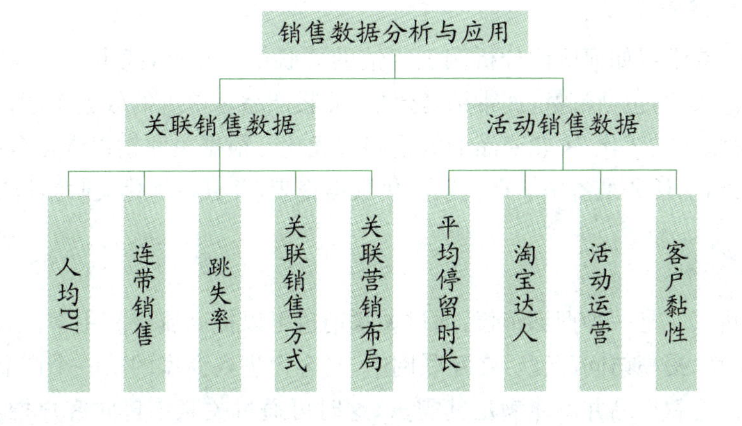

任务  关联销售数据分析与应用

学习目标

1. 熟悉关联销售指标解读。
2. 了解关联销售数据优化方向。
3. 掌握关联销售数据分析操作方法。
4. 牢固树立普遍联系的观点。

任务描述

本任务主要学习如何解读分析淘宝店铺的关联销售数据,找出店铺运营中存在的问题并优化。其中,包括流量、连带销售效果、关联产品客单价的数据解读;关联产品的布局优化、关联形式优化、关联商品的数量调整优化。根据关联销售数据分析与优化实操的2个情景,从任务准备中下载关联销售数据报表,并分析优化关联销售实操训练。

任务分析

关联销售其实是一种捆绑销售,通过关联销售可以提高流量利用率,增加引导访问数,减少跳失率,提高访问深度。在互联网中,当客户进入商家的某一个产品页面时,可能商家提供的这款产品并不能满足其需求,这时可通过关联销售向客户推荐其他关联产品,而关联销售效果需通过数据来分析。

任务准备

任务准备

为了更好地达到实训目的,需要做如下准备:

(1) 提前下载关联销售数据报表。

(2) 确保电脑等设备能正常使用。

(3) 确保网络正常且稳定。

任务实施

一、关联销售数据指标解读

在流量如金的时代，商家及运营人员要做好关联销售，把握流量，从而提升店铺的销售额。商家可通过关联销售数据指标及时调整商品销售策略，例如，降低跳失率，提高店铺的流量，提高商品的客单价和访问数等，进一步引导商家发掘商品的关联性，来实现深层次的多面引导。关联销售数据指标包括流量数据、连带销售效果、关联产品客单价。

1. 流量数据　流量数据用于分析关联产品的关联效果，关联产品在销售时，可以用流量数据来展示主商品和关联商品的关联效果。商家在分析流量数据时，主要分析人均 PV(访问量)、跳失率、引导商品访客数。

2. 连带销售　连带销售是店铺商品关联销售数据的重要指标之一，主要包括引导支付件数、引导商品支付金额、引导支付转化率，也是体现关联销售、关联效果的核心点，在进行关联销售的销售额分析时，需要将主商品与不同的关联商品的连带销售效果进行对比，如主商品 A 与商品 B、商品 C、商品 D 三款商品分别进行关联销售，连带销售效果弱的商品，商家要考虑更换该商品，以继续提升店铺的整体销售。

3. 关联产品客单价　关联销售的价值体现在客单价的提高，影响关联商品客单价的因素有两点：商品价格和下单件数。关联销售可以增加关联商品销售的概率，而提高关联商品的客单价能够提升整体关联销售的效果。可以通过合理提高商品价格及搭配套餐以增加客户的下单件数。

二、关联销售优化方向

商家可以优化关联销售的各个方面，充分利用流量数据，用更多优质的产品吸引买家，在增加访客数的同时可以增加店铺其他商品的展示，这对店铺成交量有很好的推动作用。在推广成本不断上升的当下，做好关联营销在某种程度上就是有效地分摊推广成本，更好地利用宝贵的流量资源。关联销售数据的优化方向：关联产品的布局、关联形式、关联商品的数量。

(一) 关联产品的布局优化

关联产品的布局位置很重要，因为其决定了店铺大部分的销售额。那关联产品该如何放置呢?

1. 详情页上方　如图 10-1-1 所示，详情页上方是曝光最多的入口，适合爆款、引流款、新品测试。需要注意的是，这个区域的关联销售的内容不宜过多。页面太长会引起买家反感，反而增加跳失率。

2. 详情页中部　如图 10-1-2 所示，详情页中部适合放置利润款、互补型的产品，通过不同的产品搭配营销。在选择关联商品时,主要推荐此属性里表现好的商品,不考虑价格。比如,对于一款儿童鱼油胶囊,主要推荐儿童营养品中转化率高的或者销量高的优质商品。当客户对产品有一定的了解之后,看到中间位置的关联产品或许会想要一起购买,这样的关联销售可以提醒消费者是否有购买需求,同时也可以增加产品的曝光度。由于关联销售放在中间位置,有极强的配套性,建议只设置一两款商品就够了,同时要控制推荐内容占的面积,不能过大。

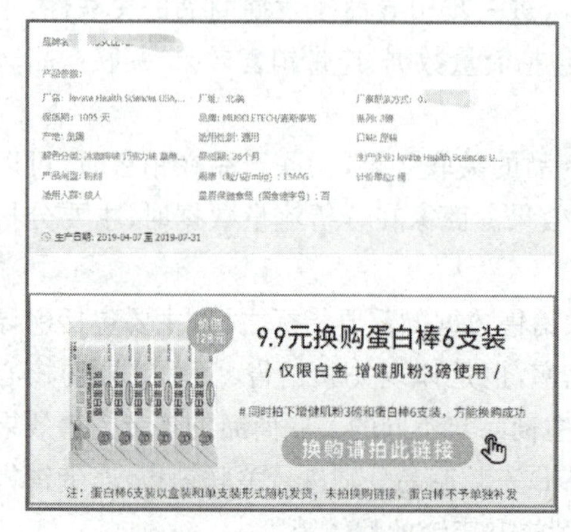

▲ 图 10-1-1　详情页上方

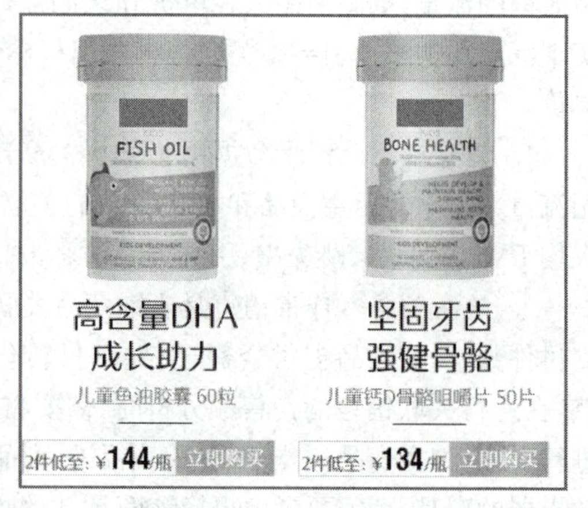

▲ 图 10-1-2　详情页中部

3. 详情页下方　如图 10-1-3 所示,详情页下方的关联销售适合推荐与宝贝详情页描述的产品关联度高的产品,可以推出几款不同的选择。例如,详情页的产品为营养品,那么下方可以推出几款其他营养品供买家选择。

(二) 关联形式优化

关联销售因能够提升店铺产品的曝光量、转化率、客单价等,已经得到越来越多的商家青睐,是极为重要的店铺销售手段。关联销售的表现形式多样,其中潜在关联、替代关联、互补关联、搭配关联是 4 种主要表现形式。

1. 潜在关联　潜在关联重点强调潜在互补关系,这种搭配方式一般用在多类目店铺。如图 10-1-4 所示,主推产品为解热消炎胶囊,则潜在关联的商品可以为退热走珠液。表面上,这两种产品毫无关系,但是潜在意义上有一定的关联性,因为买解热消炎胶囊的人不一定是上火、发炎,很有可能是发烧。所以,选择合适的潜在关联商品,才有可能增加引导支付件数和提高转化率。

2. 替代关联　替代关联是指主推商品和关联商品可以完全替代。如图 10-1-5 所示,主推商品为有机柠檬酸钙美 D,那么关联商品可以是深海鱼油或是其他营养品。关联商品和主推商品为同一类型的产品,客户在购买主推商品时,购买关联商品的可能性也会增大。

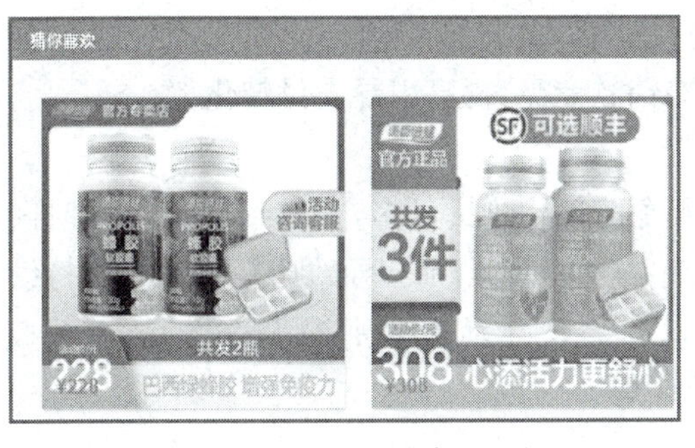

▲ 图 10－1－3 详情页下方

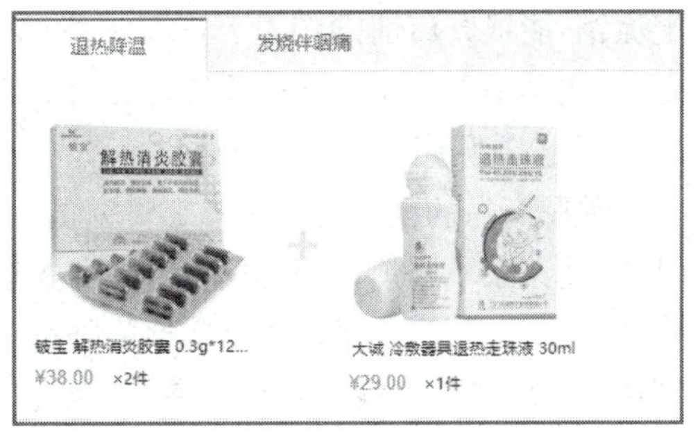

▲ 图 10－1－4 潜在关联商品

3. 互补关联 互补关联强调搭配的商品和主推商品有直接相关性。如图 10－1－6 所示，主推商品为健身蛋白粉，关联销售可以搭配减脂代餐食品、健身电解质饮料冲剂等同场景商品。如果关联的商品是鼻炎药，跟主推商品没有关联关系，就会导致跳失率变高、引导支付件数变少。

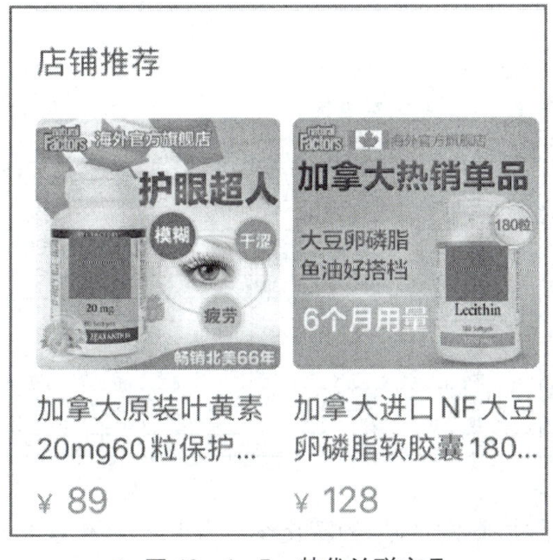

▲ 图 10－1－5 替代关联商品

▲ 图 10－1－6 互补关联商品

4. 搭配关联 如图 10－1－7 所示，搭配关联是指将几种店铺的商品组合在一起打包销售，买家在享受优惠的同时，商家也能卖出更多的宝贝。通过热销款与滞销款的搭

▲ 图 10－1－7 搭配关联商品

配促销,能提升店铺的销量。需要注意的是,搭配后的价格必须与原商品有明显的区别,才更容易促进买家下单并带动店铺中的滞销款商品,提高引导支付转化率。

(三) 关联商品的数量优化

关联商品的数量也是有一定讲究的。若关联商品数量过多,会导致图片加载时间过长,让买家不耐烦,使跳失率增高;若关联商品数量过少,则会导致店铺的客单价持续降低。通常情况下,建议商家单款关联销售,以 2～3 行为最佳,每行 3 个产品,总数控制在 6～9 个产品,视觉效果上最好不要超出一屏。

三、关联销售数据分析与优化实操

(一) 情景 1: 关联销售数据分析与优化实操

以好药师店铺中一款主推商品博士伦隐形眼镜日抛为例,该商品在设置关联销售前是引流主推商品,访客数和转化率都很不错,因此在其详情页关联了其余 12 款商品,以此来带动店铺销售。

1. 分析实操　现针对这 13 款商品近 14 天的关联销售数据进行分析,关联销售数据报表如表 10－1－1 所示。

表 10－1－1　情景 1 关联销售数据报表

品牌	商品	PV	跳失率	客单价/元	引导商品访客数	引导支付金额	引导支付件数	引导支付转化率
博士伦	隐形眼镜日抛（主商品）	5500	70%	99	3000	17820	180	6%
强生	安视隐形眼镜周抛	1200	80%	198	800	19800	100	13%
库博	隐形眼镜月抛	700	60%	208	200	6240	30	15%
博士伦	新洁隐形眼镜护理液	7000	85%	29	2800	17400	600	21%
强生	隐形眼镜周抛	6700	70%	198	2300	15840	80	3%
博士伦	隐形眼镜半年抛	3500	80%	65	1000	1300	20	2%
海昌	隐形眼镜半年抛	501	90%	80	500	400	5	1%
海昌	隐形眼镜日抛	700	95%	100	600	1000	10	2%
海昌	隐形眼镜月抛	505	90%	90	500	180	2	0%
海昌	隐形眼镜日抛美瞳款	305	96%	105	300	105	1	0%
乐森林	隐形眼镜日抛	150	92%	105	120	315	3	3%
乐森林	隐形眼镜月抛	200	91%	95	100	190	2	2%
乐森林	隐形眼镜半年抛	390	95%	85	150	85	1	1%

由表 10－1－1 可知,主商品(博士伦隐形眼镜日抛)的转化率只有 6%,在行业平均转化率排名中靠后,为什么关联了其他商品后,主推商品的数据会出现这么大的变动呢?

再来看报表,发现关联的海昌和乐森林品牌的商品跳失率全部高于 90%,并且引导访客数低,转化率低,甚至出现海昌隐形眼镜月抛和海昌隐形眼镜月抛美瞳款这两种关联商品的引导支付转化率为 0 的情况。

可以看出,该商品的关联效果很差,主推商品的数据不好,引导关联的商品的数据也不好。而主推商品原来的各项指数都不错,关联商品本身也有不少客户点击,所以可以排除关联商品不够优质的问题。结合关联销售的营销技巧以及数据和商品页面情况,可知:该商品关联销售的商品数量过多。

2. 优化方案　根据上述分析,可知:需要将关联的 12 款商品减少到 6 款。因为其中指标倒数的 6 款商品的引导支付转化率过低,商品访客数也不高,同时与其他几款商

品的属性有重叠。因此，商家可以删除指标倒数的6款商品。

（二）情景2：关联销售数据分析与优化实操

请扫描二维码查看情景2的内容。

10-1-1
情景2

任务评价

通过完成本任务的操作，按表10-1-2检查自己是否掌握了所学内容。

表10-1-2　关联销售数据分析与应用操作评价表

序号	鉴定评分点	分值	评分
1	能够根据关联销售数据报表发现存在的问题	20	
2	能够根据数据分析出的问题，提出有针对性并且可行的店铺优化建议	30	
3	根据优化建议，优化操作或者撰写方案	30	
4	能够通过对关联销售的管理，提高对普遍联系观点的认识	20	

知识延伸

知识延伸

（1）店铺设置关联销售有何意义？设置关联销售有哪几种方式？

（2）关联销售数据深度解析。

（3）淘宝营销中关联销售的3个关键点。

（4）店铺关联销售的总结。

以上知识延伸的内容学习，请扫描二维码。

任务拓展训练

请从任务准备中下载关联销售数据报表，并分析优化关联销售实操训练，最后将完成的分析与优化报告提交给老师。

任务活动销售数据分析与应用

学习目标

1. 熟悉店铺活动销售数据解读的维度。
2. 熟悉店铺活动销售优化方向。
3. 掌握店铺活动销售数据分析方法。
4. 掌握店铺活动针对性优化方案。
5. 牢固树立创新发展的新理念。

任务描述

本任务将介绍店铺活动销售数据的分析与解读，找出活动销售中存在的问题，并进行优化。通过任务拓展训练，帮助学员更好地掌握本节知识。

任务分析

在全民网购的今天，商家们都在想尽一切办法，通过各种促销手段，争取店铺销量爆发式地增长。然而，在店铺结束了一场活动后，如何通过数据分析活动效果？活动中存在哪些不足？如何对不足之处加以优化？对于这些问题，许多商家往往无从下手。

通过本任务的学习，能使学员对活动销售数据有清晰的认识，能通过活动销售数据的分析，找到店铺在活动中存在的不足，并提出优化方向。

任务准备

任务准备

为了更好地达到实训目的，需要做如下准备。

(1) 提前下载店铺活动数据。

(2) 确保电脑等设备能正常使用。

(3) 确保网络正常且稳定。

一、活动销售数据解读

随着消费者对网购的需求日益增多，广大店铺也紧跟热点，抓住各个节日做促销活动以吸引消费者下单，为店铺带来更多的成交量。在活动结束后，商家需要分析活动销售数据，得出本次活动的成功与不足之处。

为了更全面地分析店铺的活动效果，商家需要收集店铺流量、销售额、推广花费、新老客户占比等数据，同时使用不同分析方法对不同数据指标进行有效分析。

1. 店铺流量数据　店铺流量是实现销售的基本保障，常用于分析活动推广效果。一般分析以下 4 项数据指标：访客数、平均停留时长、收藏数、跳失率。

2. 销售额数据　销售额是活动销售数据中最重要的指标，是判断活动效果的核心要素。在分析活动销售额时，需对主要渠道，即首页、关键词搜索、买家后台、购物车、收藏夹以及其他渠道来源的销售额进行对比分析，以获得销售效果最佳的渠道，后期进行其他活动时可加大投入，而对于效果较差的渠道可进行具有针对性的优化，或减少投入，以提高店铺活动时的整体 ROI。

3. 推广花费数据　推广花费是指店铺活动的支出，推广花费的比重直接影响活动盈利情况，因此做好推广花费的分析，有效把控支出，有利于提升店铺活动的收益。

在分析推广花费数据时，需要分析店铺在推广活动时的各项支出，以及各种推广方式带来的销量、访客数、收藏人数等数据。目前店铺推广活动的方式有直通车、钻展、淘宝客、淘宝达人。

4. 新老客户占比　电商行业竞争愈演愈烈，店铺通过活动吸引新客户的难度不断上升，新客户的获取成本也越来越高，而店铺老客户群体作为店铺的蓄水池，是一笔巨大财富。若店铺在活动时能吸引老客户复购，则活动销售额将大幅度提高。因此，分析活动销售数据时，店铺新老客户占比也是一项重要的参考因素。

二、店铺活动销售优化方向

每场活动结束后，商家都需要对本次活动进行复盘反思，总结活动中存在的不足并优化，主要可以参考以下 4 个优化方向。

（一）店铺活动流量优化

当店铺活动出现流量不足的情况，店铺可针对活动进行引流，具体引流策略为：付费流量、站外流量、淘宝平台资源。

1. 付费流量　淘宝付费流量主要有钻展、直通车、淘宝客等网店推广工具。店铺活动期间若访客数不足，可根据店铺资金情况适当参与付费推广或加大付费推广力度，为店铺活动引流。

2. 站外流量　优化站外引流也可增加店铺活动期间的流量，站外引流主要可通过

以下方式：

（1）微博、微信、微淘、淘宝头条、淘宝论坛等自媒体流量。商家可在店铺的官方社交平台上每天发布一些店铺的品牌宣传内容、店铺新品活动内容、节假日大促信息或产品测评等内容，为店铺活动引流。

（2）店铺官方网站。商家要做好官网上各个页面的优化与管理，引导并转化进店流量，还可以设置一些优惠活动或小游戏让消费者每天参与互动，增加消费者黏性，提高支付转化率。

（3）商家可以制作活动彩页、宣传手册等资料，夹寄在发出的商品包裹中，从而吸引流量。

（4）商家可以通过短信、旺旺、EDM电子邮件等渠道告知会员活动详情，以吸引会员进店。

3. 淘宝平台资源　可以和淘宝的营销产品做联合推广，如淘金币、淘公仔、试用中心、淘宝旅行等，提高活动的影响力和公信力；还能整合这些平台的推广资源，扩大活动传播面，但淘宝平台对商家的品牌和活动方案有一定的要求。

（二）店铺活动页面优化

1. 活动页面更换　在店铺活动期间，商家需要更换店铺的活动页面，活动页面包括店铺PC端和无线端首页、PC端和无线端店招，以及PC和无线端的活动页等。

2. 活动商品主图更换　在节假日活动期间，顾客一般不会在同一间店铺停留太长时间，这又是各个商家竭尽全力抢流量的时段，因此商品主图一定要将活动价格和活动形式简单明了地展现出来。消费者在浏览商品主图时，可直接获取活动价格及活动内容等信息，无须再询问客服人员便可直接下单购买，既节省了消费者的时间，又可以大大提高客服的回复效率，减少客户流失。

（三）商品价格优化

活动商品定价前，商家要先充分了解市场的售价、现阶段店铺竞争对手的定价以及商品自身的利润情况等，这样商品定价才能够更加合理准确。活动时，消费者往往会反复对比商品的价格、质量及优惠力度等，若价格设置得不合理，店铺跳失率会随之增高。活动商品应适当降低价格，在保证利润空间的前提下让利。

微课　商品价格分析

（四）老客户黏性优化

店铺活动大促期间最核心的流量之一就是老客户，老客户的预热、蓄势、冲刺、购买是衡量店铺活动销售效果好坏的重要因素之一。老客户认可了店铺，便会重复购买，不仅为店铺带来利润，还可通过老客户的裂变为店铺带来新客户。

店铺活动期间若老客购买率较低，可通过以下方式优化。

1. 签到领积分，积分加钱购　活动期间可设置客户专属签到互动，加大权益力度，比如日常签到每天可获得5积分，连续7天即可获得30元券，大促期间可以每天获得20积分，连续签到至大促当天获得盲盒好礼或积分兑换优惠券等，增加客户黏性。

2. 老带新得优惠券　要保持与老客户的互动频率，通过互动实现老带新的营销效果。商家可以将优惠派发给老客户，如老带新得优惠券，有效提升老客户复购率，同时实现老客户的裂变传播。

3. 会员群的持续活跃　商家维护老客户最主要的途径之一是会员群，善用会员群的功能，如活动优惠力度的说明、限时抢购、拼团、买家秀及群内专属红包等，能够使群成员保持高度活跃，直至活动结束为止，为店铺带来可观的利润。

三、店铺活动销售数据分析与优化实操

以好药师店铺为例，对店铺参加的“511 医药节”大促活动销售数据进行复盘，分析店铺此次活动销售效果。将 2020 年的活动销售数据与 2019 年同期对比，得出店铺 2020 年的活动销售变化趋势，并针对活动中存在的不足进行优化。

(一) 店铺活动销售数据分析

1. 店铺流量数据分析　如表 10－2－1 所示，相较于 2019 年同期，2020 年的“医药节”期间，进店访客数同比增长 35.18%，而浏览量却只上涨了 26.47%。原因是人均浏览量同比下降了 13.45%，而店铺跳失率却上涨了 16.42%，这意味着进入店铺后只浏览了一个商品便离开的客户数在上升。因此，为降低店铺整体跳失率和提高客户在店铺的平均停留时长，可对商品详情页进行优化，如加入关联商品及互动小游戏等，提高客户在店内的停留时间。

表 10－2－1　流量数据

日期	浏览量	访客数	跳失率	人均浏览量	平均停留时长	店铺收藏人数	商品加购人数	支付人数	支付转化率	平均客单价	销售额	老买家人数	老买家占比
2019医药节	16118	11208	0.56	1.43807994	22	273	252	178	0.015882	122	21716	31	0.174157
2020医药节	21920	17292	0.67	1.26763821	20	321	286	216	0.012491	163	35208	26	0.12037
同比增长率	26.47%	35.18%	16.42%	-13.45%	-10.00%	14.95%	11.89%	17.59%	-27.14%	25.15%	38.32%	-19.23%	-44.68%

2. 主要渠道销售额　如表 10－2－1 所示，店铺本次活动的销售额同比去年增长了 38.32%，整体趋势较好。打开主要渠道销售额数据报表，如表 10－2－2 所示。

在本次活动中，店铺的主要销售额来自平台首页及搜索，而客户通过收藏夹及购物车进入店铺购买的总成交额虽然不如首页及搜索，但在支付转化率上相对可观，因此可通过提高店铺整体收藏及加购率，增加访客数，从而提高整体销售额。

3. 推广花费数据　推广支出表如表 10－2－3 所示，本次活动在直通车推广上带来的效益最高，而淘宝达人最低，因此店铺在后续活动中应加大直通车的投入，而减少淘宝达人推广的力度。

另外，需要注意的是，通过钻展带来的访客数最多，但销售额却不如直通车，说明钻展在引流上有优势，而在进店后的转化上还需要进一步提升。可通过优化详情页，提高钻展转化率。

表 10-2-2　主要渠道销售额数据报表

	访客数	支付买家数	支付转化率	支付支付金额
首页	9407	82	0.87%	14543
搜索	7437	66	0.89%	12250
收藏夹	3243	43	1.33%	5032
购物车	1610	24	1.49%	3208
其他渠道	223	1	0.45%	175

表 10-2-3　推广支出报表

	花费/元	访客数	销售额/元	ROI
直通车	153.23	6372	18036	117.71
钻展	114	7274	8253	72.395
淘宝客	65	324	2173	33.431
淘金币	62	235	534	8.6129
淘宝达人	234	23	125	0.5342

4. 新老客户占比数据　老客户占比数据如表 10-2-1 所示，通过同比计算，老客户购买人数相较去年下降了 19.23%，老客户占比下降了 44.68%，说明店铺在老客营销上存在不足，导致客户回头率不如 2018 年同期。店铺可针对老客设置活动提醒或老客专属优惠，以吸引老客户复购。

(二) 店铺活动销售优化

根据以上分析结果，店铺在之后的运营以及下一次的活动中可从以下方面优化：

1. 详情页优化　针对店铺跳失率上升、平均停留时长下滑以及钻展转化率不佳等情况，店铺可对商品详情页进行优化，在详情页中加入关联商品。当消费者在浏览商品时，通过关联商品可给予客户多种选择，减少客户流失。

在详情页中加入商品细节图，以提高客户浏览时长。同时，商品细节图的展示也有助于提高商品转化率。

2. 引导收藏加购　由于店铺在收藏及加购人群中的支付转化率较高，因此可在店铺主页及商品详情页中增加收藏加购引导。

3. 引导老客复购　针对本次活动中老客户购买占比下降的现象，店铺在下一次活动前夕，可针对店铺老客户发送活动告知。例如，通过短信、旺旺消息、群消息及公众号活动推送等形式提前告知老客户活动细节。

同时，店铺在日常运营中需要定期维护老客户，如在老客户的微信群中定期推送老客户专享优惠等。

任务评价

通过完成本任务的操作，按表 10-2-4 检查自己是否掌握了所学内容。

表 10-2-4　店铺活动销售数据分析与应用操作评价表

序号	鉴定评分点	分值	评分
1	根据下载的活动销售报表，分析活动中存在的问题	20	
2	根据数据报表分析出的问题，提出有针对性并且可行的优化建议	30	
3	根据优化建议制定店铺活动销售效果优化的策略	30	
4	能够通过对店铺活动的策划和分析，提高对创新发展观点的认识	20	

知识延伸

知识延伸

（1）活动后的数据复盘。

（2）店铺促销活动必备技巧。

以上知识延伸内容的学习，请扫描二维码。

任务拓展训练

店铺活动销售效果分析与应用训练　请从任务准备中下载“店铺 2019 年活动销售数据报表”“2019 年活动推广花费报表”“2019 年活动主要渠道销售额报表”，针对 3 份报表的数据，分析店铺整体活动销售效果，并提出活动优化方案，将完成的分析与优化报告提交给老师。

模块三 数据分析与应用

项目十一 供应链数据分析与应用

项目说明

供应链是由供应商、制造商、仓库、配送中心和渠道商等构成的物流网络。商家通过对供应链数据的分析，可以帮助店铺完成采购成本控制、日常需求预测、订单时效监控以及异常物流诊断等，从而避免因库存和物流的原因造成用户的投诉或用户的流失，进而指导商家及时调整运营策略。

本项目将对店铺的采购及仓储数据、物流数据进行分析，介绍优化方案与实操步骤。

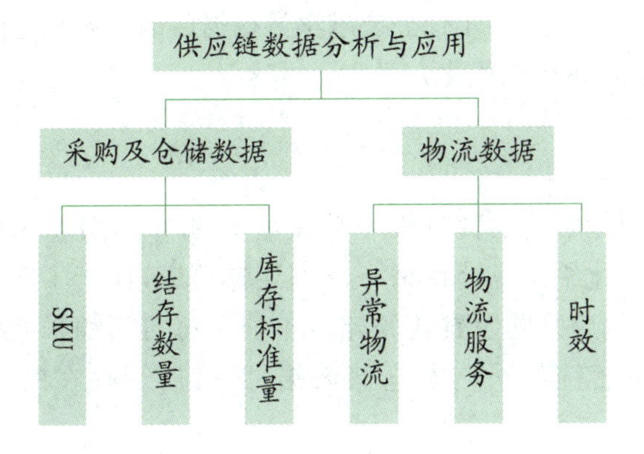

任务  采购及仓储数据分析与应用

学习目标

1. 熟悉店铺采购及仓储数据分析的维度。
2. 熟悉店铺采购及仓储优化方向。
3. 掌握店铺采购及仓储数据分析方法。
4. 掌握店铺采购及仓储优化实操。
5. 牢固树立协调发展的新理念。

任务描述

采购和仓储是相互关联的，既要保证商品供应充足，满足日常销售所需，又不能有太多积压，产生过高仓储成本。本任务要求学员根据店铺采购及仓储数据实训报表，分析其中的问题并且提出可行的优化方案。

任务分析

采购和仓储管理是店铺运营过程中至关重要的环节，分析采购和仓储数据可以避免因商品需求的变化给供应链带来一系列连锁反应，便于了解商品结构是否符合市场需求，从而及时调整采购及销售策略。本任务将对店铺采购及仓储数据的关键指标进行解读，分析店铺的采购及仓储数据，明确店铺存在的问题以及提出优化对策。

任务准备

任务准备

为了更好地达到实训目的，需要做如下准备：

(1) 下载淘系、京东平台的店铺采购及仓储数据报表。

(2) 确保电脑等设备能正常使用。

(3) 确保网络正常且稳定。

一、店铺采购及仓储数据解读

(一) 店铺采购数据分析维度

采购是指一整套购买产品和服务的商业流程，是供应链管理必不可少的环节。通过分析采购数据，可以及时调整采购策略，提升店铺的客户服务满意度，增加店铺利润，进而降低运营成本和供货风险。采购数据分析维度主要分析商品的 SKU、库存量和销量。

1. SKU　SKU 是指商品的属性，包括商品的尺码和颜色等。对于网店商品而言，每一款商品都有自己的 SKU，便于电商平台识别商品。比如，婴儿配方奶粉可以分为 1 段、2 段和 3 段，这就是奶粉的 SKU。对于采购而言，精准定位到商品 SKU，可以避免过多采购其他销量一般或较差的商品，从而减少商品堆积、滞销的风险。

2. *库存量*　库存是指一切当前闲置的、为了满足未来需求的、有经济价值的资源，也就是暂存待出的货物。库存量会随着商品每日的销售而减少，当降低到一定程度时则需要采购。店铺为了节约成本，会先进行日常需求的预测，预测需要结合实际商品库存量与该商品销售情况，避免出现商品滞销或供不应求的现象。

3. *销量*　销量是指销售数量，即售卖出商品的数量。日常销量是指在常规时间内售卖出去的商品数量，而活动销量则是店铺通过促销活动或节日活动等售卖出去的商品数量。店铺对某一时间段的商品进行需求预测，商品的需求量就等于日常需求预测量和活动需求预测量之和，通过商品的销售情况可以指导采购人员做好采购需求计划。

(二) 店铺仓储数据分析维度

仓储是供应链管理中非常关键的一个环节，仓储一般是指库存，店铺定期对库存数据进行分析，可以及时调整库存管理策略，保证商品供应的平衡，控制商品破损比，加快资金周转。

在电商运营过程中，产品库存数量要保持适中，因此要分析库存数量，为下次产品入库提供数据支持。对于库存来说，常见的数据指标有：入库时间、期初数量、入库数量、出库数量、结存数量、库存标准量、破损数量。

1. *入库时间*　入库时间是指商品到达货物接收点并验收入库的时间。对于库存数据表来说，入库时间非常重要，当需要对某一时间段商品进行清点或更换时，可以根据入库时间精准定位，从而找到需要更换或清点的商品。店铺也可以根据每一条产品的入库时间和出库时间来计算某个时间点的库存数量。

2. *期初数量*　期初数量是指上期仓库清点存留至本期的实际拥有的库存量。在店铺仓储数据报表中，期初数量等于上个月的期末数量。期初数量一定要计算准确，否则会在供应量上影响店铺的库存周转，从而造成商品积压或供不应求。

3. 入库数量与出库数量　入库数量是指商品到达接收点并验收入库的数量，出库数量则是指商品离开仓库的总数量。对于店铺来说，记录好商品的出入库数量能有效避免库存数量记录不准确、库存积压或销售超卖现象，从而降低店铺成本，提高店铺收益。

4. 结存数量　结存数量是指库存量，一般情况下是指在某一时间点结算后的实际存有量。结存数量的计算方法是：期初数量＋入库数量－出库数量。例如，某一款商品（正气水）的期初数量是130，入库数量是400，出库数量是480，则它的结存数量等于130＋400－480＝50。

5. 库存标准量　库存标准量是指为防止不确定性因素（如大量仓促性订货、货物丢失）的产生而准备的缓冲库存。在店铺运营中，商品库存数量应保持适度，既要保证商品供应充足，也要防止商品积压。一般会把结存数量与库存标准量进行对比，当某商品结存数量与库存标准量相差不大时，代表目前该商品供需平衡。而当结存数量大于库存标准量时，代表该商品严重滞销、货物积压，相反则代表商品急需补货。

6. 破损数量　破损数量是指库存商品因管理不善或自然灾害等造成损耗的数量。破损数量常用商品破损率表示，破损率也称为库存商品自然损耗率，是指商品在存储过程中，破损数量与总库存数量之间的比值。破损率的计算公式：破损率＝（破损数量/总库存量）×100％。

破损率的标准各有不同，店铺根据自家商品定位，制定标准破损率，如高价值贵重商品，标准破损率可以为0，即不允许出现库存破损。而低价值易损耗的商品，标准破损率可以稍作提高。店铺应根据库存破损情况，采取相应措施以降低采购成本。

二、店铺采购及仓储优化方向

商家在运营店铺的过程中，采购与库存息息相关，它们影响着店铺是否有充足的货物出售、合理地运用仓库的空间储存货物等，当仓库空间积压过多，无法存放当季热销产品时，无疑会给店铺的经营造成损失，同时耗费更多仓库资源，所以如何合理优化采购、库存是每个商家需要掌握的基本技能之一。

（一）店铺采购优化方向

采购需要制订明确的采购计划，根据市场供需情况和店铺经营情况等，采购、管理规划时段内的商品，做好预见性的安排和部署。商家如果没有明确精准的采购计划，很容易导致生产经营无法正常运行，如商品库存积压、无法控制采购数量及成本消耗等。为了维系店铺的正常运营，避免供应中断影响销售、商品存储过多等情况的发生，以及更好地控制店铺运营成本，明确店铺采购计划，因此商家制订采购目标是非常有必要的。对于经营药品相关行业的店铺，采购员需要同质量管理员一起详细制订采购计划，报备给质量部门审核，分管负责人签字审批才能签订采购合同，购进药品。因此，优化店铺采购非常重要。

店铺采购中需要重点关注与优化的方向为采购订货方式调整、采购订单异常处理

调整以及采购成本调整把控。

1. 采购订货方式调整　采购订货方式多数是按需订货、固定订货批量和周期订货等，如表 11-1-1 所示。

表 11-1-1　采购订货方式优化

订货方式	概　念	案例分析
按需订货	按照需求数量去调整采购订单，需要多少产品，就采购多少产品	经分析研判，暂定本月可售卖 100 瓶维生素 E，则采购订单数量就为 100，如果产品为易损耗品，则要增加相应的损耗比例
固定订货批量	订单的数量可以根据历史需求来商定，即固定的订单数量和不固定的下单时间。如果市场需求增加，则缩短下单时间；如果市场需求减少，则延长下单时间，适用于长期售卖，数量较为稳定的商品	碘伏的固定下单量为 20，当需求为 2 天 1 瓶时，则每 40 天采购一次；当市场需求增加为 1 天 1 瓶时，则每 20 天采购一次；当市场需求减少为 3 天 1 瓶时，则每 60 天采购一次
周期订货	周期订货与固定订货批量相反，即下单的周期是固定的。这种方法通常是一次性大批量采购足量的货品，用于满足多个周期的需求	店铺固定每月的 10 日进行大批量采购，固定周期为 1 个月

无论采用何种方式，都需要控制采购预定成本（包括采购成本和采购运作成本），合理评估店铺商品销售情况，选择最合适的采购订货方式。

2. 采购订单异常处理调整　在采购时，总会有突发情况，如果订单发生异常，应该如何处理呢？经过数据分析发现，订单异常一般包括以下几种类型：商品交期异常、商品品质异常、错单异常和突发性异常。

针对不同的异常情况，可以使用不同的方式规避异常，尽量挽回损失，如表 11-1-2 所示。

表 11-1-2　采购订单异常处理方式

订单异常类型	概　念	处理方式
交期异常	商品交期异常一般出现在采购订单下单后，商品由于某种情况无法按时交付	采购人员及时监控订单交货速度并跟进交货进度。如果出现交期异常的情况，则需要及时反馈给上级管理部门，评估相关损失，视情况向供销商索赔，同时还需要跟催商品交付
品质异常	商品品质出现异常多发生在服饰类、电子类、食品类等允许出现一定不合格率的商品中，而药品类商品对不合格品进行控制性管理，确保不合格药品不予出库	立即填写“药品拒收通知单”，同时报告上级部门，将“药品拒收通知单”递交给质量管理部门，将质量不合格的药品就地封存，悬挂红色不合格标识，等待质量管理部门处理。质量管理部门会在 12 小时内对上报药品进行质量确认，依据送检结果处理整批货品

续 表

订单异常类型	概　念	处理方式
错单异常	错单异常多发生在订单错位，未收到正确订单的情况下	立即与供应商协商，看是否可以撤单并更换正确订单，如果无法撤单，则须考虑错单商品能否销售
突发性异常	如发生重大事故或重大自然灾害，导致订单无法按时交付或货品损坏的情况	无法提前预防，需要补发出现问题的商品

3. 采购成本调整把控　采购成本较为可控，可以通过合理措施来降低成本。采购可以采用按需订货或者多频次、小批量的固定订货数量方式进行。使用这样的采购方式可以保障在不断货的情况下，大幅度降低库存压力以及仓储成本、人工管理成本。

采购时可以根据需求，多采购两天的货物作为安全库存，以防商品售卖过快，缺货又来不及采购。

如果需要采购的是以往没有销售过的新品，无法评估商品的市场需求时，可以少量进货并放入市场测试；或采取预售模式，根据市场后续销售反应、支付定金人数等，按需进货，灵活补量。

同时选择固定的供销商，可以降低风险以及节省不断更换供销商的谈判成本。可以定期研判市场平均采购价格，与供销商提供的价格进行对比，判断供销商提供的价格是否合理。如果存在高于市场平均价格的情况，则须与供销商进行价格谈判，无法达成共识时，可以考虑更换供销商。

(二) 店铺仓储库存优化方向

仓储库存与店铺销售、采购数量息息相关，当店铺仓储库存出现问题时，要根据不同的问题采取不同的策略。库存常出现的问题有 3 点：库存不足、库存积压和库存损耗过大。

1. 库存不足优化　当库存不足时，消费者购买的商品无法及时发货，会导致消费者退货、退款甚者投诉，要及时清点库存，制订合理的采购计划，及时补货。

除人工清点库存外，还可以使用库存监控软件，记录监控进货量及售出量，设定商品库存示警数值，当低于设定值时发出预警，提醒采购人员补货，如图 11-1-1 所示。

2. 库存积压调整优化　当某款商品库存过多，但市场消费需求并不高时，就很容易造成库存积压。库存积压会占用过多库存空间，使真正有市场消费需求的商品无法得到足够的库存空间，产生不必要的搬运成本、管理成本和运营成本，甚至造成呆滞品库存的产生。针对库存积压，有以下几种解决方法。

(1) 降价促销：针对库存积压的产品进行宣传，同时降低商品价格，在保障最低盈利的前提下进行降价促销，低廉的价格也可以为店铺带来访问流量，提高转化率。

(2) 捆绑销售：库存过多的商品可以与热销商品进行捆绑销售，如目前医用酒精棉

▲ 图 11-1-1 万能库存管理软件

球滞销且库存量极大，而口罩属于热销商品，那么就可以设置购买一盒口罩(50 只)送 25 粒医用酒精棉球等。这样做可以在一定程度上提升口罩销量，同时送出积压过多的医用酒精棉球，达到清仓的目的。

(3) 满赠满减：库存积压的商品还可开展满赠或满减活动，如买二赠一、满 100 减 30 等，通过大量活动清理库存。

(4) 合理采购：运营者在采购商品时要合理地评估市场需求，按需采购，才能真正地减少库存积压。

3. 库存损耗处理调整　库存损耗会增加商家成本，包括自然损耗、物理损耗、人为损耗和异常损耗 4 种。在运输、搬运和装卸过程中，由于人为失误，如碰撞、污染等，会造成人为损耗；库存周期的延长则会造成商品的自然损耗，如商品老化、超过保质期、腐败、潮湿等；管理的松懈则可能造成库存商品的丢失、毁坏等。

针对这样的情况，需要做好仓储管理工作，保障通风、密封等利于存储的库存环境，运输时也可以增加防撞保护垫等。

三、店铺采购及仓储数据分析实操

(一) 店铺采购数据分析

了解了店铺采购的优化方向后，下面针对店铺商品的采购数据进行分析。表 11-1-3 所示为店铺口罩的采购明细表，采购周期是 15 天/次。

表 11-1-3　口罩采购明细表

	名称	规格	单价/元	供应商	数量	金额/元
口罩	KN95	10/包	40	供应商A	1 500包	60 000
	KN95带呼吸阀	10/包	50	供应商A	1 200包	60 000
	医用口罩	50只/盒	20	供应商A	1 000盒	20 000
	医用口罩	25只/盒	10	供应商A	2 000盒	20 000

由表 11－1－3 可以看出，口罩的采购量较大，其中 25 只/盒的医用口罩采购量最多，达到 2 000 盒，其次是 KN95 口罩，达到 1 500 包。由于单价不同，采购的金额也不同，虽然 25 只/盒的医用口罩数量较多，但单价相较 KN95 口罩更低，所以 KN95 口罩的销售金额比 25 只/盒医用口罩高。

采购还受商品日常销售情况的影响。通过下方的报表可以看出，销量最高的是 25 只/盒的医用口罩，达到 1 389 盒，属于 A 级畅销产品，其次是 50 只/盒的医用口罩。对于销量较高的产品，可以适当增加采购量，如表 11－1－4 所示。

表 11－1－4　口罩销售情况

	名称	规格	单价/元	周销量	热销级别	库存
口罩	KN95	10/包	64	428包	C	1 200包
	KN95带呼吸阀	10/包	76	336包	D	4 785包
	医用口罩	50只/盒	40	859盒	B	5 908盒
	医用口罩	25只/盒	20	1 389盒	A	1 500盒

“库存”显示的是该商品总的库存情况。目前库存最多的是 50 只/盒的医用口罩，有 5 908 盒。结合该商品的周销量，可以得出：库存维持时长(周)＝总库存/周销量，即 5 908/859≈6.9，也就是该商品目前库存较充足，足以支撑近 7 周的时间。

同上，库存量排行第二的 KN95 带呼吸阀口罩，目前库存维持时长(周)为：4 785/336≈14.2，足够维持 14 周，库存量十分充足。

25 只/盒的医用口罩与 KN95 口罩在总库存数量上偏少，结合周销量得出目前库存维持时长：KN95 口罩仅能维持 3 周左右，而 25 只/盒的医用口罩则只能支撑 1 周左右。

由上面数据分析可知，在下一批次采购时，KN95 带呼吸阀口罩可以暂时不采购，50/盒的医用口罩亦是如此，而 KN95 口罩与 25 只/盒的医用口罩则需要采购，特别是 25 只/盒的医用口罩。

(二) 店铺仓储数据分析

商家对店铺仓储数据进行分析，可以及时调整库存策略，能有效保证商品的供应，减少商品破损的情况。下面将对该店铺的仓储数据进行分析，如表 11－1－5 所示。

1. 商品库存分析　在店铺运营中，商品库存数量应保持适度，既要保证商品供应充足，也要防止商品积压，通过表 11－1－5 可以得出：

(1) 大部分商品的结存数量与库存标准量较为接近，说明这些商品的供应与销售保持平衡。

(2) 连花清瘟胶囊、散结灵胶囊和万通筋骨贴的结存数量与库存数量对比相差较大，连花清瘟胶囊与散结灵胶囊的结存数量远远小于库存标准量，说明这两种商品库存少，急需补货。

表 11－1－5　店铺仓储数据

商品名称	单位	入库时间	期初数量	入库数量	出库数量	结存数量	库存标准量	破损数量	破损原因
连花清瘟胶囊	盒	2020-04-31	118	350	435	33	120		
健胃消食片	盒	2020-04-31	120	150	151	119	100		
板蓝根颗粒	包	2020-04-31	124	50	99	75	50	1	包装
补肺丸	罐	2020-04-31	122	100	130	92	80		
贝前列素钠片	盒	2020-04-31	118	145	230	33	100	1	商品质量
硫酸羟氯喹片	盒	2020-04-31	120	150	172	98	100		
他达拉非片	盒	2020-04-31	128	130	125	133	100		
定坤丹	盒	2020-04-31	125	135	131	129	80	2	包装
小金丸	罐	2020-04-31	126	120	143	103	80	2	包装
青霉胺片	盒	2020-04-31	115	250	312	53	100		
散结灵胶囊	盒	2020-04-31	124	130	222	32	120		
蓝芩口服液	盒	2020-04-31	116	120	101	135	100	2	包装
舒筋健腰丸	盒	2020-04-31	120	140	170	90	100	1	其他
摩罗丹	盒	2020-04-31	119	130	145	104	50	1	其他
益安宁丸	盒	2020-04-31	120	150	147	123	80	3	商品质量
合生元	盒	2020-04-31	116	130	135	111	80	6	污渍
万通筋骨贴	盒	2020-04-31	120	80	48	152	50	2	污渍

(3) 万通筋骨贴的结存数量远远大于库存标准量，说明这款商品属于滞销产品，存货积压严重，如图 11－1－2 所示。

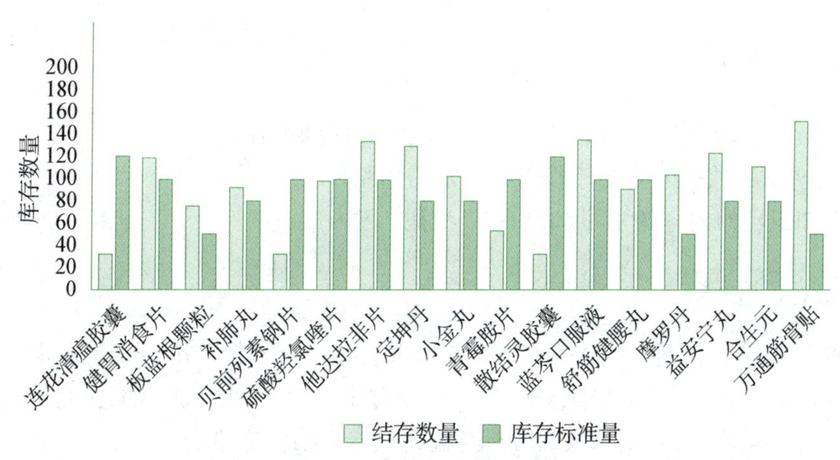

▲ 图 11－1－2　库存数量分析

2. 商品破损分析　库存商品破损是不可避免的，但必须控制在正常范围内，如果破损率过高，则须找出原因，采取相应措施。根据店铺自身的运营情况与商品性质，制订破损率标准，如果破损率小于 1%，认定为正常范围；如果破损率大于或等于 1%，则认定破损率过高，要引起重视。

由上述数据分析得出优化方案：

(1) 连花清瘟胶囊与散结灵胶囊的结存数量小于库存标准量，为避免供不应求，应及时安排采购，保证商品的供应。

(2) 万通筋骨贴的结存数量大于库存标准量，属于滞销产品，存货积压严重，因此商家应进行促销活动，如捆绑销售、降价促销、满赠或满减等，通过促销活动带动商品的销量,缓解积压情况。

(3) 针对破损较为严重的商品,如上述污渍破损和包装破损的商品,商家应该加强仓储环境管理,提供通风、密封等利于存储的环境,且可以分区存放商品,避免商品交叉污染。对于包装破损率高的商品,应更换商品包装,如使用较厚的包装盒,减少此类情况的损失。

任务评价

通过完成本任务的学习,按表 11-1-6 检查自己是否掌握了所学内容。

表 11-1-6　淘宝、京东店铺采购及仓储数据分析与应用操作评价表

序号	鉴定评分点	分值	评分
1	根据下载好的店铺采购及仓储数据报表分析店铺存在的问题	30	
2	根据数据报表分析出的问题,提出有针对性并且可行的淘宝/京东店铺采购及仓储优化建议	50	
3	能够通过协调采购和仓储的数量关系,提高对协调发展理念的认识	20	

知识延伸

知识延伸

1. 淘宝商家如何制订清仓活动来更好地清理店铺库存。
2. 分析采购数据的 8 个流程与 7 个常用思路。

以上知识延伸内容的学习,请扫描二维码。

任务拓展训练

淘系平台店铺采购及仓储数据分析与应用训练　请从任务准备中下载淘宝店铺采购及仓储的数据报表,并对该报表的数据进行对比分析,找出店铺采购及仓储存在的问题并提出优化建议,最后将完成的分析与优化报告文档提交给老师。

任务2 物流数据分析与应用

学习目标

1. 了解物流数据指标结构。
2. 了解物流数据优化方向。
3. 掌握物流数据的优化方法。
4. 牢固树立绿色发展的新理念。

任务描述

本任务学习物流数据的指标。通过分析物流数据的不同数据指标,帮助商家或运营人员选择合适的物流公司。当物流差评率上升时,商家或运营人员可以通过分析不同数据指标,找出具体原因,并根据相应的优化方向,有针对性地解决问题。

任务分析

物流配送是影响店铺运营的关键因素之一,物流配送是否及时、准确直接影响着消费者的购物体验,进而影响着店铺 DSR 中的物流服务分数,所以要定期监测物流数据,分析其中的问题并及时解决,这对店铺而言是非常必要的。

本任务将学习物流数据的分析方法和应用技巧,通过不断优化调整,提升店铺的物流服务;通过案例学习,掌握物流数据的分析与应用。

任务准备

任务准备

为了达到更好的实训效果,需要做如下准备:

(1) 确保电脑等设备可以正常使用。

(2) 提前下载课程素材表格。

(3) 确保网络正常且稳定。

任务实施

一、物流数据分析指标解读

物流是指物品从供应地向接收地实体流动的过程，是电子商务活动中不可缺少的一个环节，本任务主要指商家向买家寄送物品的过程。物流水平直接影响着店铺DSR中的物流服务分数，对店铺权重有非常重要的影响，物流服务的优劣也是用户选择下单与否的重要参考依据。

为了更好地分析店铺物流运输效果，可以将物流数据指标大致分为以下4个维度。

1. 物流成本　物流成本与最终收益是直接挂钩的，快递公司的不同以及收货地区的不同都会影响物流成本。商家或运营人员需要先了解每家快递公司的运费折扣，锁定两三家快递公司，随后向锁定的快递公司咨询价格，报价收集完毕后，通过对比选择适合自己的快递公司。需要注意的是，物流公司并不是价格越低越好，因为价格最低的公司在时效和服务方面存在问题。

2. 物流时效　物流时效就是指物流的快慢，是客户最关心的问题之一，会直接影响客户的购买体验。商品的发货时长、揽收时长、派送时长及签收时长都会影响物流时效。商家或运营人员可以比较各物流公司的物流时效，选择合适的物流公司。

3. 物流异常　导致物流异常的原因主要有发货异常、揽收异常、派送异常、签收异常以及包裹破损等原因，通过收集与分析物流异常原因相关数据，商家或运营人员可以对物流存在的问题做出具有针对性的改善，从而降低物流差评率。

4. 物流服务　如果快递公司之间的价格相差不大，物流时效及异常情况也基本一致，就可以通过对比物流服务来选择。物流服务涉及快递公司和店铺本身。快递公司的服务主要有快递的包装、送货上门、快递到达网点时及时联系客户、认真小心地对待客户包裹等。店铺自身则是客服与客户间的沟通等售后服务事项。

物流数据在商家后台有专门的监测模块，进入相应页面就可以查看物流数据信息，构建物流数据分析的结构指标能更准确地分析物流数据中体现的问题。图11-2-1所示为淘系店铺的数据查询平台生意参谋中的物流模块，图11-2-2所示为京东店铺的物流数据查询平台——京东智能物流中的实时指标板块。

二、物流优化方向

整个物流过程体现的物流信息主要是物流费用及物流服务，对物流费用和物流服务的优化可以帮助商家选择性价比更高的物流渠道，进而提升店铺物流服务水平。

(一) 物流费用优化

物流运费分析主要考虑物流成本问题，商家在确定合作的快递公司之前，首先要留意地区这一概念。不同快递公司对不同区域的运费是不相同的，如果不注意区分，对不同地区统一定价，就很容易给网店造成经济上的损失，所以网店在选择物流、进行物流

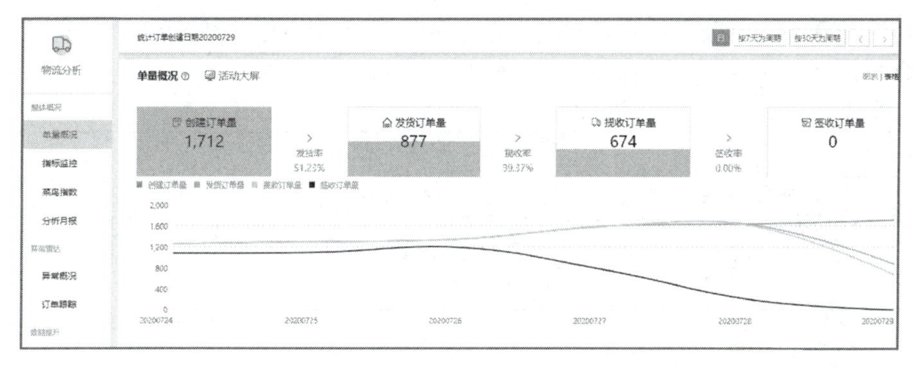

▲ 图 11-2-1 生意参谋—物流模块图

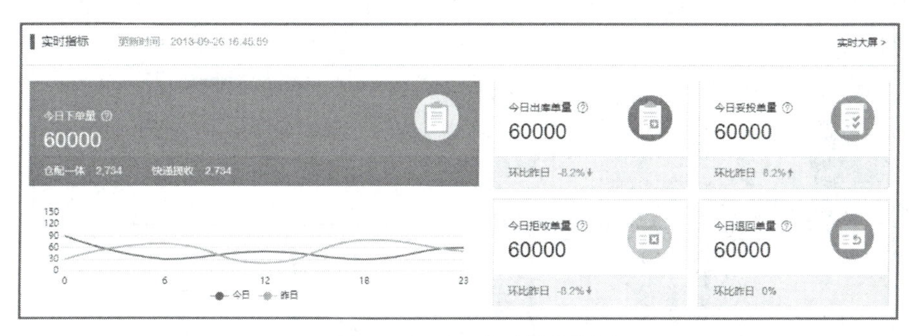

▲ 图 11-2-2 实时指标页面

配送时应该划定区域，并根据区域的不同确定运费价格。而定价范围须与当地物流点协商后决定。确定好物流价格后，就可以计算商品利润，从而判断是否可以商品包邮了。

对于店铺内某款商品是否可以设置包邮主要考虑以下 3 个方面。

1. 产品定位因素　产品定位不同，运费策略就不同，引流款产品，虽然单价不高，利润不高，但作为流量入口还是可以考虑包邮的。是否包邮要根据商家自身承受力，结合利润设定。

2. 运费结构因素　产品运费一般采用按体积计费或按重量计费两种方式，可以根据产品类型选择合适的计费方式。快递公司一般采用按重量计费的方式，以首重加续重的方式计价，此时商家的商品如果是较重的商品时，运费过于高昂，选择的优化方向就可以是免除首重费用，买家自费续重等策略。运费首重及续重的价格都可以通过物流洞察来获取，还可以查看到相应的物流评分。如果利润有限，应尽量选择价格相对低廉的物流公司来运输。

如果买家购买数量较多，商品总重量过大，快递费用过高，此时可以将商品分为多件包裹，即一票多件。采用一票多件的方式需要提前与买家沟通好发货方式，避免客户先收到一个包裹，但并不知道还有其他包裹，误以为商家漏发或虚假发货，进而投诉。

3. 地域因素　偏远地区出于距离远和订单少等原因，运费相对较高，可以通过物流洞察查看各地区不同物流的运费价格，选择价格相对低廉且服务较好的快递公司。

在挑选非偏远地区的快递公司时，也可以采用这样的思路，可以用物流洞察中线路诊断模块查看各物流公司从发货、揽收、派送及签收等不同物流状态下的评分以及数据变化趋势，选择性价比更高的物流公司，如图 11－2－3 所示。

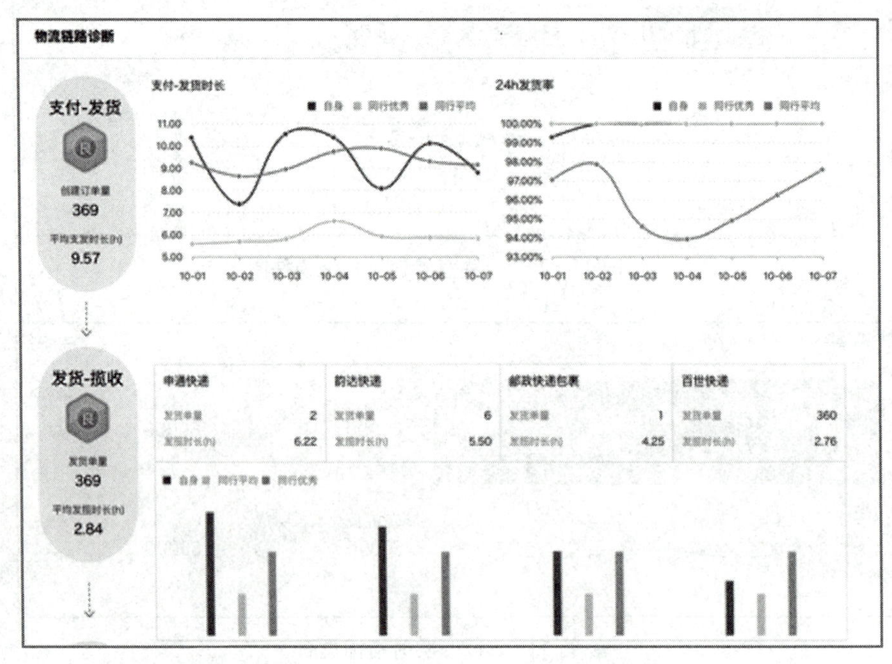

▲ 图 11－2－3　物流运输过程中的线路诊断

11－2－1　物流服务优化

（二）物流服务优化

请扫描二维码学习物流服务优化。

三、物流数据分析实操

本任务以好药师店铺数据为例，进行物流数据分析。通过查询生意参谋-物流总览情况可以发现，店铺物流总览中支付订单数、签收成功包裹数和签收成功率都有所下降，而物流差评率则升高很多，如图 11－2－4 所示。

物流总览

支付订单数
50,637

发货包裹数
49,379

揽收包裹数
48,748

派送包裹数
37,192

签收成功包裹数
47,905

平均支付-发货时长
5.50小时

平均发货-揽收时长
9.77小时

平均揽收-签收时长
61.90小时

平均发货-签收时长
71.80小时

平均支付-签收时长
77.31小时

35.74%

76.67%

拒签率
0.23%

签收成功率
99.77%

▲ 图 11－2－4　物流总览

为了分析数据异常原因，商家查看了店铺近期的物流数据报表，发现近期发货包裹数、签收成功包裹数、签收成功率都在持续下滑，而物流差评率则在升高，如表 11－2－1 所示。

表 11－2－1 物流数据

日期	活动	平均发货-揽收时长/小时	平均揽收-签收时长/小时	发货包裹数	签收成功包裹数	签收成功率	物流差评率
3-02—3-08	是	5.5	61.9	49379	47905	97.01%	35.74%
3-09—3-15	否	5.2	59.2	42183	40133	95.14%	35.85%
3-16—3-22	否	5.1	59.4	41321	39452	95.48%	35.89%
3-23—3-29	否	5.3	59.3	40012	37985	94.93%	36.15%
3-30—4-05	否	5.1	59.3	37542	33958	90.45%	36.12%
4-06—4-12	否	5.1	59.1	36512	33109	90.68%	36.25%
4-13—4-19	否	5.2	59	35213	31972	90.80%	37.01%
4-20—4-26	否	5	59.2	33219	30143	90.74%	37.22%

而物流差评几乎来自同一款商品，打开物流差评原因记录表，发现多数投诉都是因为配送时商品发生损坏，如表 11－2－2 所示。

表 11－2－2 物流投诉原因记录表

投诉用户	投诉时间	错发	少发	派送异常	坏件
J*****1	3月3日	√			
A********8	3月4日				√
看****2	3月6日				√
A***1	3月10日				√
X****2	3月11日				√
J*****2	3月11日		√		

通过分析发现，商品属于礼盒装保健品，易被挤压变形，同时产品内包装为玻璃瓶，容易因物流颠簸破损。然而，商品发货时所使用的外包装为纸箱，且未配备防撞的内包装，如充气气泡袋等。所以在运输过程中，会与外包装碰撞，易被挤压变形，并且由于没有配备垫材，在运输时商品会在纸箱内来回晃动，包裹内部礼盒变形概率大，影响外观，情况严重时甚至会发生产品碎裂的情况，严重影响客户体验。

由于物流差评率的升高，影响到了店铺 DSR 评分，导致店铺推荐量下降，使得访客数减少，支付订单数下降，对店铺产生不利影响。

针对这样的情况，可以采用增加垫材的方式，减少运输时产生的商品损坏。同时，针对损坏的商品，还可以与客户沟通后补发或退款，来降低店铺物流差评率，提升客户购买体验。

四、物流优化实操

根据以上数据分析结果，商家或运营人员可以对已出现或是潜在的问题进行优化。下面将以好药师店铺中包裹破损情况最严重的商品为例，当商品包装出现问题时，应当采取具有针对性的解决方法。针对包裹包装发生破损的情况，一般解决方法可以从优化包装、提前发短信提示客户、耐心地与客户沟通 3 个方面来解决。

1. 优化包裹包装　店铺或运营人员在对商品的包装进行优化前，需要先与仓库打包人员沟通，告知打包人员包裹包装方面的问题。由于该商品是礼盒装，而且商品内包装是玻璃瓶，属于易碎品，因此既需要保证商品外观的完整性，又需要降低商品在运输过程中内包装破裂的情况。针对这两个问题,可以选择较为牢固的纸盒作为外包装,防止商品礼盒发生变形,同时在包装盒内加入防撞的包装材料,如具有缓冲功能的充气气泡袋,其缓冲效果较好而且成本不高。在完善包装材料后,在发货前再仔细确认包裹包装没有问题。另外,可以在纸箱包装上,注明是易碎易损坏物品,提醒物流工作人员以及客户在接触包裹时要轻拿轻放。

2. 签收前短信提示　由于在运输过程中存在许多不确定因素,无法保证包裹一定不会受损,为防止客户因收到受损包裹而影响购物体验,在货物发出时,商家会及时给客户发送短信,告知客户商品已经发货,同时提醒客户“签收前检查包裹,确认包裹的完整性,若发现破损的情况直接拒签,商家收到拒签的包裹后会第一时间补发,有任何问题联系客服即可”。

3. 与客户及时并友好沟通　客服要实时跟踪已寄出商品的物流信息,若发现有处于拒签返回状态的包裹,但是没有收到客户的反馈,就需要及时联系客户,了解客户拒签的原因,表达歉意并给出相应的解决方案。解决方案可以给出两种或者更多,如退货退款、补发等。这样一方面可以给客户更多的选择,另一方面可以避免因为解决方案不妥,导致客服与客户发生矛盾甚至冲突,使得问题更加恶化。特殊情况下还可以赠送一些小礼品,作为给客户带来不便的一个小补偿。

如果客户出于一些特殊原因,在签收时没有检查,回去打开后才发现包裹有问题,客服需要耐心地与客户沟通,商量解决办法,并尽可能地满足客户需求,避免与客户产生矛盾,导致客户给店铺差评。

在客户没有拒签的情况下,可以给客户退货退款、补发或退回部分补偿款等补救建议,若客户不知道怎么选择,客服可以根据客户的实际情况进行推荐。

在售后服务方面,客服对客户要有足够的耐心,尽量安抚好客户的情绪,尽可能地避免与客户发生矛盾,并及时回应、处理客户的问题。

任务评价

通过完成本任务的学习,请按表 11-2-3 检查是否已经掌握了主要技能。

表 11-2-3　物流数据分析与应用评价表

序号	鉴定评分点	分值	评分
1	能够独立并快速地收集物流数据信息并进行整理	20	
2	能够对收集到的数据信息进行合理的分析,查找物流数据中物流出现的问题	30	
3	掌握物流数据优化的应用方式,通过分析好的物流数据问题对店铺物流进行有效的调整	30	
4	能够通过对物流数据优化管理,提高对绿色物流协调发展的认识	20	

知识延伸

（1）店铺物流相关数据表现太差？生意参谋物流洞察异常追踪。

（2）商铺如何降低快递成本？优化快递合作商。

以上知识延伸内容的学习，请扫描二维码。

任务拓展训练

物流数据分析与应用训练　请从任务准备中下载淘宝店铺物流数据报表，并对该报表的数据进行对比分析，找出店铺物流存在的问题并提出优化建议，最后将完成的分析与优化报告文档提交给老师。

模块三　数据分析与应用

项目十二　市场和竞争对手数据分析与应用

项目说明

随着市场竞争的日益加剧，消费者行为更加多变，市场调研的重要性愈显突出。商家需要随时监测市场和竞争对手的数据信息，并精准分析市场行业趋势、竞店信息以及竞品相关信息，以便随时调整战略规划。

本项目将分别介绍淘系、京东平台店铺如何分析同行业市场数据、竞店运营数据以及竞品数据，同时介绍优化方案与实操。

微课　电子商务行业数据分析概述

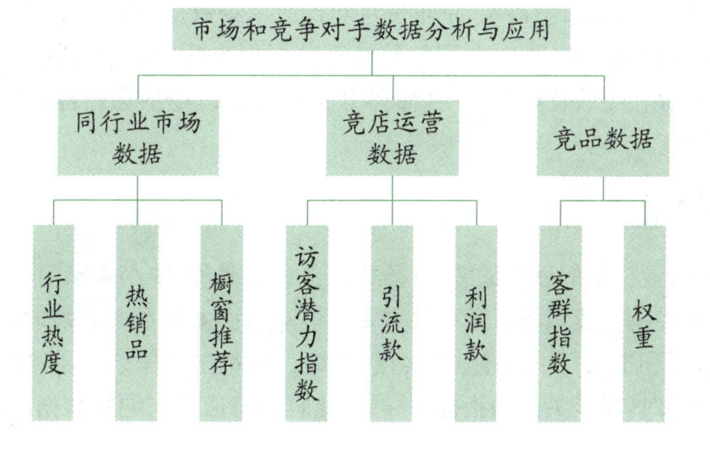

任务1 同行业市场数据分析与应用

学习目标

1. 熟悉淘系、京东店铺同行业市场数据分析维度。
2. 熟悉同行业市场分析的优化方向。
3. 掌握同行业市场数据的分析方法。
4. 掌握淘系、京东平台店铺市场行情优化实操。
5. 牢固树立行业管理意识。

任务描述

本任务介绍商家在监测淘系、京东平台同行业市场数据时要关注哪些数据指标，针对这些数据应该如何分析，同时介绍如何针对分析得出的问题进行优化。通过本任务的学习，学员能够在今后行业实战中，懂得分析同行业市场数据并且提出优化方案，提升店铺效益。

任务分析

随着电商行业机制的逐渐成熟，市场竞争也愈加激烈，中小商家增长空间变小。在这种情况下，监控同行业市场行情至关重要。但众多商家在经营店铺的过程中，不懂如何监控市场数据和根据行情调整店铺经营战略。因此在本任务中，将重点介绍在分析同行业市场数据时，应该关注的指标，并通过比较自身店铺与同行数据，发现自身问题，进行优化。

任务准备

任务准备

为了更好地达到实训目的，需要做如下准备：

（1）提前下载好淘宝店铺行业市场数据分析报表。

（2）确保电脑等设备可以正常使用。

（3）确保网络正常且稳定。

任务实施

一、同行业市场数据解读

许多商家在经营店铺的过程中，由于不懂如何通过监控和分析市场数据去调整自身店铺的产品规划，导致店铺亏损。随时监控市场行业数据是店铺运营过程中最重要的一环。对于大多数卖家，主要考虑以下这3个维度：行业趋势分析、子行业产品分析、关键词分析。

1. 行业趋势分析　不管是淘宝还是京东，任何行业都要随时关注自身行业趋势走向，这直接影响店铺之后的系列产品规划。以淘系平台为例，分析行业趋势可以直接查看大盘动态，收集相关统计数据，如图12-1-1所示。

微课　市场行情、供给与需求及需求调研方法

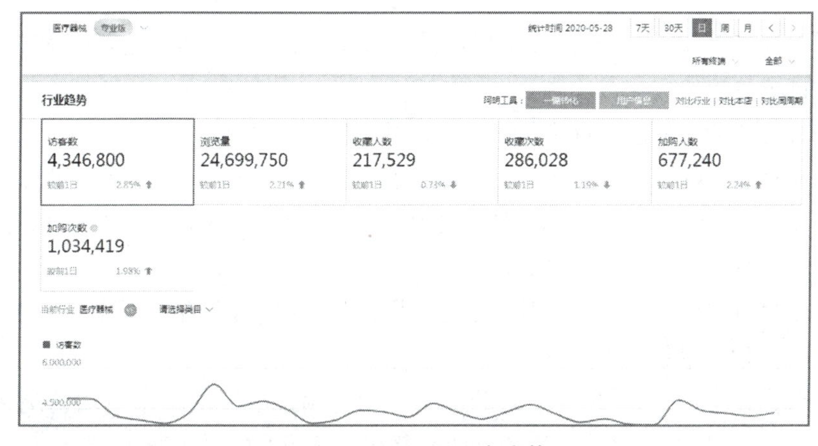

▲ 图 12-1-1　大盘走势

分析行业总体趋势最重要的指标包括访客数、收藏人数、加购人数、搜索人气、交易指数、收藏占比以及加购占比。

(1) 访客数：在选定周期和维度下，本行业访问人数的总计。

(2) 收藏人数：在选定周期和维度下，本行业店铺收藏人数的总计。

(3) 加购人数：在选定周期和维度下，本行业重复购买人数的总计。

(4) 搜索人气：在选定周期和维度下，本行业的搜索人气的数量总计。

(5) 交易指数：在选定周期和维度下，本行业的成交势能。

(6) 收藏占比：在选定周期和维度下，收藏人数/访客数。

(7) 加购占比：在选定周期和维度下，加购人数/访客数。

搜索人气和交易指数的高低反映了本行业近期的热度，而收藏占比与加购占比则反映了市场行业的需求。

2. 子行业产品分析　子行业产品分析主要是分析父行业类目下子行业产品的市场容量，不管是市场容量还是市场需求都存在高低之分。当行业趋势呈上升状态时，店铺需要分析市场行业构成中排名靠前的子行业类目，随时根据市场需求调整自身店铺商品宝贝的上下架。以淘系店铺为例，分析子行业产品可以直接查看行业构成子行业的排行情况，收集、统计相关数据，如图 12－1－2 所示。

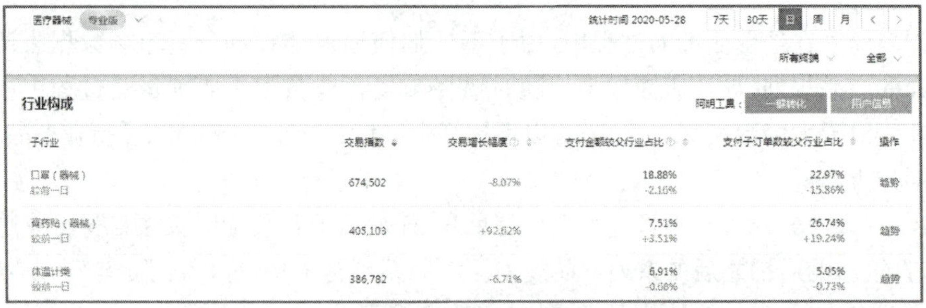

医疗器械 专业版 统计时间 2020-05-28 7天 30天 日 周 月

行业构成

子行业	交易指数	交易增长幅度	支付金额较父行业占比	支付子订单数较父行业占比	操作
口罩（器械） 较前一日	674,502	-8.07%	18.88% -2.16%	22.97% -15.86%	趋势
膏药贴（器械） 较前一日	405,103	+92.62%	7.51% +3.51%	26.74% +19.24%	趋势
体温计类 较前一日	386,782	-6.71%	6.91% -0.08%	5.05% -0.73%	趋势

▲ 图 12－1－2　行业构成

子行业排名最重要的分析指标包括交易指数、交易增长幅度、交易金额较父行业占比和支付订单数较父行业占比。

（1）交易指数：在选定周期和维度下，子行业的成交势能。

（2）交易增长幅度：在选定周期和维度下，总支付金额对比上一周期变化率。

（3）交易金额较父行业占比：在选定周期和维度下，当前子类目的支付金额较上一级类目支付金额的占比。

（4）支付订单数较父行业占比：在选定周期和维度下，当前子类目的支付订单数较上一级类目支付订单数的占比。

在这些指标中，交易增长幅度是分析子行业近期市场需求增幅波动情况最关键的指标，交易指数等指标可以分析该子行业与整体市场行业的占比情况，确定市场容量。

3. 关键词分析　确定好自身行业产品类目后，还要分析行业热门关键词。分析行业关键词不仅可以让店铺内容更丰富、更专业，同时还可以方便用户找到自己的需求信息。对于用户而言，提升了体验度；对搜索引擎而言，丰富的行业关键词也可以获取更多的流量。以淘宝店铺为例，关键词分析可以通过行业热门词榜进行查询，收集、统计相关数据，如图 12－1－3 所示。

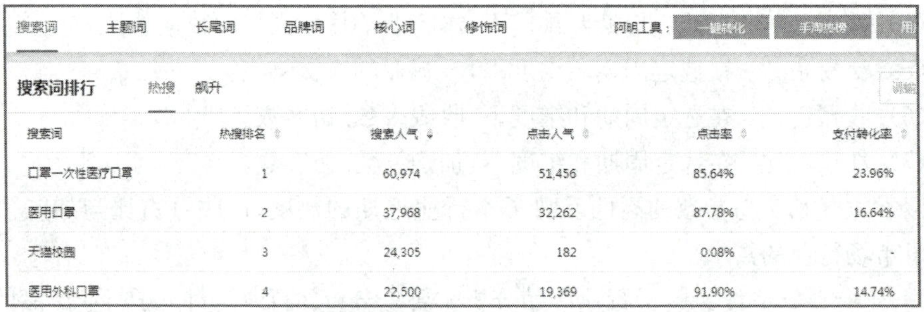

搜索词 主题词 长尾词 品牌词 核心词 修饰词

搜索词排行 热搜 飙升

搜索词	热搜排名	搜索人气	点击人气	点击率	支付转化率
口罩一次性医疗口罩	1	60,974	51,456	85.64%	23.96%
医用口罩	2	37,968	32,262	87.78%	16.64%
天猫校园	3	24,305	182	0.08%	-
医用外科口罩	4	22,500	19,369	91.90%	14.74%

▲ 图 12－1－3　行业热词榜

关键词分析最重要的指标包括搜索人气、点击率以及支付转化率。

（1）支付转化率：在选定周期和维度下，支付买家数/访客数。

（2）搜索人气：在选定周期和维度下，本行业热搜词的搜索人数。

（3）点击率：在选定周期和维度下，点击量/展现量。

在这些指标中，搜索人气和点击率代表了产品关键词的热搜度，支付转化率并不是产品的转化率，而是在统计时间内，来访客户转化为支付买家的比例，即支付买家数/访客数主要表现为买家通过搜索词实现支付转化的占比高低。

二、优化方向

通常情况下，商家分析完同行业市场行情的 3 个维度后，会针对店铺调整、活动促销进行调整优化。

（一）店铺调整优化

店铺调整优化主要有以下 3 个方面。

1. 选品调整优化　选品调整优化的方向有很多，当商家通过市场行情分析之后，发现某些产品处于滞销或销量下滑状态，就要更换成一些热销产品，对店铺首页主推商品进行更换。除此之外，产品的价格、产品属性、产品主图都需要修改。相同的产品，价格主图设置得不同也会影响产品整体的销量，如图 12－1－4 所示，价格主图不同的同款瘦身产品，销量相差很大，说明并不是价格越低，销量越好，要根据市场行情确定。因此在商品上架发布之前，需要根据市场行情，针对产品的价格属性及主图等信息制订合适的战略规划。

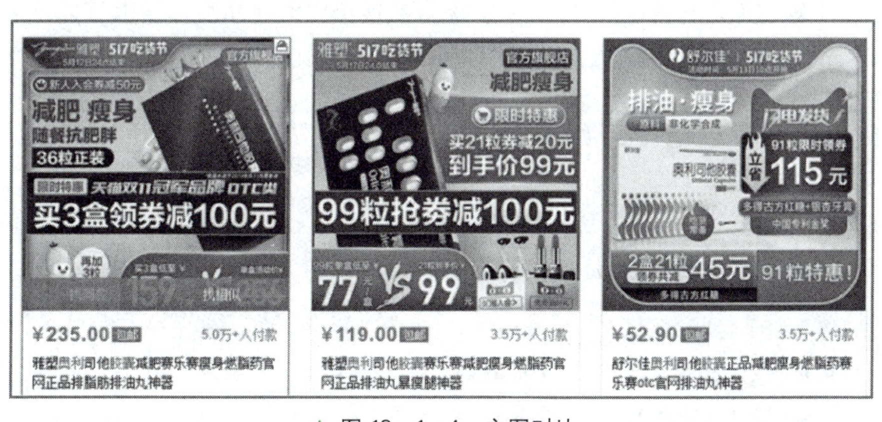

▲ 图 12－1－4　主图对比

2. 标题关键词优化　对于大多数买家来说，购买产品都是通过关键词搜索找到宝贝，然后进入店铺页面浏览。因此，标题设置或者优化显得尤为重要。需要注意的是，在优化宝贝标题时，有搜索流量的宝贝标题修改最好不要超过 5 个字，并且标题 30 个字要写满，勿留空格。不要堆砌关键词，可以通过行业热门关键词排行榜，确定几个搜索热度较高的关键词，添加到标题当中。例如，当行业搜索词热度最高的是“减肥”时，经过搜索会发现，产品销量高的店铺宝贝标题中，都会带有“减肥”二字，如图 12－1－5 所示。优化标题关键词有助于商家抓住精准买家，提高店铺流量。

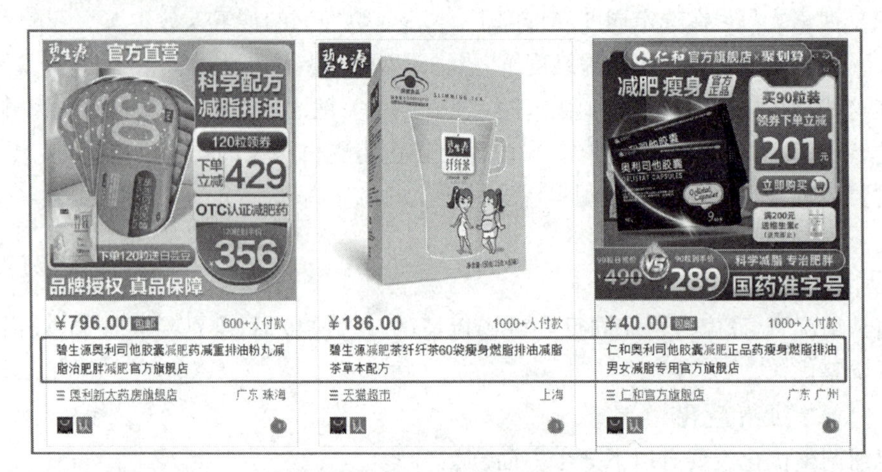

▲ 图 12－1－5 “减肥”热词标题

3. 详情页优化　如果商家通过市场行情分析，发现近期行业市场销售趋势呈上升状态，不管是收藏占比还是点击率，均较高，自身店铺却效益不佳，这时候就要考虑自身店铺详情页对客户的吸引力，及时调整优化。

在优化详情页时，需要注意两点，一是不要直接抄袭销量高的商品详情页，因为影响宝贝销量的不仅是详情页，还有评价、价格等，而且不同类目、人群、客单价，详情页所起的作用也不一样。所以，建议模仿优质店铺的详情页，同时添加自身创意，超越该店铺商品详情。例如，针对淘系平台，可以在生意参谋市场模块中的商品热销榜上查询排名前 10 的同款商品店铺的详情页，参考并且设计自身独特的店铺详情页，如图 12－1－6 所示。

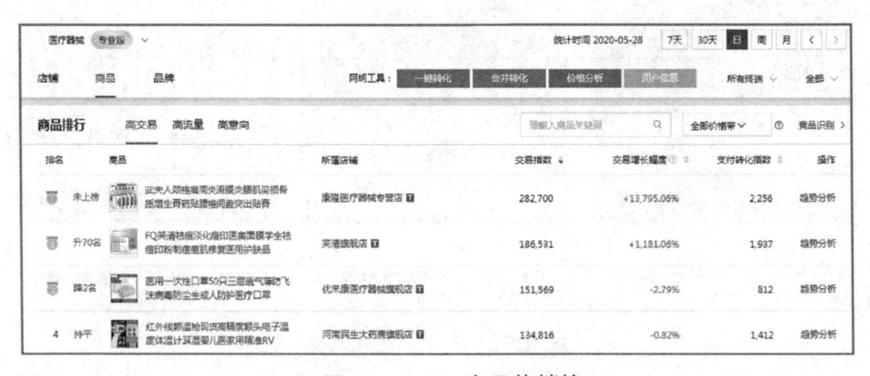

▲ 图 12－1－6 商品热销榜

二是详情页的图片不可堆积过多，尺寸不可过大，否则会影响页面加载速度。如果商品详情页迟迟加载不出来，那么很可能会导致客户的流失。

12－1－1 活动促销优化

（二）活动促销优化

扫描二维码学习活动促销优化。

三、同行业市场数据分析

店铺在运营的过程中，随时监测同行业市场数据至关重要。因淘系、京东平台分析指标相同，下面以淘系平台店铺为主，介绍如何分析同行业市场数据指标并得出优化方案。

微课　行业市场竞争分析

案例：好药师在淘系平台开通了一家医药店铺，销售多种行业药品，经营一段时间后发现效益不佳。请你收集同行市场信息，制成报表后找出问题，并且得出优化方案。

(一) 行业趋势分析

首先分析行业趋势，选择查看医药行业趋势分析报表，如表 12-1-1 所示。

表 12-1-1　医药行业趋势分析报表

日期	访客数	收藏人数	加购人数	搜索人气	交易指数	收藏占比	加购占比	终端
7月2日	1 248 240	717 435	62 345	2 315 468	607 970	57.48%	4.99%	全网
7月3日	1 344 540	717 241	72 456	2 235 467	616 756	53.34%	5.39%	全网
7月4日	1 308 240	801 625	73 245	2 346 878	655 894	61.28%	5.60%	全网
7月5日	1 445 670	867 920	87 825	2 446 879	657 454	60.04%	6.08%	全网
7月6日	1 456 840	888 036	85 482	2 432 465	758 156	60.96%	5.87%	全网
7月7日	1 449 543	829 201	86 489	2 354 897	754 612	57.20%	5.97%	全网
7月8日	1 548 687	920 156	98 502	2 568 794	785 210	59.42%	6.36%	全网

通过表 12-1-1 可知，本行业近 7 天的搜索人气和交易指数都大致呈现上升的趋势，说明近期业内行情较好，需求量增多。同时，行业日均收藏占比数都高于 50%，加购占比数都高于 4.5%。而店铺自身近 7 天的店铺收藏占比为 11.71%，加购占比为 0.79%，远远低于市场平均值，说明店铺自身的产品不能很好地吸引到买家，需要优化宝贝详情页。

通过上述分析可以得出优化方案，针对一些热门产品进行活动大促，吸引买家，提高店铺转化率。店铺收藏占比与加购占比偏低，说明店铺自身产品不能吸引买家，需要优化宝贝详情页。

(二) 子行业产品分析

除了分析行业趋势，还需要分析子行业产品，选择查看行业构成排行榜报表，如表 12-1-2 所示。

表 12-1-2　行业构成排行榜

子行业	交易指数	交易增长幅度	支付订单数较父行业	交易金额较父行业占比	终端
瘦身药品	1 090 140	上升10.86%	25.15%	24.12%	全网
养生药品	918 240	上升11.86%	15.15%	12.03%	全网
日常护理药品	818 240	下降6.26%	10.15%	9.12%	全网
其他	……	……	……	……	全网

通过表 12-1-2 可知，在近 7 天的医药行业子行业构成排行中，排行前三的分别是

瘦身药品、养生药品和日常护理药品，同时这 3 个子行业交易指数加起来占父行业 45% 左右，特别是瘦身药品与养生药品，是行业热销产品，并且增长幅度呈上升趋势，而日常护理药品反而处于下降状态。

通过上述分析可以得出优化方案，店铺需要针对自身商品类目进行调整优化，店铺商品橱窗换掉一些日常护理药品，选择一些热门瘦身药品和养生药品，进行大力推广。同时，配合大促活动，开通钻展，进行付费推广，吸引点击，提高店铺流量。

(三) 关键词分析

子行业产品确定完后，需要确定产品关键词，查看行业热词榜报表，如表 12-1-3 所示。

表 12-1-3 行业热搜词榜报表

排名	搜索词	搜索人气	点击率	支付转化率	终端
1	减肥药	46 646	27.15%	14.12%	全网
2	减肥药+减脂	46 215	19.15%	12.03%	全网
3	护肝	31 265	10.15%	5.12%	全网
其他	……	……	……	……	全网

由表 12-1-3 可知，近 7 天行业热搜词以瘦身与养生为主，“减肥药”“减脂”“护肝”等词牢牢占据排行榜前三。那么，在接下来的大促活动中，可以通过“减肥药”这一热词，开通直通车，进行站内直接引流，增加店铺曝光率，抓住精准用户，实现高转化率。

四、优化实操

针对淘宝店铺行业市场数据中存在的问题，进行优化实操，优化 4 个方面：一是根据市场行情调整店铺商品类目，重新选品，选择多款瘦身产品替换店铺橱窗推荐品；二是优化店铺详情页，提高店铺收藏占比以及加购占比，实现高转化率；三是开通钻展与直通车进行付费推广，吸引流量，抓住精准用户；四是策划促销活动，针对瘦身药品、养生药品，选择多款热销品，进行大促活动，设置多种优惠活动组合，吸引买家支付下单。

(一) 优化方向 1：替换店铺主推品

12-1-2 替换店铺橱窗商品推荐

1. 首页主推　通过分析可知，瘦身类和养生类的药品处于大促期，但店铺主推品多为日常护理，所以，可选择一些瘦身类药品和养生药品放置在首页作为主推品，并选择优质的图片对店铺首页进行合理布局，吸引买家，如图 12-1-7 所示。

2. 替换店铺橱窗商品推荐　选择多款减肥产品，替换掉商品橱窗推荐中的日常护理药品，具体操作步骤如下：

步骤一：登录淘宝账号，进入卖家中心，在店铺管理中点击“店铺装修”，如图 12-1-8 所示。在弹出的首页上方继续点击“店铺装修”，如图 12-1-9 所示。

▲ 图 12-1-7 店铺首页主推品设置

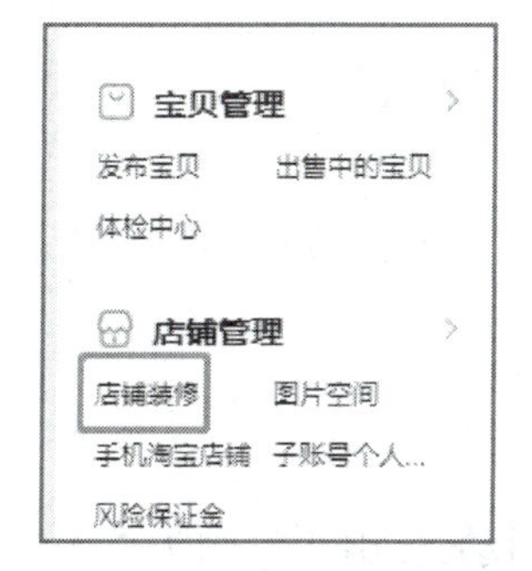

▲ 图 12-1-8 进入店铺装修 1

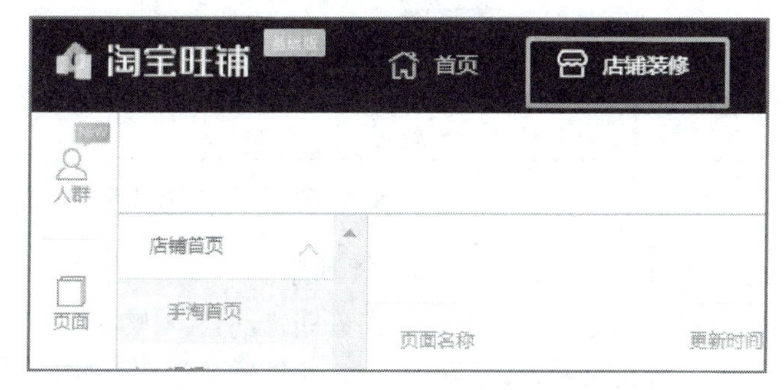

▲ 图 12-1-9 进入店铺装修 2

步骤二：选择店铺“PC端”，点击“装修页面”。

步骤三：进入网页，点击宝贝推荐的“编辑”选项。

步骤四：进入窗口，点击宝贝推荐的“手动推荐”选项，选择不需要的宝贝，点击“取消推荐”，选择需要的宝贝，点击“推荐”即可。

(二) 优化方向2：店铺详情页优化

通过分析可知，近期店铺的收藏占比与加购占比均低于市场平均值，说明店铺产品首页的详情页并没有起到吸引买家的作用，因此在优化店铺详情页的时候，要设置一些文案标题来吸引买家点击收藏以及加购，从而实现高转化率。例如，添加“收藏店铺拍下即送八重豪礼”“收藏＋加入购物车付款享优先发货特权”等。

(三) 优化方向3：开通付费推广，吸引流量

通过分析可知，店铺近期想要主推瘦身产品，所以选择了钻展与直通车两种推广方式来吸引流量，达到高转化率的目的。

1. *开通钻展推广* 选择一款优质的产品图片，在淘宝搜索首焦页上放大图，在右侧流量最高的广告位进行钻展付费推广，如图12-1-10所示。

2. *开通直通车推广* 同时，通过行业热词榜确定行业热词为“减肥”之后，开通直通车，提高店铺流量用户的精准度，直通车的参考价格根据行业热词榜的“直通车参考价”

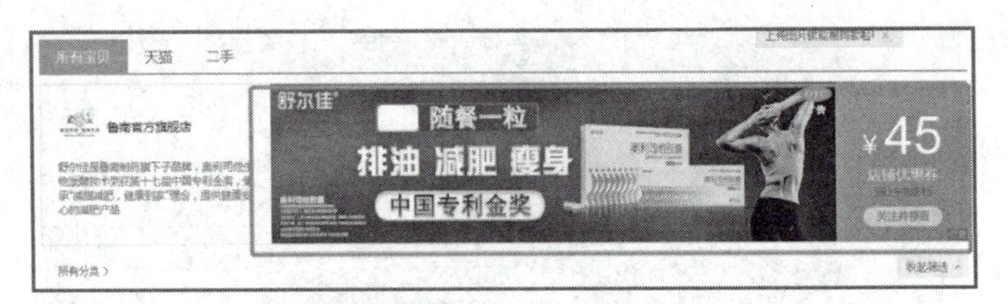

▲ 图 12－1－10　钻展广告位

▲ 图 12－1－11　直通车参考价

的数值进行设置，如图 12－1－11 所示。

(四) 优化方向 4：活动促销策划，吸引买家购买

通过分析可知，想要吸引买家，店铺需要设置一些促销活动，吸引买家购买。例如，针对此次主推品，设置“满额即送优惠券”“领券下单再减”“入会下单直降”等多种促销形式。

任务评价

完成本任务后，请对照表 12－1－4 检查自己是否掌握了所学内容。

表 12－1－4　同行业市场数据分析与应用操作评价表

序号	鉴定评分点	分值	评分
1	能够通过数据报表分析淘系店铺市场行情	20	
2	根据数据表分析出的问题，提出有针对性并且可行的优化建议。	30	
3	能够对推广方案进行优化并实际操作	30	
4	能够通过对同行市场数据分析管理，提高对行业管理必要性的认识	20	

知识延伸

知识延伸

(1) 店铺装修。
(2) 优秀的运营告诉你怎么看生意参谋行业大盘数据。
(3) 产品详情页制作。

以上知识延伸内容的学习，请扫描二维码。

任务拓展训练

淘系平台同行业市场分析优化训练　请从任务准备中下载淘宝店铺行业市场数据报表，并对该报表的数据进行市场行情分析，编写优化方案报告。

任务2 竞争店铺运营数据分析与应用

学习目标

1. 熟悉淘系/京东平台竞争店铺运营数据解读的维度。
2. 熟悉淘系/京东平台店铺运营优化方向。
3. 掌握淘系/京东平台竞争店铺运营数据分析方法。
4. 掌握淘系/京东平台店铺运营优化实操。
5. 牢固树立竞争发展的新理念。

任务描述

市场的竞争日益激烈，对于店铺的运营，商家不仅要掌控自身店铺的各个数据，同时也需要监控竞店的运营数据，通过分析竞争对手来及时调整自己的店铺推广策略，并且向竞店学习。同样，对方的不足之处可以参照并防止自己犯同样的错误。要求学员根据竞店运营数据实训报表，分析自身店铺存在的问题并提出优化方案。

任务分析

在运营店铺的过程中，商家要吸取同行优秀商家的运营经验，关注了解竞店的数据参数，对竞店的营业状况、商品销售布局、流量推广来源、商品服务评价等几个方面做详细了解，才能知道自己与同行相比存在哪些问题，具有哪些优势，以提升自己的竞争力，提升店铺和商品的知名度和销量。在本任务中，将介绍在进行竞店运营数据分析时，应该重点关注的指标，并将自身店铺与竞店的运营数据做对比分析，明确自身存在的问题以及分析之后的优化操作。

任务准备

任务准备

为了更好地达到实训目的，需要做如下准备：

(1) 准备两个在淘系、京东平台分别运营良好的店铺账号。

(2) 准备好淘系、京东平台需要分析的竞店运营数据报表。

(3) 确保电脑等设备能正常使用。

(4) 确保网络正常且稳定。

任务实施

一、竞争店铺运营数据解读

在店铺的运营过程中,除了要了解自身店铺的运营情况及数据外,了解竞店的运营数据也是必不可少的。通过分析竞店的数据,商家可以知道对方的优势和劣势,取长补短,从而提升自己的竞争力。

(一) 淘宝竞店运营数据分析维度

淘宝竞店运营救据分析维度主要包括下面 3 个。

1. 竞店可监控的关键指标　淘宝商家通过监控竞店的关键指标可以掌握其运营动态,很直观地看到相应的数据对比,得出自身的优势和劣势。其中,大促期间的预售定金指数和预售定金商品件数可以帮助商家快速了解自身店铺和竞店的预售效果和差距,及时做出策略调整。竞店可监控的关键指标包括:

(1) 流量指数:代表竞店的流量获取能力,根据统计周期内访客数拟合出的指数类指标。流量指数越高,表示访客数越多。

(2) 交易指数:代表竞店时间纬度内的成交势能,根据统计周期内的支付金额拟合出的指数类指标。交易指数越高,表示交易行为越多。

(3) 搜索人气:是指搜索人次,某个关键词在某个时间段内的搜索人数。

(4) 收藏人气:在统计日期内,根据商品收藏人数拟合出的指数类指标。收藏人气越高,表示商品收藏人数越多。

(5) 加购人气:在统计日期内,根据加购人数拟合出的指数类指标。加购人气越高,表示商品加购人数越多。

(6) 预售定金指数:竞店在预售期间的商品预售效果,指数越高,表示喜爱商品的人数越多。

(7) 上新商品数:在统计日期内,竞店上新的商品件数。

2. 竞店 TOP 商品榜　TOP 商品榜主要分为店铺商品热销榜及店铺商品流量榜。通过榜单可以清晰地看出竞店及自身店铺的哪款商品是主推款,哪款商品的流量、销量在快速上升。商家可以分析竞店热销和流量商品,关注某商品的增长趋势,指导商家做货品规划,更好地把握市场的优化节点,如图 12-2-1 所示。

▲ 图 12-2-1　TOP 商品榜

3. 竞店交易构成　交易构成包含商品类目与客单价。客单价的高低决定了竞店指标，同时也会对转化率产生一定影响。商家从中可以判断，在优秀同行店铺的商品中，哪个类目是最匹配、最能带来交易，以及哪个价格带是最能被消费者接受的，如图12-2-2所示。

价格带构成　全部　PC

价格带	支付买家占比	支付买家数	支付金额	支付转化率
0-10元	3.70%	54	1,797.16	4.42%
10-30元	13.98%	204	13,230.19	3.86%

▲ 图 12-2-2　交易构成页面

4. 竞店入店来源　竞店入店来源提供本店与竞店全部二级来源，从流量指数、访客数及交易指数等多维度进行对比，帮助商家快速了解竞店与本店在来源渠道上的差距，如图12-2-3所示。

入店来源　无线端

对比指标　流量指数

流量来源	本店 流量指数	流量指数	本店访客数
淘内免费	11,221	22,818	8,650
自主访问	4,538	14,466	1,858
付费流量	3,359	1,371	1,123
淘外网站	37	3,251	1
其它来源	-	193	-

▲ 图 12-2-3　入店来源对比

5. 竞店综合评分　DSR是卖家服务评级系统，DSR评分的高低对店铺也存在一定的影响。淘宝店铺中DSR评分是指淘宝店铺动态评分。在淘宝网交易成功后，消费者可以对本次交易的商家进行如下3项评分：宝贝与描述相符、卖家的服务态度及物流服务的质量，商家透过竞店的综合评分数值可以知道消费者对竞店的评价，指导商家在欠缺的部分进行优化，提高店铺权重。

（二）京东竞争店铺运营数据分析维度

请扫描二维码学习京东店铺运营数据分析维度。

12-2-1
京东竞争店铺运营数据分析维度

二、店铺运营优化方向

商家在运营店铺的过程中，依据运营数据，需要及时优化店铺运营，提高店铺整体权重。

1. 优化店铺商品结构布局　店铺商品结构规划也叫品类规划，即店铺的品类结构

和商品结构管理。一个优秀的商品结构可以为消费者提供多样化的产品选择，还能实现店内资源最大化利用。商家通过合理布局店铺的品类结构，形成高效产品组合，来提升店铺的转化率。

根据店铺的商品销售排行榜可以知道每一种商品的销售情况，了解店铺商品是否存在滞销的情况且是否可以改变。当某款商品的流量指数过低时，商家应考虑下架该商品或是替换成流量指数高的商品。商品主要分为引流款、日常款、活动款、利润款及形象款。

比如，引流款是每一个店铺都必备的商品，满足点击率和转化率高的条件。一般来说，引流款都是店铺的爆款。若店铺引流款的流量指数不高，商家应该调整商品结构，上架流量指数高的商品作为引流款。

2. 优化店铺交易构成　店铺交易构成的优化一般是指商品价格的重新调整以及商品类目属性的优化。针对商品价格的优化，一般一款商品定价后不会有太大变化，最多是在活动期间做一些适当的优惠。类目属性优化是从大处着手，逐渐过渡到细节，具体为：确保类目属性放置正确→确保类目属性最优放置→完善细节。

(1) 确保类目属性放置正确：商品类目属性优化第一步就是确保商品放置的类目与淘宝网的要求一致。商家可以到“卖家中心”→“宝贝发布”后台去查看与商品主关键词相匹配的类目，如图 12－2－4 所示。

(2) 确保类目属性最优放置：商品类目选择正确仅仅是商品能顺利通过淘宝发布的基本条件，能不能出现在消费者眼前，取决于类目属性的最优放置。图 12－2－5 所示是淘宝首页的类目分类区域，部分消费者就是通过这个区域来筛选商品的。

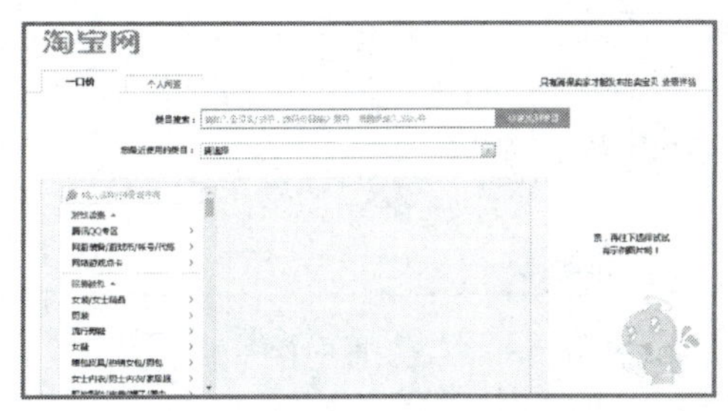

▲ 图 12－2－4　宝贝发布后台

▲ 图 12－2－5　淘宝网首页

消费者点击其中一个类目细分后，就会进入类目选择页面。在这个页面中，消费者会进一步选择类目，直到出现商品展示图片为止。通过类目选择带来的流量称为类目流量，如图 12－2－6 所示。

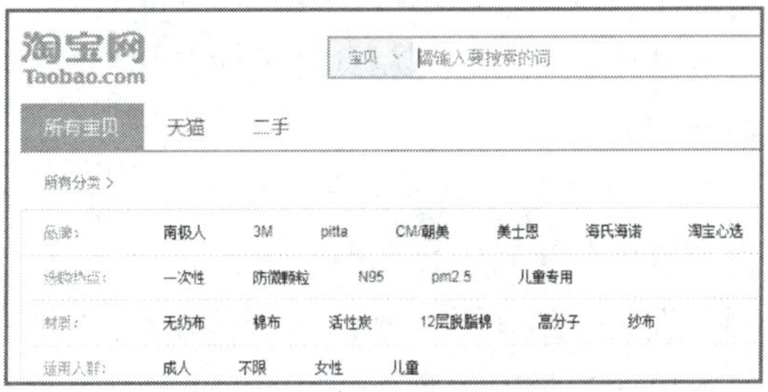

▲ 图 12－2－6　细分类目

将“医用口罩”4 个字输入淘宝后台“宝贝发布”的“类目搜索”文本框中进

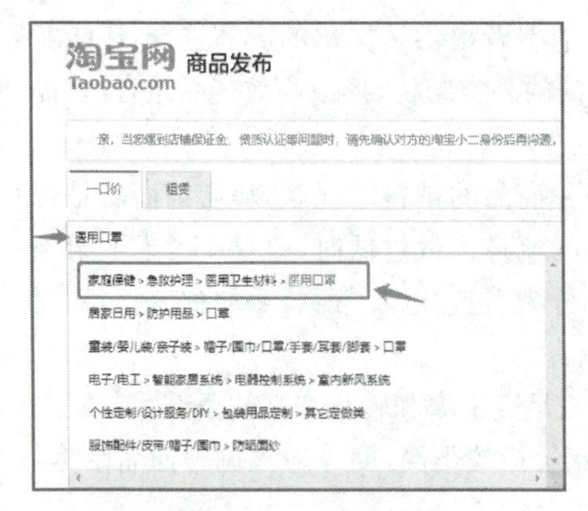

▲ 图 12-2-7　类目搜索

行搜索，最后出现的类目匹配结果如图 12-2-7 所示。

可以看到，蓝色线框内的类目分类和淘宝后台宝贝发布中的类目搜索结果基本一致。如果医用口罩这个商品放置的是图 12-2-7 中的第二、第三这样的类目，虽然商品可以顺利发布，但是消费者通过类目选择的方式找到商品时，这款商品不会非常精准地展现在消费者面前。因此，类目放置最优化才可以得到更多的类目流量。

(3) 完善细节：类目优化后，还可以完善一些细节来让商品搜索排名更优。比如，商品是维生素 C 片，在进行类目搜索后，出现的结果中第一个最优类目中有“维生素/矿物质”这样的类目词汇，那么商品的标题就尽量带上“维生素/矿物质”这样的字眼，以最大限度地匹配类目，如图 12-2-8 和图 12-2-9 所示。

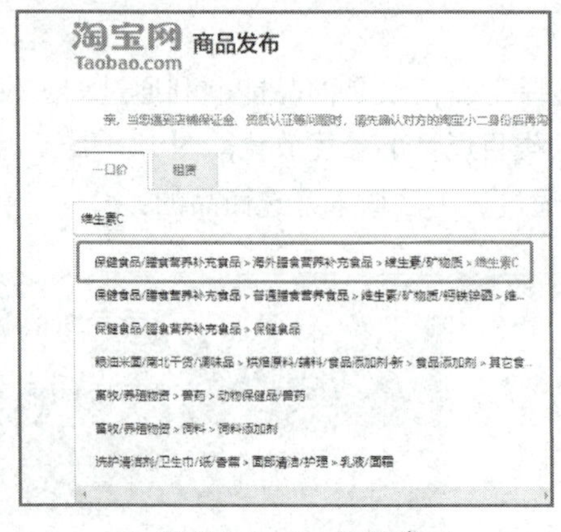

▲ 图 12-2-8　匹配类目

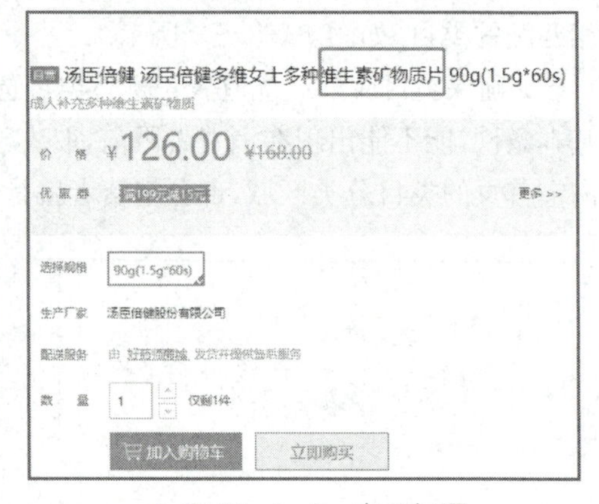

▲ 图 12-2-9　商品标题

需要注意的是，在淘宝中，类目的划分非常的细致，同时种类也很多，商家在对店铺的商品类目进行优化时，不能盲目和随性，一定要依据数据分析进行优化。

另外，在与竞店做对比分析时，重点分析竞店运营良好的类目，并考虑增加此类目商品。

3. 优化入店来源　在与竞店进行对比分析时，发现自身店铺的来源入口不如竞店，商家应该分析其中存在的问题并进行具有针对性的优化。比如，竞店做得好而自身店铺并没有做的来源渠道，商家可以结合店铺运营情况新增来源入口，为店铺做引流；若来源渠道流量不如竞店的，商家应该着重优化该渠道，引导消费者进入店铺购买商品，比如，竞店做了拍立淘的免费引流，我们店铺也做了，但是带来的流量并没有竞店多，那

么就需要重点优化拍立淘这个渠道。

4. 提升店铺综合评分　店铺的综合评分会影响搜索排名，综合评分越高，对搜索排名越有利。店铺综合评分不仅代表着店铺的形象和综合实力，更代表商家诚信度，评分高可以更快地获取消费者的信任和选择，反之则容易引起消费者的流失。因此，商家要想提升店铺的综合评分，可以优化店铺商品详情、物流服务及客户服务。

(1) 商品详情：商品详情是店铺综合评分中的宝贝与描述是否相符的一项重要影响因素。商家在描述店铺商品时要实事求是，做到商品实物与图片描述相符，不要夸大和过度美化商品，否则会让消费者产生“被骗”的感觉。同时商品的各项数值要标注清楚，如商品尺寸颜色，可以在详情页中写明“出于光线等原因，实物和图片有轻微差距”。

(2) 物流服务：店铺物流服务是店铺综合评分的一个考评因素，如果淘系平台消费者因为物流的问题给店铺打了差评，那么店铺信誉会被扣分。比如，有些地方无法送达、对快递服务不满意、物流等待时间过长、派件延迟等，都会引起消费者的不满。为了避免这种情况，淘宝店铺物流优化就非常重要了。

方法一：店铺可以同时与多家快递公司签约合作。每家快递公司都有各自的优势，不同地区的送货速度不同，商家需要取长补短，针对不同地区选择不同的快递公司。若是某一快递公司数次出现物流问题，商家可以终止合作。

方法二：在淘宝商品详情页里添加关于发货的提醒和备注内容，对于一些要得比较急的消费者，可以设置指定快递、邮费补拍等。比如，明确说明店铺当天的发货时间，错过当天的时间次日发货等。

方法三：做好售后服务，面对因物流问题导致的差评，商家要站在消费者的角度，尽快响应消费者，及时处理，将结果反馈给消费者，并对消费者进行安抚和提供一定的补偿。

(3) 客户服务：客服是代表店铺品牌和形象的第一窗口，因此提升店铺客服的服务态度和业务能力是非常重要的。

方法一：设置自动回复。商家可以在千牛端或者旺旺设置自动回复，这样可以降低消费者的等待时间，提高客户满意度。自动回复短语的设置要根据店铺风格，以问好和欢迎开头，可以附加问题咨询和活动介绍。

方法二：引导消费者给好评。商品评价是很多商家会忽略的地方，其实商品的评价对消费者会产生非常重要的影响。当消费者看到中差评多了，购买的欲望自然就会降低。商家要处理好中差评，给评分者一个合理的解释，甚至引导他们追加评价，以吸引其他消费者购买。

方法三：定期进行系统培训。商家可以定期对客服展开培训，包括售前、售中、售后问题的处理，提高对商品的了解度以及话术水平等。可以收集工作中遇到的主要问题，在培训中分享并提出优化方案，不断改进提高客户体验。

三、竞争店铺运营数据分析实操

店铺在运营的过程中，商家要锁定竞店，并对竞店进行相关数据的收集与分析，通过数据对比发现店铺运营过程中存在的问题，再根据分析结果制订相应的优化策略。

淘系、京东平台在竞店运营数据分析和优化方面是相似的，我们以淘系平台好药师药店的竞店数据为例。选择一家与本店经营类目相似的竞店，通过生意参谋竞争情报可以查看选择时间范围内的数据，从而掌握店铺的流失情况，选择竞店流失指数最高的店铺作为重点观察对象，分析该竞争店铺的运营数据，如图 12 - 2 - 10 所示。

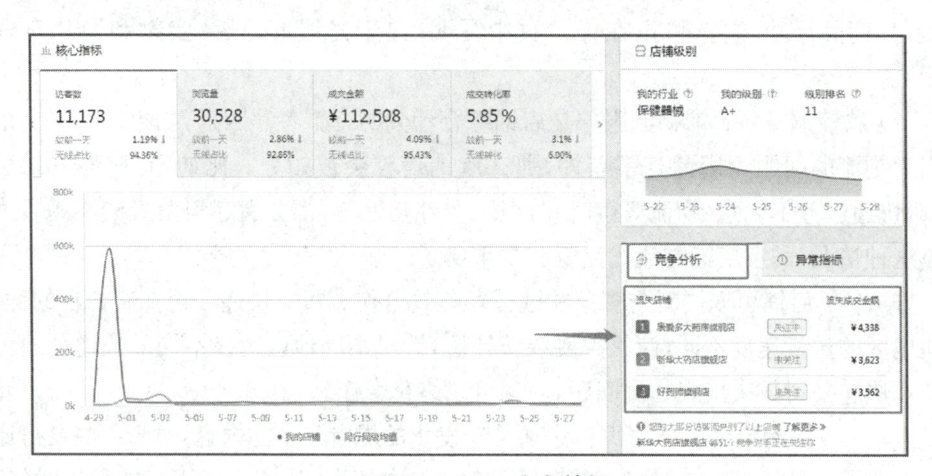

▲ 图 12 - 2 - 10　竞争情报

当确定竞店后(以下简称“竞店 1”)，把它添加至监控行列，通过对比分析，商家可以更直观地了解自身店铺和竞店之间的运营效果和差距。下面将根据最近 7 天竞店 1 与本店铺的运营数据对比，从中发现自身存在的问题，得出优化方向。

1. 竞店关键指标分析　如表 12 - 2 - 1 所示，在竞店 1 的流量指数低于本店的情况下，交易指数却远远高于本店。这说明在统计周期内，本店的访客数高于竞店 1，但最终的交易行为的却比竞店 1 少。同时，在搜索人气、收藏人气以及加购人气上也低于竞店 1。消费者进入店铺后选择购买商品，同时也没有收藏店铺及再次回购，说明店铺的商品并没有吸引到消费者。因此，商家就要分析竞店 1 的指数高是如何产生的，是上架了新的商品、参加了活动，还是受到了客户服务、商品质量的影响，根据问题进行优化才能提高店铺的关键指数。

表 12 - 2 - 1　关键指标对比(近 7 天)

	交易指数	流量指数	搜索人气	收藏人气	加购人气
本店	38 250	19 585	11 060	1 304	1 867
竞店1	91 195	15 083	14 698	3 579	5 089

2. 竞店综合评分分析 商家进入竞店1了解店铺详情,可以看到竞店1的店铺好评率为100%,各项数值都与同行持平,在描述相符评分中甚至高出同行3.78%。再看好药师店铺的综合评分,各项数值同样与同行持平,好评率达到100%,这是店铺的优势。在这个基础上,店铺应该不断完善各项服务,使店铺评分高于同行,提高店铺权重,如图12-2-11所示。

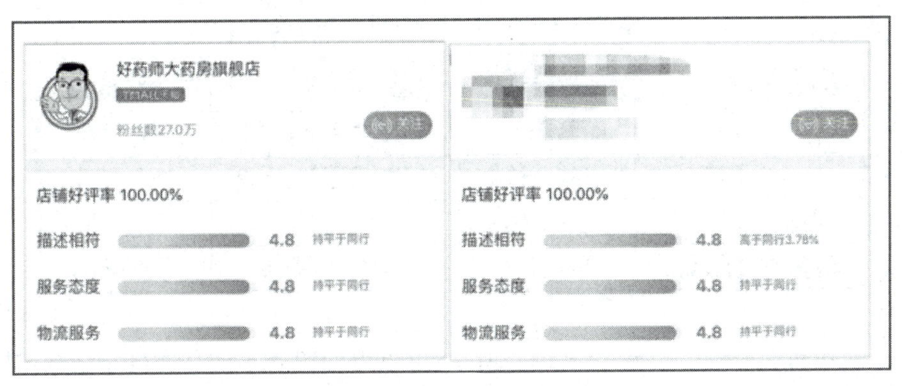

▲ 图12-2-11 店铺综合评分

3. 竞店入店来源分析 分析竞店的入店来源数据,可以看出竞店1与本店铺的入店来源访客数占比差距还是比较小的。竞店1的流量主要来自淘宝站内其他、直接访问、天猫搜索和淘宝搜索。在直接访问渠道,访客数占比为11.34%,交易指数为76 945,说明这波消费者的购买意图很强烈。反观本店铺,在钻石展位及直通车的访客数占比及交易指数要远远高于竞店1,这是店铺的优势所在。同时,还注意到一组数据,在手淘拍立淘的访客数占比及交易指数上,本店的访客数占比仅为0.11%,交易指数为0,说明这个来源入口是本店做得不够好的地方。因此,商家在稳定付费流量渠道的同时要重点优化手淘拍立淘的流量入口,为店铺带来更多的流量来源,如表12-2-2所示。

表12-2-2 竞店入店来源对比

二级来源	本店 访客数占比	本店 交易指数	竞店1 访客数占比	竞店1 交易指数
淘宝站内其他	16.92%	28 969	24.65%	58 463
天猫搜索	10.12%	22 815	9.40%	62 076
直接访问	8.85%	25 421	11.34%	76 945
钻石展位	7.83%	18 346	0.79%	3 773
淘宝搜索	6.63%	22 972	7.35%	52 488
手淘拍立淘	0.11%	0	5.94%	8 754
直通车	5.53%	9 736	0.62%	2 066
购物车	4.16%	9 461	5.20%	11 681
宝贝收藏	3.89%	21 078	4.03%	28 086
天猫首页	2.18%	32 385	2.31%	31 546

4. 竞店商品榜单分析　竞店 1 的交易指数在统计周期内要远远高于本店，商家可以通过 TOP 商品榜单快速了解竞店 1 的热销商品和高流量商品，如表 12－2－3 所示，可以看出竞店 1 的高流量商品分别为一次性医用口罩、免洗抑菌洗手液、止咳糖浆、柴银口服液这 4 款商品，为竞店 1 带来了可观的流量。与本店进行对比，商家可在一定时期内提供相同类目商品，为店铺做引流。

表 12－2－3　TOP 商品榜（流量榜单）

本店商品	流量指数	竞店1商品	流量指数
碘伏消毒液	78 019	一次性医用口罩	190 562
片仔癀	64 251	免洗抑菌洗手液	163 485
同仁堂阿胶	63 176	止咳糖浆	82 475
神曲消食口服液	56 382	柴银口服液	73 280

5. 交易构成分析　如表 12－2－4 所示，可以得到竞店 1 的品类分布结构，排名第一的医用外科口罩支付金额占比高达 90.93%。与之相比，这个类目是自身店铺所欠缺的。因此，结合当下市场环境，商家可以新增此类目作为引流款来重新布局店铺商品规划，为店铺带来更多的流量。

表 12－2－4　交易构成类目对比

排名	本店类目	支付金额占比	排名	竞店1类目	支付金额占比
1	滋补养生/药食同源 > 川贝母粉	72.85%	1	家用器械/医用口罩 > 一次性医用外科口罩	90.93%
2	处方药/免疫调节 > 维生素C片	10.36%	2	OTC药品/感冒咳嗽 > 雪梨膏	8.10%
3	保健膳食/维生素/矿物质 > swisse钙维生素D	6.30%	3	滋补养生/药食同源 > 川贝母粉	0.39%
4	家用器械/三高检测 > 血压测量仪	6.27%	4	家用器械/三高检测 > 血压测量仪	0.35%
5	其他	4.22%	5	其他	0.23%

需要保持自身现有的优势，在这个基础上，优化的方向主要包括流量来源入口以及店铺商品规划。

四、店铺运营优化实操

通过以上数据分析可知，本店铺运营过程中具有自身的优势，同时要有针对性地优化店铺的入店来源以及店铺商品规划。

1. 优化入店来源　通过上述入店来源数据可知，店铺的访客数与竞店 1 相差不大，但是竞店 1 的进店转化率高，促成的交易行为远远高于本店铺。流量和转化率相互影响、相互依存，因此在入店来源方面，店铺要在稳定付费流量的同时，优化手淘拍立淘来源渠道，为店铺引流，促成消费者购买，提高交易指数。

手淘拍立淘主要是通过图片识别来找相似主图的宝贝，支持搜寻医药品、衣服、箱包、数码、美妆、食品等，只需要拍照，淘宝就能匹配出相似的物品供消费者选择。

分析自身店铺在手淘拍立淘流量少的原因，发现来自商品主图拍摄，具体优化如下：

(1) 拍摄清晰的宝贝主图，更有利于拍立淘识别商品。

(2) 宝贝主图中至少要上传一张白底图。背景必须是纯白底，要力保素材图片没有阴影，没有多余的背景、线条等，也没有未处理干净的元素。除此之外，白底图片不能有标识、水印等。

(3) 白底图片是平铺或者挂拍的，宝贝需要正面展现，不要侧面或背面展现，主体不要左右倾斜。商家只要设置好清晰的宝贝主图，宝贝被拍立淘搜索到的机会也会随之提高。

2. 优化商品结构　在上述数据分析中，可知竞店 1 的高流量商品是本店所缺失的，同样也是交易构成部分缺少的类目。因此，商家可以在市场大环境背景下上架医用药品的陈列，为店铺带来更多流量，引导消费者下单。

步骤一：登录淘宝网的卖家中心，点击左侧店铺管理中的图片空间，如图 12-2-12 所示。

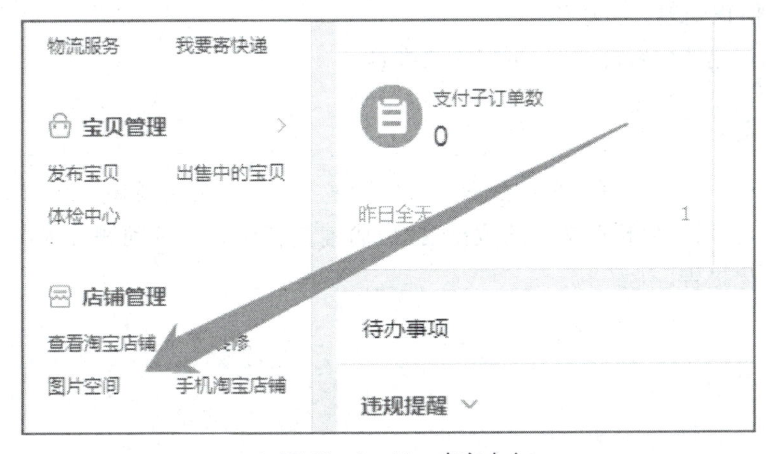

▲ 图 12-2-12　卖家中心

步骤二：图片空间的右侧有一个上传图标，点击上传商品主图，主图尺寸是 800 像素×800 像素。

步骤三：上传商品主图后，回到卖家中心，点击“发布宝贝”。

步骤四：寻找商品类目，上下滑动选择类目，也可以直接搜索商品的名字，如搜索“医用口罩”，系统会自动弹出要放的类目，选择第一个即可。

步骤五：填写相关商品发布参数，填写好后，点击“发布”。

请扫描二维码查看具体操作细节。

12-2-2　优化商品结构

任务评价

通过完成本任务的操作，按表 12-2-5 检查自己是否掌握了所学内容。

表 12-2-5 淘宝、京东竞争店铺运营数据分析与应用操作评价表

序号	鉴定评分点	分值	评分
1	根据下载好的淘宝、京东竞店运营数据报表，分析自身店铺运营中存在的问题	20	
2	根据数据表分析出的问题，提出有针对性并且可行的淘宝、京东店铺优化建议	30	
3	根据优化建议，独立操作，优化淘宝、京东店铺运营	30	
4	能够通过对竞争店铺运营数据分析管理，提高竞争意识和竞争能力。	20	

知识延伸

知识延伸

(1) 淘宝店铺如何优化商品结构?

(2) 如何快速分析竞店?

(3) 如何正确地分析竞店。

以上知识延伸内容的学习，可扫描二维码。

任务拓展训练

淘系平台竞争店铺运营数据分析与应用训练　请从任务准备中下载淘宝竞店运营的数据报表，并对比分析该报表的数据，找出店铺运营中存在的问题并提出优化建议，完成分析优化报告。

任务3 竞品数据分析与应用

学习目标

1. 熟悉淘系/京东平台竞争商品数据解读的维度。
2. 熟悉淘系/京东平台店铺同款商品优化方向。
3. 掌握淘系/京东平台同行竞品数据分析方法。
4. 掌握淘系/京东平台店铺竞争商品优化实操。
5. 牢固树立产品质量意识。

任务描述

竞品是指竞争商品，即竞争对手的商品。通过对比自身商品和竞争商品在各个维度上的指标，明确自身的优势与劣势，指导商家及时调整运营策略。现需要学员根据任务准备中提供的竞品数据实训报表，分析自身商品存在的问题，并提出有针对性且可行的优化方案。

任务分析

商场如战场，商家想要在激烈的竞争中突出重围，除了做好自身工作，还需要实时关注竞品的“排兵布阵”，才能及时应变，制订对应策略。在前面的任务中，我们了解了商家在监控京东、淘宝商家的竞品时，应该收集哪些数据指标，以及相应的数据指标代表的含义。在本任务中，将着重介绍竞品数据的核心指标，并通过数据分析演示，介绍淘宝、京东的竞品数据分析，以及分析之后的优化实操。

任务准备

任务准备

为了更好地达到实训目的，需要做如下准备：

（1）准备在淘系、京东平台分别运营良好的店铺账号。

（2）准备好淘系、京东平台需要分析的竞品数据报表。

（3）确保电脑等设备能正常使用。

（4）确保网络正常且稳定。

任务实施

一、竞品效果数据解读

（一）淘宝竞品效果分析数据

在分析淘宝竞品效果时，首先要分析数据的整体趋势，通过前面的数据收集任务，我们掌握了竞品数据分析过程中的基础数据以及核心数据指标，接下来将介绍这些数据指标在竞品分析时的作用。

（1）关键指标对比：流量指数、交易指数、搜索人气、收藏人气、加购人气、支付转化指数。

（2）入店搜索词：引流关键词、成交关键词。

（3）入店来源数据：访客数、客群指数、支付转化指数、交易指数。

1. 关键指标对比　通过本店商品与竞品之间的价格、流量渠道、关键词等各方面的细化分析与比较，查找自身优劣势并进行相应的调整，如图 12－3－1 所示。

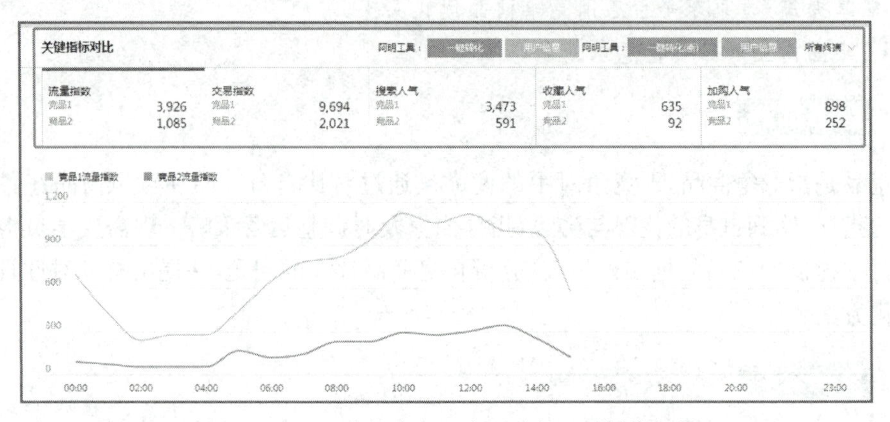

▲ 图 12－3－1　淘宝竞争—竞品分析—关键指标界面

（1）可同时支持 3 个竞店对比（含本店），商家可在竞店商品选择对比框中选择已添加至监控列表的竞品，仅可选择该类目监控列表下的竞争商品。

（2）支持对比以下指标的趋势：流量指数、交易指数、搜索人气、收藏人气、加购人气、支付转化指数。

对比这些关键指标数据，能够使商家清楚目前店铺商品存在哪些差异，并做出优化。例如，商品的收藏加购人气低，可以在商品详情页上添加优惠促销信息，如“加入购物车送 5 元商品券”等。

2. 入店搜索词　入店搜索词指消费者通过哪些关键词搜索，并进入店铺浏览，入店搜索词分为引流关键词和成交关键词，如图 12－3－2 所示。

通过竞品的入店搜索词可以知道哪些关键词能够带来高流量、高访客数，指导商家

对本店铺的商品关键词进行优化。

3. 入店来源数据　入店来源数据包含访客数、客群指数、支付转化指数及交易指数。其中，通过入店来源的访客数指标对比，能了解竞品的各流量来源，从而帮助商家优化自身商品的流量数据，如图 12-3-3 所示。

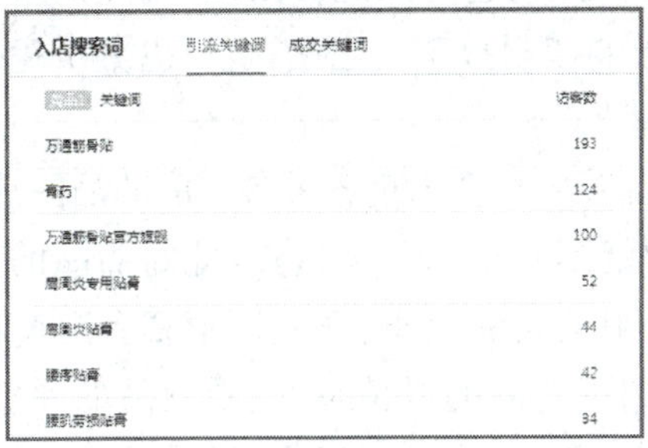

入店搜索词　引流关键词　成交关键词

关键词	访客数
万通筋骨贴	193
膏药	124
万通筋骨贴官方旗舰	100
肩周炎专用贴膏	52
肩周炎贴膏	44
腰疼贴膏	42
腰肌劳损贴膏	34

▲ 图 12-3-2　淘宝入店搜索词

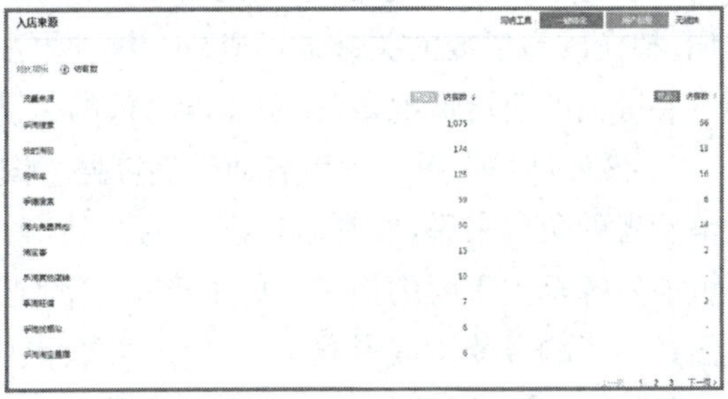

入店来源

流量来源	访客数	访客数
手淘搜索	1,075	56
[illegible]	174	13
购物车	125	16
[illegible]	59	6
淘内免费其他	50	14
淘宝客	15	2
[illegible]	10	-
[illegible]	7	2
[illegible]	6	-
[illegible]	6	-

▲ 图 12-3-3　淘宝入店来源

(二) 京东竞品效果分析数据

扫描二维码学习京东竞品效果分析数据。

12-3-1　京东竞品效果分析数据

二、商品优化方向

1. 优化入店搜索词　商品入店搜索词发挥着引导作用，它就像店铺的指路标识，能够影响消费者是否进入店铺。商家通过竞品分析后，发现自身店铺的商品入店搜索词带来的访客数不高时应该及时优化商品的入店搜索词，提高商品被搜索到的指数。

(1) 符合消费者搜索习惯：当商品的关键词符合消费者的搜索习惯时，被搜索到的概率将会大大提升，好的关键词可以使商品的排名靠前。商家可以通过淘宝搜索引擎框输入商品关键词，此时会提示一些词组，这些词组就是消费者的搜索习惯。如图 12-3-4 所示，当搜索商品“血糖仪”时，下拉框会出现很多词组，如“血糖测试仪家用”“血糖

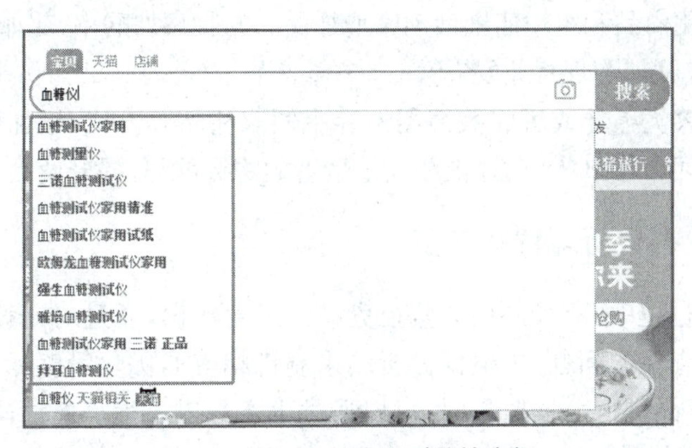

▲ 图 12-3-4　淘宝引擎搜索框

测量仪”“三诺血糖测试仪”等，这些词是符合消费者搜索习惯的词语。另外，商家在优化商品入店搜索词时可直接使用竞品的高流量入店搜索词。

(2) 删除无效关键词：商品的入店搜索词流量低于竞品时，商家经过分析后可以删除无效的关键词，如“包邮”“特价”，对于搜索引擎来说，这些关键词属于无效关键词，只要商品设置了包邮，不管标题中是否有包邮，系统一样会进行匹配。因此，删除无效关键词，替换成高指数的关键词可避免关键词堆积影响搜索权重。当然，也可以分析竞品的各关键词的引流情况，规避引流能力低的关键词。

2. 优化商品主图　消费者通过淘宝搜索浏览商品时，会出现各种各样的商品图片。从消费者的角度来说，看到琳琅满目的商品，瞬间就不知道该怎么选择，此时商品的主图就能发挥至关重要的作用。好的商品主图能吸引消费者点击，只有因消费者对商品主图产生了购买欲望或者兴趣的时候，才会点击浏览商品的详情页，查看商品的评价。因此，优化商品主图的目的就是提升商品的点击量，商家可以针对消费者需求，体现商品与竞品的差异，拉开与竞品的差距，还可以参考高点击率的同类商品主图的设计要点，优化自身店铺的商品主图。

(1) 突出商品的卖点：想要在众多商品中脱颖而出，那就要让消费者看到商品的卖点。商品主图可以突出促销信息，如包邮、满减、特价等，吸引消费者的眼球，但需要避开同质化。消费者在搜索商品时，会看到很多同质化的商品，因此商家要设置比较重要的、同时较少店铺提及的卖点，以便与同质化商品区别开。

(2) 突出价格：相对文字来说，消费者对图片的关注程度更高，图片会最先吸引消费者的注意力。在商品主图中明确价格，能够帮助消费者迅速判断商品性价比，从而帮助他们做出购买决策。

3. 提高商品收藏加购人气　当自身店铺商品的收藏加购人气低于竞品时，商家要采取相应措施吸引消费者。通常，消费者在浏览商品时，遇到很喜欢的商品会加收藏或者加入购物车，方便以后购买。收藏不能直接提高店铺的权重，但是收藏量大说明商品比较受欢迎，收藏之后能带来一定的转化率。收藏和加购对提升商品权重有很大的作用。

(1) 通过优化商品和组织店铺活动来增加商品的收藏加购率，比如可以在详情页或者图片上添加“收藏加购现货速发”等。

(2) 通过发放优惠券或者收藏截图给客服领取礼品等方式，增加商品的收藏加购率。优惠券不仅可以增加人气，还能激发消费者的购买欲望，提升商品下单转化率。

三、竞品数据分析与优化实操

在商品销售过程中，商家往往会监控竞品的运营数据，通过对比竞品数据，发现本店商品在销售中存在的问题，再根据分析结果制订相应的优化策略。接下来以好药师店铺为例，选择竞品进行数据监控时，可以通过生意参谋—竞争模块，在模块中添加竞品至行列，对比自身商品和竞品的优势和劣势，如图 12－3－5 所示。

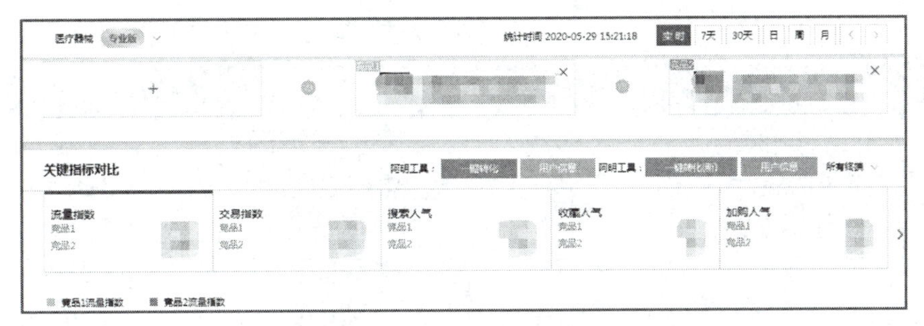

▲ 图 12-3-5　竞品数据监控

淘宝与京东在竞品数据分析和优化上是相似的，因此我们以淘系平台的竞品数据为例，进行分析和优化实操。

(一) 竞品数据分析实操

对该店铺中的电子血压计(以下简称血压计)进行竞品监控对比，通过竞品数据分析找出血压计存在的问题并展开具有针对性的优化。

1. 竞品关键指标分析　下面将根据近 7 天血压计与竞品 1 的关键指标数据对比，对两者的关键指标展开分析，如表 12-3-1 所示。

表 12-3-1　血压计产品竞品分析数据表

竞争对手	访客数	流量指数	交易指数	收藏人气	加购人气
血压计	12 579	9 852	2 689	457	206
竞品1	12 613	9 804	2 695	864	545

通过上述数据可以看出，竞品 1 的流量指数为 9 804，访客数为 12 613，而本店血压计的流量指数为 9 852，访客数为 12 579，竞品 1 与本店商品的数据相差并不大。但是通过收藏人气和加购人气的数据对比，得知血压计要低于竞品 1，因此还需提高自身店铺的血压计的收藏人气以及加购人气。收藏加购人气越高，说明商品的受欢迎程度越高，商品的权重也会随之增加。商家可以设置优惠券等活动来吸引消费者收藏加购该商品，引导消费者下单，提高商品转化率。

2. 竞品入店搜索词分析　通过分析竞品的入店搜索词可以看出，竞品 1 的哪些关键词是能够带来高访客数的。由数据可知，竞品 1 的高访客数关键词为“智能血压计”“智能语音播报”“家用血压计”，它们带来的访客数分别为 4 186、3 826 和 2 438。由此可知，消费者是搜索含有“智能”的关键词进入店铺的，而这正是自身店铺商品所缺少的关键词。因此，商家可以调整商品的关键词，加入“智能”“语音播报”“家用”等字眼，使消费者更加精准地搜索到商品，提高店铺商品流量，如表 12-3-2 所示。

3. 竞品入店来源分析　通过竞品入店来源数据可以看出，在直通车、淘内免费其他、手淘问大家、手淘其他店铺商品详情以及手淘找相似这 5 个来源渠道入口带来的访客数要高于竞品 1，说明本店商品在这 5 个来源渠道入口做得要比竞品 1 好，这是自身

表 12-3-2 竞品入店搜索词

血压计入店搜索词（引流关键词）			
血压计关键词	访客数	竞品1关键词	访客数
电子血压计	3 546	智能血压计	4 186
家用上臂式	3 218	智能语音播报	3 826
测血压仪器	2 376	家用血压计	2 438
血压计U31	2 084	欧姆龙	1 874
好药师	1 355	血压计	289

店铺商品的优势；而竞品 1 在手淘搜索、我的淘宝、购物车、手淘拍立淘以及手淘我的评价这 5 个来源渠道入口带来的访客数要稍微高于本店自身商品。但综合分析各来源渠道数据后，发现自身店铺与竞品之间数据平均、相差并不大，因此，商家可以不用优化入店来源。若在之后的监测中，这些渠道的数据与竞品存在较大的差距，则需要针对流量差的来源渠道做好优化，如表 12-3-3 所示。

表 12-3-3 竞品入店来源

入店来源（访客数）		
流量来源	血压计访客数	竞品1访客数
手淘搜索	2 128	2 354
直通车	1 772	1 593
我的淘宝	1 536	1 541
购物车	973	992
手淘拍立淘	834	851
淘内免费其他	826	783
手淘我的评价	785	796
手淘问大家	738	695
手淘其他店铺商品详情	706	653
手淘找相似	658	602
……	……	……

从 3 个维度对比分析发现，店铺的血压计存在收藏加购人气低、入店搜索词不够精准的问题，因此商家需要针对这两个问题进行优化，提高血压计的销量。

（二）淘宝商品优化实操

由以上数据分析可知，店铺商品血压计需要优化入店搜索词以及提高收藏加购人气。

1. 优化入店搜索词 通过上述的数据分析可知，自身店铺的血压计入店搜索词带

来的访客数较低，因此需要优化商品的关键词。竞品的高访客入店搜索词含有“智能”“语音播报”“家用”等关键字眼，商家通过淘宝搜索引擎框输入血压计，下拉框中排名靠前的词组中含有相同的关键字眼。因此，商家在血压计标题中添加“智能”“语音播报”等字眼，可以提高商品被消费者精准搜索到的概率，优化后的商品关键词如图 12－3－6 所示。

优化血压计入店搜索词后，通过 7 天的销售数据，可以看到符合消费者搜索习惯的入店搜索词为该商品带来了更多的访客数，数据如表 12－3－4 所示。

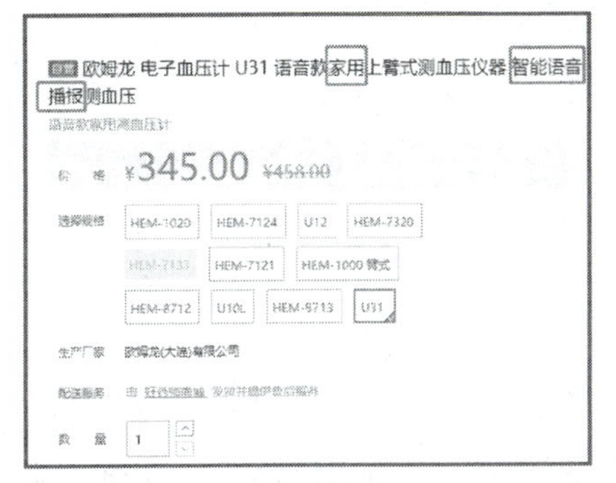

▲ 图 12－3－6　商品入店搜索词优化

表 12－3－4　入店搜索词(引流关键词)

血压计关键词	访客数
智能血压计	5 974
智能语音播报	4 428
家用血压计	3 892
家用上臂式	3 657
血压计	2 025

2. 提高收藏加购人气　商品的收藏加购人气低，会影响商品的权重，导致商品访客数低，同时影响支付转化率。商家可以通过设置优惠活动来吸引消费者，提升商品的收藏人数和加购人数，与竞品持平。运用营销工具，在商品主图或详情页添加“收藏加购赠送 10 元优惠券”或者“联系客服赠送小礼品”等优惠促销活动，引导消费者收藏加购来提升商品的人气。

步骤一：登录淘宝账号，点击进入卖家中心，在左侧导航栏里找到“营销中心”→“店铺营销中心”。

步骤二：点击“创建活动”，选择“商品优惠券”，最后点击“创建活动”按钮。

步骤三：先填写活动名称，再选择优惠券面值，有 6 种面额，根据店铺情况选择。

步骤四：选择“优惠券发行量”，点击“选择宝贝”按钮，在弹出的界面里选择要设置优惠券的商品，最后点击“确定”。

步骤五：选择优惠券活动时间，也就是优惠券的使用期限。再填写使用条件，点击“下一步”。

步骤六：设置发布渠道，活动将投放到默认的渠道中，在店铺活动页显示，点击“保存”。在发布提醒里点击“确定”，商品优惠券创建成功。

请扫描二维码学习具体操作。

12－3－2　提高收藏加购人气具体操作

任务评价

通过完成本任务的操作，请根据表 12－3－5 对所学内容进行自检。

表 12-3-5　竞品数据分析与应用操作评价表

序号	鉴定评分点	分值	评分
1	能够根据竞品数据报表分析出自身商品存在的问题	20	
2	能够根据存在的问题，提出有针对性并且可行的优化建议	30	
3	能够根据优化建议进行优化和独立操作	30	
4	能够通过对竞品数据分析管理，提高对产品质量重要性的认识	20	

知识延伸

知识延伸

（1）优化主图技巧。

（2）淘宝竞品分析、提升流量技巧。

以上知识延伸内容的学习，请扫描二维码。

任务拓展训练

淘宝竞品数据分析训练　请从任务准备中下载竞品数据分析表格模板，并对该表所需的数据进行分析与优化的实操训练，完成分析与优化方向报告。

附录 “电子商务数据分析与应用”课程标准

一、课程名称

电子商务数据分析与应用。

二、适用专业及面向岗位

适用于电子商务、移动商务、网络营销、商务数据分析与应用专业。

三、课程性质

本课程立足于电商数据化运营，通过对电商店铺数据的分析，帮助学生掌握电商店铺的运营技巧，并以好药师店铺数据为例，通过实际案例演示，使学生能将本课程知识融会贯通，充分掌握知识点。通过课后实训，为学生日后走上电商运营岗位做好基础准备。

四、课程设计

(一) 设计思路

本课程以培养电商运营人才为主线，通过电商数据理论，使学生了解电商数据的基本知识。通过大量数据分析演示，遵循学生的认知规律和能力培养规律，结合店铺的数据化运营实际，培养学生电商店铺运营的能力，使其能利用所学知识指导实际工作，具备解决实际问题的能力。

(二) 内容组织

通过学习本课程的内容，使学生能够掌握店铺运营过程中所涉及的基础流量数据、商品效果数据、店铺交易数据、服务和物流数据及市场和竞争数据的收集维度与收集工具的使用。首先，通过日常数据报表、销售数据报表及供应链数据报表的制作，使学生能通过 Excel 表格独立完成数据报表的制作。然后，通过介绍数据描述性分析，使学生初步掌握数据分析的基本方法。最后，通过实际分析数据，培养学生电商运营相关岗位的适配能力，全面掌握电商数据分析方法。

五、课程教学目标

（一）认知目标

（1）掌握店铺流量数据查询与记录。
（2）掌握商品数据查询与记录。
（3）掌握交易数据查询与记录。
（4）掌握客服和物流数据查询与记录。
（5）掌握市场和竞争数据查询与记录。
（6）掌握数据报表制作技巧。
（7）掌握数据描述性分析基本方法。
（8）掌握店铺推广效果数据分析方法及优化思路。
（9）掌握客户数据分析与应用方法。
（10）掌握销售数据分析与应用方法。
（11）掌握供应链数据分析与应用方法。
（12）掌握市场和竞争数据分析与应用方法。

（二）能力目标

（1）能够阐释店铺各项数据指标含义。
（2）能够制定数据分析目标。
（3）能够掌握电子商务数据化运营的工作流程。
（4）能够掌握店铺运营中各项数据指标的收集方式。
（5）能够熟练运用电商数据查询工具。
（6）能够合理选择数据采集工具及确定数据渠道。
（7）能够撰写数据采集与处理方案及数据采集表。
（8）能够根据获取的数据进行行业集中度分析。
（9）能够进行市场容量分析及预测。
（10）能够分析市场需求量变化趋势以及客户对品牌、价格、属性的偏好。
（11）能够熟练使用识别竞争对手的方法。
（12）能够进行竞店和竞品分析。

（三）素质目标

（1）熟悉电子商务企业在运营中应该遵循的相关法律法规。
（2）熟悉计算机信息技术相关法律法规，合理合法地开展数据收集行为。
（3）能够在电子商务数据化运营过程中坚持科学的价值观和道德观。
（4）具备认真负责、科学严谨的职业素养。
（5）具备善于分析问题并提出解决问题的方法专业素质。
（6）具备较强的责任意识，诚实守信，在进行数据分析时不弄虚作假。
（7）具备数据保密意识，尊重公民隐私，遵守职业道德。

(8) 具备良好的数据安全意识,以及较强的数据判断能力。
(9) 具备较强的系统思维、创新思维、法治思维、底线思维。
(10) 具备良好的沟通能力、较强的文字表达能力。

六、参考学时与学分

参考学时:48 学时,参考学分:3 学分。

七、课程结构

序号	学习任务(单元、模块)	项目名称	知识、技能、态度要求	教学活动设计	学时
1	数据收集	流量数据收集	1. 了解淘系、京东平台店铺站内免费流量结构,掌握生意参谋及京东商智流量板块的功能使用,并能通过查询工具查询店铺流量数据。 2. 了解淘宝直通车、钻展及淘宝客的效果监控指标,并掌握如何通过生意参谋及千牛客户端查询效果数据。了解京东快车、京东直投、京东展位及京挑客的效果数据分析指标,并能够通过京准通查询付费推广的效果数据。 3. 了解自主流量来源入口,掌握各平台自主流量查询的操作步骤,并能独立完成数据的收集与记录	1. 讲授 2. 实操演示 3. 能力拓展 4. 知识延伸	10
		商品数据收集	1. 掌握淘宝店铺商品效果核心数据、全量商品数据与商品 360 数据的详细数据指标,掌握京东店铺的关注浏览、加购收藏及下单转化的数据指标。掌握生意参谋品类模块及京东商智商品模块的使用,能独立完成数据的查询与收集。 2. 熟悉各平台主推单品分析的数据指标,了解针对不同平台的主推单品,需要收集的数据维度。能独立完成单品分析数据收集与记录		
		交易数据收集	1. 了解店铺交易数据的概况、构成及明细,掌握生意参谋交易板块及京东商智交易板块的使用,并能独立完成各平台店铺交易数据的查询与记录。 2. 熟悉平台主推品交易数据有哪些及平台主推品交易数据查询工具/入口,掌握平台主推品交易数据查询的步骤,并能独立完成数据收集与记录		

续 表

序号	学习任务(单元、模块)	项目名称	知识、技能、态度要求	教学活动设计	学时
		客户服务和物流服务数据收集	1. 了解淘系平台客户服务体验、客服接待响应、客服销售及售后维权的数据模块收集指标,了解京东平台的服务商工作量、服务商销售绩效与服务商满意度评价数据指标。通过生意参谋的服务洞察与京东客服管家进行数据的查询。 2. 了解各平台物流服务数据来源渠道,熟练使用物流服务数据查询工具对物流数据查看和记录,确保收集的数据准确性与完整性		
		市场和竞争数据收集	1. 了解市场行业的数据收集指标,掌握淘系平台、京东平台市场行业数据的来源及其收集方法,熟悉淘系、京东平台的基本操作,同时掌握Excel表格编辑制作能力,熟练掌握市场行业数据收集技能。 2. 了解在淘系、京东平台上,如何准确找到合适的竞店,如何对竞店的运营数据进行有效的收集。能根据竞店数据收集指标独立完成数据的收集。 3. 了解淘系平台的竞品需要采集的关键指标对比数据、入店搜索词数据和入店来源数据的数据指标,独立完成数据的查询与记录		
2	数据处理	数据报表制作	1. 了解报表组成要素、常见报表类型、常见数据图表类型,掌握数据报表的制作思路,能独立完成日常运营数据报表的制作,并根据数据报表制作出折线图。 2. 了解店铺销售报表的作用及其包含的数据指标,掌握销售数据报表的类型,能根据店铺需求制作出合适的销售数据图表。 3. 了解供应链数据报表的主要组成部分、供应链报表的制作步骤,能够合理使用图表使报表数据更清晰地展示	1. 讲授 2. 实操演示 3. 能力拓展 4. 知识延伸	6
		数据描述性分析	1. 掌握同比分析与环比分析的区别及各自使用场景,能够对同类指标本期与上期数据进行环比分析,对同类指标本期与往年同期数据进行同比分析。 2. 熟悉趋势分析方法应用场景,了解趋势分析的方法及区别,掌握图表趋势预测法的操作方法,掌握时间序列预测法的操作方法。 3. 了解频数分析、分组分析、结构分析、平均分析、交叉分析以及漏斗图分析 6 种数据分析方法,掌握不同分析法的区别与特点及各分析法的适用场景,掌握各分析法的操作方法		

续　表

<table>
<tr><th>序号</th><th>学习任务(单元、模块)</th><th>项目名称</th><th>知识、技能、态度要求</th><th>教学活动设计</th><th>学时</th></tr>
<tr><td rowspan="4">3</td><td rowspan="4">数据分析与应用</td><td>推广数据分析与应用</td><td>1. 掌握淘宝直通车与京东快车推广效果分析数据指标,能通过直通车的数据分析结果,对店铺直通车推广提出有针对性的优化方案。
2. 熟悉推广数据效果解读维度,熟悉钻展/京东展位推广优化方向,掌握钻展/京东展位效果数据分析方法,掌握钻展/京东展位优化调整方法。
3. 掌握淘宝客/京挑客推广效果分析方法,了解淘宝客/京挑客推广优化方向,并根据推广效果数据,分析推广中存在的问题,根据问题提出有针对性的解决方案。
4. 熟悉淘宝/京东 SEO 营销效果分析指标,掌握淘宝/京东平台 SEO 优化与应用,掌握 SEO 数据分析方法和优化方法或实操步骤</td><td rowspan="4">1. 讲授
2. 实操演示
3. 能力拓展
4. 知识延伸</td><td rowspan="4">28</td></tr>
<tr><td>客户数据分析与应用</td><td>1. 熟悉各平台用户画像数据来源途径与查询工具,掌握各平台用户画像数据查询的操作步骤,能够独立完成操作,掌握各平台用户画像数据收集与记录的方法,整理基本用户画像记录表,能够独立完成操作,掌握用户画像数据的分析与应用方法。
2. 了解店铺客户生命周期的概念,掌握客户生命周期效果分析方法,掌握客户生命周期优化技巧,掌握客户生命周期优化思路。
3. 了解老客营销的重要性,掌握老客营销效果分析维度,掌握老客营销技巧,能够通过数据分析结果对老客营销方法进行优化</td></tr>
<tr><td>销售数据分析与应用</td><td>1. 了解关联销售效果分析各数据指标,根据店铺关联销售数据,找出店铺运营中存在的问题,并提出有针对性的优化方案。
2. 熟悉店铺活动销售数据解读的维度;熟悉店铺活动销售优化方向,能独立分析店铺活动销售数据,根据分析结果对店铺活动销售提出有针对性的优化方案</td></tr>
<tr><td>供应链数据分析与应用</td><td>1. 了解采购数据及仓储数据所包含的维度,掌握采购与仓储库存的优化方向,能够根据店铺现有采购数据及仓储数据对店铺采购与仓储进行分析,并提出优化方案。
2. 了解物流数据的分析指标有哪些,通过对物流数据的不同数据指标进行分析,帮助商家或运营人员选择合适的物流公司</td></tr>
</table>

续 表

序号	学习任务(单元、模块)	项目名称	知识、技能、态度要求	教学活动设计	学时
		市场和竞争对手数据分析与应用	1. 了解在监测淘系、京东平台同行业市场数据时要关注哪些数据指标,针对这些数据应该如何进行分析,同时介绍如何针对分析得出的问题进行优化。 2. 了解淘系、京东平台竞店运营数据解读的维度,掌握淘系、京东平台店铺运营优化方向,掌握淘系、京东平台竞店运营数据分析方法,能根据数据分析结果对店铺运营进行优化。 3. 了解竞品数据的核心指标,并通过具体的竞品数据分析,掌握竞品数据分析方法以及分析之后的优化实操		
机动					4
合计					48

八、资源开发与利用

(一) 教材编写与使用

遵循校企双主育人的原则与特点,根据电子商务专业人才培养要求与培养计划,校企合作选用、编写符合电子商务专业教学发展的总体思路、符合学生认知规律、能够与本专业的培养目标相吻合的教材。目前,采用以企业岗位案例为主的活页式教材,在此基础上编写《电子商务数据分析与应用》。

(二) 数字化资源开发与利用

充分利用校企资源平台,校企共同开发、利用教学课件、微课、视频等教学资源。学员可利用校企共同开发的学习软件、手机移动端,在线学习、答疑、知识考核评价等。

(三) 企业岗位培养资源的开发与利用

利用企业资源,满足学员岗位实践的需要,根据企业产品和性质制定项目化教学内容,并关注学员职业能力的发展和教学内容的调整。

九、教学建议

本课程为校企共同完成课程,企业导师发挥主体作用,主要采用案例教学、现场教学、任务训练、岗位实践等形式,重点培养学生电商数据收集能力、数据表格处理能力、电商数据分析能力及店铺优化能力。学校导师以集中教学形式讲授电商数据收集与处理、数据表格的制作与优化、数据分析与应用的基础知识,教学内容密切联系电子商务行业的日常工作要求,注重责任安全、职业素养的培养。

十、课程实施条件

导师团队应具电子商务教学和行业背景，有行业一线设计相关工作经验，熟悉本课程教学内容。课程要保证技术先进，设施齐全，可满足岗位训练要求。

十一、教学评价

教学评价采取阶段性评价和目标评价相结合，学员作品的评价与知识点考核相结合的形成，并融入岗位工作环境中，考核学员的实操能力（业绩考核）。加强评价结果的反馈，更好地改善学员的学习态度，有效地促进学员的职业发展。

考核方式主要采用任务完成情况考核、业绩考核等，考核内容由校企双导师共同确定。

各电商平台数据处理方法

数据报表制作	数据描述性分析	流量数据收集与分析	同行业数据收集与分析	销售数据收集与分析	供应链数据收集与分析	客户数据收集与分析
1. 了解日常运营数据组成要素及其常见类型 2. 掌握销售报表主要类型 3. 供应链数据报表主要类型及相应作用 4. 熟悉常用的图表类型	1. 了解对比分析方法及其使用场景 2. 了解趋势分析方法及其区别 3. 掌握6种其他分析方法的区别与特点	1. 了解店铺付费与免费流量来源的主要方式 2. 了解店铺流量数据所包含的各数据指标 3. 掌握店铺付费推广优化方式	1. 了解同行业市场数据各项指标 2. 掌握竞品店铺数据查询工具的使用方法 3. 熟悉竞争对手店铺及商品数据采集指标	1. 了解店铺交易数据构成，主推品销售效果数据构成 2. 了解关联销售的布局方式 3. 了解活动销售主要优化方式	1. 了解物流、采购及仓储数据结构 2. 掌握供应链数据各项指标含义 3. 熟悉供应链数据分析维度	1. 了解各平台用户画像数据来源途径与查询工具 2. 了解客户服务效果数据各项指标 3. 掌握客户满意度数据收集方法
1. 达到熟练使用Excel表格制作不同类型的数据报表的能力 2. 能根据不同数据报表类型，制作相应数据图表，使数据图表化	1. 能够根据年销售数据进行同比分析，根据月销售数据进行环比分析 2. 能够对图表进行趋势预测及时间序列预测	1. 达到独立分析店铺付费推广效果的能力 2. 能够针对流量数据的分析结果对店铺推广方式提出针对性优化建议	1. 能独立完成竞争对手数据指标的查询与收集 2. 能够准确分析竞争对手数据，找到自身店铺存在的不足 3. 针对店铺存在的不足提出解决方案	1. 能够针对商品销售效果进行分析，并找到不足之处 2. 针对活动销售与关联销售中存在的不足提出解决方案	1. 达到独立分析店铺供应链的能力 2. 能针对仓储及采购数据进行分析 3. 针对店铺物流出现的问题制定优化策略	1. 能过独立记录各平台用户数据，并整理成基本用户记录表 2. 能够独立分析客户数据，并针对分析结果，对老客进行精准营销

达到胜任各电商平台数据处理的能力

“电子商务数据分析与应用”课程内容结构

图书在版编目(CIP)数据

电子商务数据分析与应用/王翠敏,王静雨,钟林主编. —上海：复旦大学出版社，2020. 8
(2023. 7 重印)
电子商务专业校企双元育人教材系列
ISBN 978-7-309-15166-4

Ⅰ. ①电… Ⅱ. ①王… ②王… ③钟… Ⅲ. ①电子商务-数据处理-高等职业教育-教材
Ⅳ. ①F713. 36 ②TP274

中国版本图书馆 CIP 数据核字(2020)第 122991 号

电子商务数据分析与应用
王翠敏 王静雨 钟 林 主编
责任编辑/王 珍

复旦大学出版社有限公司出版发行
上海市国权路 579 号 邮编：200433
网址：fupnet@ fudanpress. com http：//www. fudanpress. com
门市零售：86-21-65102580 团体订购：86-21-65104505
出版部电话：86-21-65642845
上海四维数字图文有限公司

开本 787×1092 1/16 印张 16 字数 341 千
2023 年 7 月第 1 版第 2 次印刷

ISBN 978-7-309-15166-4/F · 2711
定价：46. 00 元

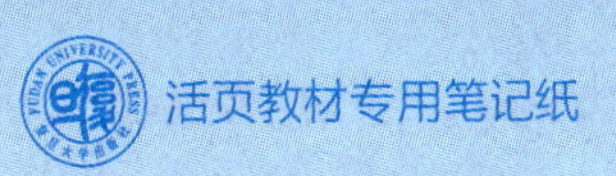
活页教材专用笔记纸

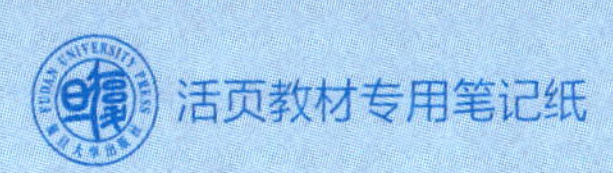
活页教材专用笔记纸

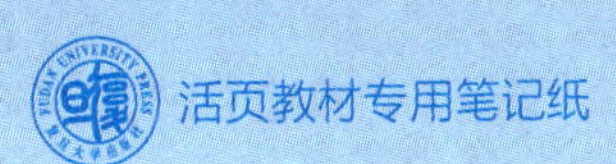
活页教材专用笔记纸

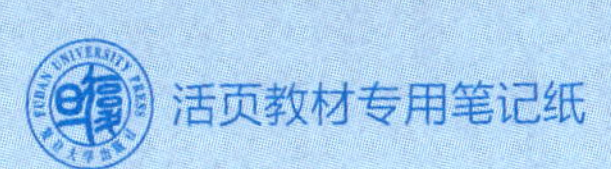

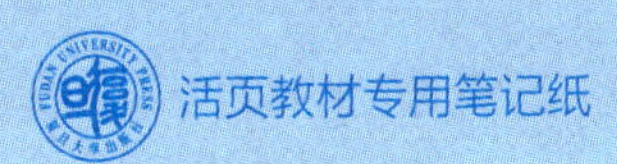
活页教材专用笔记纸

关注“卓越读书”微信
公众号，让学习更简单
扫码搜索购买
“活页笔记纸”

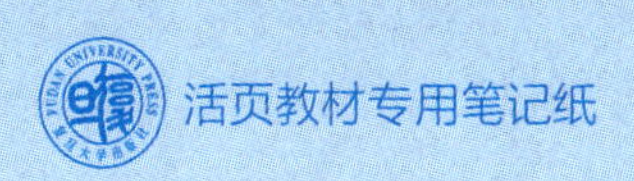
活页教材专用笔记纸